Oyun Oynama Sanatı

DOĞAN KİTAP TARAFINDAN YAYIMLANAN DİĞER KİTAPLARI

Bilinçli Bebek
Çocuğunuza Kulak Verin
Ağlamalar ve Öfke Nöbetleri

OYUN OYNAMA SANATI

Orijinal adı: Attachment Play: How to solve children's behavior problems with play, laughter and connection

İlk olarak İngilizcede Shining Star Press for the Aware Parenting Institute P.O.Box 206, Goleta, CA, 93116 USA (www.parenting.com) tarafından yayımlanmıştır.
Yazan: Aletha J. Solter
İngilizce aslından çeviren: Türe Özer

1. baskı / Nisan 2017
12. baskı / Aralık 2019 / ISBN 978-605-09-4258-3
Her 2000 adet bir baskı olarak kabul edilmektedir.
Sertifika no: 11940

Kapak tasarımı: Feyza Filiz
Baskı: Ana Basın Yayın Gıda İnş. San. Tic. A.Ş.
Mahmutbey Mah. Devekaldırımı Cad. 2622 Sk.
Güven İş Merkezi, No: 6/13 Bağcılar - İSTANBUL
Tel: (212) 446 05 99
Sertifika no: 20699

Doğan Egmont Yayıncılık ve Yapımcılık Tic. A.Ş.
19 Mayıs Cad. Golden Plaza No. 3, Kat 10, 34360 Şişli - İSTANBUL
Tel. (212) 373 77 00 / Faks (212) 355 83 16
www.dogankitap.com.tr / editor@dogankitap.com.tr / satis@dogankitap.com.tr

Oyun Oynama Sanatı

Aletha J. Solter

Çeviren: Türe Özer

Doğan Kitap

Çocuğuma kitaplarla öğretmeyi denedim,
Afallayıp, şaşkınlıkla suratıma baktı.
Disiplin altına almak için net ifadeler kullandım,
Hiç de kazançlı çıkmadım.
Ümitsizliğe kapıldım, vazgeçtim.
"Ben bu çocuğa nasıl ulaşacağım?" dedim ve ağladım.
Anahtar kelimeyi verdi elime:
"Gel" dedi, "oyna benimle."

Yazarı bilinmiyor.
(Aletha Solter tarafından uyarlandı.)

Teşekkür

Bu kitabın taslağını okuyup faydalı geribildirimde bulunan herkese teşekkür ederim. Baş editörlerim; eşim Ken Solter, oğlum Nicolas Solter ve gelinim Sonja Solter'dı. Geribildirimlerinden yararlandığım diğer okurlarım ise Dr. Maria Fisk, Melanie Jacobson, Stephanie Jamgochian ve Heather Stevenson'dı.

Kitapta yer alan oyunlara katkısı bulunan farklı ülkelerden tüm anne babalara da teşekkür etmek istiyorum. Onların anlattıkları, kavramların tanımlanmasını ve daha net anlaşılmasını sağladı. Kendi çocuklarımın isimleri dışındaki tüm isimler değiştirildi. Ayrıca bana danışan tüm anne babalara, her birinin yaşadıklarından öğrendiğim yenilikler için minnettarlığımı da belirtmek isterim.

Son olarak, meslektaşım Dr. Mary Galbraith'e "ebeveyn-çocuk bağını güçlendiren oyunlar" terimini ürettiği için teşekkür ederim.

İçindekiler

Türkiye'den bir önsöz

Oyunun iyileştirici gücü hakkında ne kadar az şey biliyoruz. Anne babalar tanıyorum; "Benim çocuğum oyun oynamayı sevmez, biz genellikle kitap okuruz" diyen. Eşini, itiş kakış oyunuyla zaman harcadığı için eleştiren anneler duyuyorum. Oyunu bir zaman kaybı görüp, öğretmeyi önemseyen aileler biliyorum. Bir de oyun oynamayı bilmediği için çocuğuyla oynamayan yetişkinlerin suçluluk duygularını tanıyorum.

Bebeklik döneminde başlayan ve anne babanın kendi doğallığında bebeğinin parmaklarında oynadığı "Bu yemiş, bu pişirmiş, bu hani bana demiş" oyunundan tutun da, "ce-e" diye gözlerini kapamaya kadar pek çok oyun, ebeveyn-çocuk bağlanmasında önemli yer tutar. Bu oyunlardaki göz temasları, dokunmalar, ses tonları sinir sisteminin regülasyonundan ayrılık kaygısına dek ebeveyn-çocuk ilişkisinde iyileştirici güce sahiptir. Çocuklar büyüdükçe de bu basit oyunların disiplin, davranış sorunları gibi süreçlerde aileye nasıl yardımcı olduğunu görürüz.

Aletha Solter'ın elinizde tuttuğunuz bu kitabı, sadece oyunun literatürdeki beyin gelişimi ve bağlanma alanında yapılan bilimsel çalışma sonuçlarını incelemekle kalmıyor, ayrıca ailelere disiplin, travma, ayrılık kaygısı, korkular, kardeş kıskançlığı gibi pek çok konuda oyun oynayarak çocuklarına nasıl destek olacaklarını da anlatıyor. Yüzyıllar boyu çocuklar bu oyunlarla büyüdüler ve kendi çocuklarını da bu oyunlarla büyüttüler. Ancak günümüzün yaşam tarzları, modern aile dinamikleri bu oyunlardan bizi uzaklaştırdı. Eğitim ve öğretimi ön plana alarak çocukları geleceğin iş hayatına hazırladığımızı sanırken, duygusal regülasyon, duygusal zekâ, sosyallik gibi pek çok becerinin çok daha başka bir yerde serpildiğini unuttuk. Oyunla gelen kahkahalar, oyunla gelen ilişki ve oyunla gelen iletişim...

Oyun Oynama Sanatı'nı bu yüzden tüm anne babalara tavsiye ediyorum. Bunları okurken kimilerini zaten yaptığınızı, kimilerini yaparken nasıl içinizde doğallaştığını ve en önemlisi, çocuklarla bağınızın bu sayede nasıl kuvvetlendiğini göreceksiniz.

İyi oyunlar!

Nilüfer Devecigil
ndevecigil@hotmail.com

Uyarı

Ebeveynler için eğitim kaynağı niteliğindeki bu kitap, çocuğunuzla oyun oynamanıza yardımcı olacak öneriler sunuyor. Bu öneriler, belirli fiziksel, duygusal ya da davranış problemi olan çocuklara uygun olmayabilir. Bu kitabın amacı, konusunda uzman profesyoneller tarafından uygulanan psikoterapinin ya da tıbbi yardımın yerine geçmek değil. Eğer çocuğunuz fiziksel, duygusal ya da davranış sıkıntılar yaşıyorsa ya da davranış problemi varsa, profesyonel yardım almasını öneririz.

Bu kitapta sözü geçen terapi yöntemleri, sadece bilgilendirme amaçlı olup yazarın bu yöntemlere destek verdiği anlamına gelmez. Bazı terapi yöntemleri, eğitimi yetersiz kişiler tarafından uygulandığında tehlikeli olabilir. Kendiniz veya çocuğunuz için bir terapist arayışındaysanız, terapistin yetkinlik belgelerini ve referanslarını dikkatle inceleyin. Bazı travmalar, hem çocukları, hem de anne babaları sarsabilir. Dolayısıyla bu kitaptaki öneriler, özellikle fiziksel ve cinsel taciz, ihmal, tıbbi travma, aile fertlerinden birinin ölümü, doğal afetler, terör ya da savaş durumlarında çocukların iyileşmesine yardımcı olmak için uygun olmayıp yetersiz kalabilir. Yazar ve yayınevi, kitapta yer alan önerilerin etkinliği konusunda hiçbir garanti vermez; ayrıca kitaptaki bilgiler nedeniyle doğrudan ya da dolaylı, herhangi bir zarara neden olunması veya neden olunduğunun iddia edilmesi durumunda, hiçbir kişi ya da kuruma karşı sorumluk ve yükümlülükleri yoktur.

Giriş

Disiplinin her zaman ciddi, stresli, sıkıcı ya da sinir bozucu olması gerekmediğini, çocukların davranış sorunlarının çoğunu eğlenceli aktiviteler yoluyla da çözebileceğinizi biliyor muydunuz? İşte elinizdeki kitapta anlatılan da bu. Belki ceza içeren bir yaklaşım kullanmak istemiyor ama çocuğunuzun davranışını nasıl değiştireceğinizi de bilmiyorsunuz. Ya da belki otoriter yaklaşım ile aşırı hoşgörü arasında bocalayıp orta yolu nasıl bulacağınızı merak ediyorsunuz.

Bu kitap, sizi ve çocuğunuzu güldürüp neşelendirirken stresinizi azaltacak, onunla aranızdaki bağı güçlendirecek ve davranış sorunlarını çözecek eğlenceli aktiviteler içeriyor. Çocuğunuz ister yeni yürümeye başlamış, ister ergenlik öncesi dönemde olsun, davranış sorunlarını ceza uygulamadan çözmenin ne kadar kolay olduğunu keşfetmenin keyfini yaşayacaksınız. Belirli oyun aktiviteleriyle, çocuğunuzu tekrar "kazanıp", disiplin sorunlarını bazen çok daha az enerji harcayarak çözebilirsiniz. Bu kitapta belirtilen disiplin anlayışı, ne otoriter, ne de aşırı hoşgörülüdür. Burada çocuğunuzun başkaldırmak yerine, sizinle işbirliği yapmasını sağlayacak sınırları koymanın yollarını öğreneceksiniz.

Bu kitap, yeni bir kardeşin doğumu, herhangi bir tıbbi işlem ya da okul gibi baş edilmesi zor durumların oluşturduğu stres kaynaklarını belirleyerek, tipik disiplin sorunlarının ardındaki nedenleri derinlemesine irdeliyor. Burada yer alan oyun temelli öneriler, çocuklarınızın bu zor zamanları geçirmesine yardımcı olacak yöntemleri açıklayarak sizleri güçlü kılmayı hedefliyor.

Bu kitap zorlu davranışların kökünde yatan bazı stres kaynaklarını ele alarak tipik disiplin sorunlarının ardındaki nedenleri derinlemesine irdeliyor. Çocuğunuz yeni bir kardeşin doğumu, tıbbi müdahale ya da okul gibi stres faktörleri karşısında baş edilmesi zor davranışlar içine girebilir. Burada yer alan oyun temelli öneriler, çocuklarınızın bu zor zamanları geçirmesine yardımcı olacak araçlarla sizi güçlü kılmayı hedefliyor. Çocuğunuz stresle baş edip gerginlikten kurtuldukça, davranışları da düzelmeye başlayacaktır.

Bu kitabın teorik temeli Bağlanma Kuramı'na dayanır. *Bağlanma* terimini –bir çocuğun anne baba ile olan bağını kastederek– ilk kez ünlü İngiliz doktor ve psikanalist John Bowlby 1950'lerde kullanmıştır. O tarihten bu yana, ebeveyn-çocuk bağının önemi hakkında geniş bir bilgi birikimi oluştu. Güvenli bağlanmanın temelinde, bebeklik döneminden başlayan sosyal etkileşim yatar. Çocuklar anne babalarıyla mutlu ve uyumlu ilişki kuramadıklarında ya da herhangi bir travma yaşadıklarında, aralarındaki bağ zayıflar; bu da davranış sorunlarına ve duygusal sıkıntılara yol açabilir. Son 25 yılda, son derece etkin ve keyifli ebeveyn-çocuk oyunlarından benzersiz bir sentez oluşturdum ve buna *bağlanma oyunları* adını verdim. Bu aktiviteler bağlanma, terapi ve nöroloji bilimi alanında yapılan araştırmalarla da desteklendi.

Pozitif sosyal etkileşimin, stresi azaltıp çocuğunuzun beyin gelişimine katkıda bulunarak büyümelerini ve kendilerini daha iyi hissetmelerini sağlayan oksitosin, yani "iyi hissetme" hormonunun oluşumunu harekete geçirdiğini biliyor muydunuz? İşbirliğine dayalı oyunlar, beynin saldırgan davranışı kontrol eden bölümünü uyarır; kahkaha da stres hormonunu azaltarak öfke ve endişeyi geçirir. Travmatik tecrübelerin ardından, travmayı atlatmalarında yardımcı olacak belirli oyun türleri ile çocuğunuzun beynini gerçekten "yeniden kodlamak" mümkündür.

Bu tarz çalışmaların, farklı kültürden ailelerde yetişen, her yaştaki çocukta işe yaradığını gördüm. Benzersiz oyun türlerine katılan çocuklarındaki olumlu değişim, dünyanın farklı yerlerindeki anne babaları çoğu zaman hayrete düşürür. Bağlanma oyunu, onu geleneksel oyun ve sporlardan ayıran bazı kendine özgü niteliklere sahiptir. Çocuk odaklı ve çoğu zaman kahkahalarla doludur; herhangi bir özel donanım gerektirmez ve her zaman her yerde gerçekleşebilir. Üstelik rekabete dayanmaz ve belirlenmiş kuralları yoktur.

Çocuklar, bağlanma oyunlara bayılırlar; genellikle oynamak için ilk adımı da onlar atar. Hatta siz bu oyunlarının bazılarını, derininde yatan amacın ve faydalarının farkına varmadan uzun süredir oynuyor da olabilirsiniz. Bu kitap sizlere, saklambaç gibi aşina olduğunuz oyunların ardında yatan anlamı açıklıyor. Ayrıca, çocuklarla bu tarz oyunlar oynamak belirli sorunların çözümünde de önemlidir. Çocukların sizi oyuna davet etme biçimi bazen rahatsız edici olabilir; siz bunu saçma ve kaba bir yaklaşım olarak nitelendirebilir, ya da zaman kaybı olarak değerlendirebilirsiniz. Bu kitap, bu tarz davranışları farklı biçimde yorumlamanıza ve davete, çocuğunuzla aranızdaki bağı ve işbirliğini geliştirecek biçimde karşılık vermenize yardımcı olmayı amaçlıyor.

Kitapta belirli stres kaynaklarına yer verdiğim gibi tipik disiplin konularını da anlattım; bu şekilde her bir bölüm, kendi içinde bir bütün oluşturuyor. Bu nedenle kitabın tümünü okumadan da, kendi ailenizi ilgilendiren bilgilere ve uygulanabilir önerilere kolayca ulaşabilirsiniz. Ancak, kitabın tümünü okumak da faydalı olacaktır, böylece çocuklarınızda önceleri dikkate almadığınız davranışların altında yatan nedenleri keşfedebilirsiniz.

Çeşitli oyun biçimlerini açıklamak amacıyla, anne babalarla yapılan röportajlardan yararlandım; bir danışman, ebeveyn-çocuk oyun koçu, seminer yöneticisi, anne ve büyükanne olarak da kendi tecrübelerimden pek çok örnek verdim. Umuyorum bu örnekler ve anekdotlar size eğlenceli ve ilham verici gelir; siz de çocuğunuzla bağınızı güçlendiren bu oyunları oynamak istersiniz.

0-12 yaş arası çocuğu olan ebeveynleri hedef alan bu kitapta yer alan tekniklerin çoğu farklı yaşlara uygulanabilir; hatta sizin çocuğunuzdan daha küçük –veya büyük– çocuklara uygulandığını düşündüğünüz bazı örneklerden bile esinlenebilirsiniz.

Tüm anne babalar için dileğim, çocuğunuzla eğlenerek oluşturacağınız bağın her anından keyif almanız. Kıkır kıkır gülmeye hazır mısınız?

Kitap düzeni

1. Kısım'da (Başlarken), bu yaklaşıma nasıl başlayacağınız konusunda size yardımcı olacak bazı bilgilerle birlikte, bağlanma

oyunlarının dokuz temel formuna ait açıklamalar bulacaksınız. Kitabın tamamı, burası temel alınarak kurgulandığından, bu kısmı tümüyle okumanızı öneririm. Üstelik bu kısım, çocuklarınızla hemen uygulayabileceğiniz belirli aktiviteler konusunda da size fikir verecektir. Son bölümünde ise, çocuğunuzla oyun oynamanıza engel olan nedenleri bulmanız için bireysel olarak uygulayabileceğiniz bir dizi alıştırma yer alıyor.

2. Kısım'da (bağlanma oyunlarının disiplin sorunlarını çözmek amacıyla kullanılması) tipik davranış sorunlarını kontrol altına almak amacıyla oluşturulan tamamıyla ceza karşıtı, oyun temelli yaklaşım anlatılıyor. Her bir başlıkta belli başlı anlaşmazlıkların çözümüne yardımcı olacak eğlenceli yaklaşım biçimleri yer alıyor. Bu yaklaşım biçimleri 1. Kısım'da tanımlanan "oyunun dokuz formu" temeline dayanıyor.

3. Kısım (bağlanma oyunlarının, çocuğunuzun zor zamanları atlatmasına yardımcı olması amacıyla kullanılması), çocuğun oyun aracılığıyla stres ya da travmayı atlatıp iyileşmesine nasıl yardımcı olunabileceğini anlatıyor. 2. Kısım'da olduğu gibi her bir başlık belli bir konu içeriyor; dolayısıyla siz de, kendi ailenizde yaşadıklarınızla ilgili faydalı ipuçları bulabilirsiniz. Burada, söz konusu dokuz oyun formundan hangisinin, özellikle ne tür stres ve travma biçiminde etkin olduğunu öğreneceksiniz.

Ekler bölümünün ilkinde, her bir oyunun kolaylıkla anlaşılmasını sağlayan özet çizelgeler bulunuyor. İkincisinde ise, bağlanma oyunlarının dayandığı temeller hakkında kısa bir bilgi yer alıyor. Bu oyun formlarının, çocukların bizleri zorlayan duygu ve davranışlarındaki değişime etkisini gösteren araştırma sonuçları da bu bölümde özetlendi. Eklerden sonra bilimsel kaynaklar listesi yer alıyor.

1. KISIM

Başlarken

"Anne, benimle oynar mısın? Baba, oyun oynayalım mı!" Çocuğunuzdan bu sözleri ne sıklıkta duyuyorsunuz? Çocuklar oyun oynamaya bayılırlar, özellikle de ebeveynleriyle oynamaktan büyük keyif alırlar. Çocuğunuzla oyun oynadığınızda, onun bağ kurma ihtiyacını karşılayıp sevildiğini hissetmesine de yardımcı olursunuz. Aslında, oyun, çocuğunuzun duygusal enerjisini şarj etmenin en iyi yollarından biridir.

Bu bölümde, ebeveyn-çocuk bağının güçlenmesinde özellikle etkin rol oynayan dokuz farklı aktivite anlatılıyor. Ben bu aktiviteleri, *bağlanma oyunları* olarak adlandırıyorum. Bu oyunların çoğunun, etkili disiplinin yanı sıra duygusal tedavinin de temeli olduğunu düşünüyorum. Bunlar, çoğunlukla çocuğunun zorlu duygu ve davranışlarıyla mücadele eden ebeveynlere önerdiğim oyunlardır.

1. bölüm

Bağlanma oyunlarına giriş

Sağlıklı anne baba ve çocuk bağı, çocuğun duygusal sağlığı için son derece önemliyken, bu bağın oluşmasında anne baba ve çocuğun sosyal etkileşimi de büyük rol oynar. Çocuğumuzla daha bebekken "ce-e" diye oynar ya da komik sesler çıkarır; basit, saçma oyunlar yardımıyla iletişim kurarız; sesini taklit eder, başımızla göbeğini gıdıklar, ayak parmaklarıyla oynar, müziğin ritmine uyarak onu sallar, dizimizde hoplatırız.

Günlük hayatımızdaki bu tür etkileşim biçimleri, bebeğin güven, inanç, emniyet, karşılıklı ilişki, mizah ve keyif duygularını algılamasını sağlar. Ona hassasiyetle yaklaşarak bu tür oyunlar oynadığımızda bizlerle bağ kurup iletişime geçmeyi öğrenir.

Çocuğunuz büyürken, onunla etkileşiminizi eğlenceli biçimde devam ettirirseniz, kurduğunuz bağın kalıcı olmasını sağlarsınız. "Benimle oyna" dediğinde, siz de onunla birlikte yere oturur; bebekleri, trenleri ve Legolarıyla yarattığı hayal dünyasında ona katılırsanız, çocuk gerçekten sevildiğini ve kendisine değer verildiğini hisseder. Sadece birlikte masa oyunları[1] oynamak ya da saçmalıklar yapmak bile bağlanmanız için sonsuz fırsat sunar.

İş, hastalık, boşanma, maddi sıkıntı, yeni bir bebeğin gelmesi ya da yeni bir eve taşınma gibi durumlar yüzünden sıkıntı yaşıyorsanız, çocuğunuzla aranızdaki ilişki de zarar görebilir. Böyle sıkıntılı zamanlarda, aranızdaki bağ, –doğal olarak– sabrınız tükendiği ya da ona yeterince zaman ayıramadığınız için zayıflayabilir. Böyle bir kopukluk

1. Masa oyunu ya da tahta oyunu, genellikle düz bir zemin ya da karton, tahta, plastik gibi malzemelerden yapılmış düzlemler üzerinde, oyun taşlarını veya pullarını belirli kurallar çerçevesinde hareket ettirmek suretiyle oynanan oyunlara verilen genel ad. Oyunun oynandığı düzlem genellikle önceden resim, geometrik şekiller veya yazılarla hazırlanmış olur.

oluştuğunda, çocuğunuz kendini güvensiz, endişeli, yalnız ve güçsüz hissedebilir; davranışları da daha zorlayıcı olabilir. Aslında disiplin sorunlarının çoğu, çocuklar kendilerini çevrelerinden kopmuş, güçsüz, güvensiz ya da korkmuş hissettiklerinde oluşur.

Bağlanma oyunları, çocuğun zor zamanlarla baş etmesinde iyileştirici unsur olabilir. Çocuğunuzun sizinle en çok oynamak istediği zamanlarda, sizin hiç de oyun oynayacak haliniz olmayabilir! Halbuki günde en azından sadece 20-30 dakikanızı ona ayırmayı başarabilirseniz, çocuğunuz bundan fazlasıyla yararlanacaktır. Unutmayın, çocuğunuzu bu tür tedavi edici oyunlar oynamaya her zaman, her yaşta teşvik edebilirsiniz. İlişkinizi düzeltip iyileşmesine yardımcı olmak için daha da büyüdüklerinde bile onlarla oyun oynayabilirsiniz.

Oyunun en yararlı kısmı kahkahadır. Araştırmalar, kahkahanın gerginliği, endişeyi ve öfkeyi azalttığını gösteriyor. Çocuğunuzla oyun oynayıp kahkaha attığınızda, disiplin sorunlarının çoğunu çözer, çocuğunuzu stres ve travmadan uzaklaştırırsınız. Bu nedenle, çocuğunuzla birlikte gülmek ve saçma sapan oyunlar oynamak asla zaman kaybı değildir!

Bağlanma oyunlarının, bilimsel araştırmalarda önemli bir yeri vardır. Araştırma sonuçları, söz konusu dokuz aktivitenin belli duygu ve davranış sorunu olan çocuklar üzerindeki etkisini doğruluyor. (Bu çalışmalarla ilgili açıklamalar için Ek B'ye bakınız.) Bununla birlikte, ebeveyn-çocuk bağını güçlendiren oyunlar, duygusal sağlığı yerinde ve iyi davranış sergileyenler de dahil, tüm çocuklar için faydalıdır.

Bağlanma oyunlarının, bilinen oyun ve aktivitelerden farklı, kendine özgü pek çok özelliği vardır. Aşağıdaki listede söz konusu özellikler tanımlanmıştır.

Bağlanma oyunlarının belirleyici özellikleri

Nedir?

- **Bağlanma oyunları, karşılıklı etkileşim içinde oynanarak çocuğunuzla aranızdaki bağı güçlendirir.**

  Bu kitaptaki aktiviteleri gerçekleştirdikten sonra, kendinizi çocuğunuza daha yakın hisseder, her ikiniz de içinizdeki iyiyi ortaya çıkarabilirsiniz.

- **Bağlanma oyunları, çoğu kez kahkaha tufanı şeklinde geçer.**
  Çocuğunuza gülüp geçmek yerine, onunla birlikte kahkaha atacaksınız. Kahkaha gerginlik, endişe ve öfkeyi azaltır.
- **Bağlanma oyunlarını çocuk da başlatabilir, yetişkin de.**
  Ebeveyn-çocuk bağını güçlendiren oyunları çocuğunuz da başlatabilir. Bu kitap onların davetini fark etmenize yardım edecektir. Ayrıca siz de, çocuğunuzun belli disiplin sorunlarını çözmek ve yaşadığı zorluklarla baş etmesine yardımcı olmak amacıyla bu aktiviteleri başlatabilirsiniz.
- **Bağlanma oyunları için özel donanıma ihtiyaç yoktur.**
  Bu tip oyunların başlıca avantajı bedava olmasıdır! Bazı aktiviteler için muhtemelen evinizde var olan oyuncak ya da herhangi bir nesneye (oyuncak bebek veya yastık gibi) ihtiyaç duyulurken, çoğu için hiçbir şeye ihtiyaç yoktur.
- **Bağlanma oyunları her zaman, her yerde oynanabilir.**
  Bunları banyoda, arabanızda, parkta, doktor muayenehanesinde ya da uykudan önce uygulayabilirsiniz.
- **Bağlanma oyunları bilinen, alışık olduğumuz aktivitelerden oluşur.**
  Çocuğunuzla "ce-e" oynarken o bir aslan gibi kükrediğinde korkmuş gibi görünürsünüz ya da kardeşler arasındaki çekişmeyi çözümlemeye çalışırken eğlenceli bir tavır sergilersiniz; böylece bağlanmanızı güçlendirecek bir oyun oynamış olursunuz.

Ne değildir?

- **Bağlanma oyunları aşırı hoşgörülü bir disiplin yöntemi değildir.**
  Bağlanmayı güçlendiren oyunlar, sizin sınır koymanıza ve bilinen disiplin sorunlarını çözmenize yardımcı olur. Çocuğunuz işbirliği yapmaya daha istekli olur ve "şımarmaz", hayatta her şeyin eğlenceli olması gerektiğini düşünmez.

- **Bağlanma oyunları çocuklara saldırgan olmayı öğretmez.**
  Bu kitapta anlatılan bazı oyun formatları çocuğu fiziksel olarak aktif olmaya teşvik etmekle birlikte, onun daha saldırgan ya da

hiperaktif olmasına neden olmaz. Aksine, onun daha dingin, daha nazik, daha sevecen ve işbirliğine daha açık olmasını sağlar.

- **Bağlanma oyunları alaycı değildir.**
  Bu kitapta anlatılan oyunlar çocuğa ve onun duygularına saygı duyar. Herhangi bir biçimde onu küçümsemez, ona kendisini yetersiz ya da değersiz hissettirmez. Bunun yerine, onun özsaygısını ve özgüvenini artırır.
- **Bağlanma oyunlarında rekabet yoktur.**
  Bilinen oyun ve spor aktivitelerinin çoğunun aksine, bağlanma oyunlarında kazanan ve kaybeden yoktur. En önemlisi ve olması gereken, herkesin iyi zaman geçirmesi ve kimsenin kendini kaybetmiş hissetmemesidir. Bağlanma oyunlarında herkes kazanır.
- **Bağlanma oyunlarında belli kurallar yoktur.**
  Aktiviteler günden güne değişebilir. Kitapta tanımlanandan farklı olarak, çocuğunuzla birlikte kendi oyun tarzınızı oluşturmak da hoşunuza gidebilir. Hatta yarattığınız oyun özgün, sizin ailenize ait bir gelenek haline de gelebilir.

Bağlanmayı güçlendiren dokuz oyun türü

Birinci bölümde belirleyici özellikleri açıklanan, dokuz farklı oyun biçimi bulunmaktadır. Bu bölümde aşağıda listelenen aktivitelerin her biri, daha ayrıntılı olarak açıklanacaktır. Ek A'da bu oyunların her birinin ana başlıklar halinde özetini, Ek B'de ise bunlarla ilgili araştırma sonuçlarını bulacaksınız.

Bağlanmayı güçlendiren dokuz oyun türü

- Yönlendirilmemiş çocuk merkezli oyunlar
- Belli bir konu ya da tema içeren sembolik oyunlar
- Çocuğun davranışı doğrultusunda geliştirilen oyunlar
- Saçma oyunlar
- Ayrılık oyunları
- Gücün çocukta olduğu oyunlar
- Çocuğun yaşça geriye gittiği oyunlar
- Fiziksel temas gerektiren oyunlar
- İşbirliğine dayanan oyun ve aktiviteler

Yönlendirilmemiş çocuk merkezli oyunlar

Oyun odasında yere oturmuş, tüm dikkatimi 3 yaşındaki Paul'e verdiğimde anne babası da bizi izliyordu. Paul oyun bloklarıyla oynamayı tercih etti ve hemen bir ev yapıp bu evde bir tuvalet olmadığını söyledi. Daha sonra, eve gelen bir erkek figürünü bizlerle tanıştırdı ve "Bu adamın tuvalete gitmesi lazım ama burada bir tuvalet yok; bu yüzden de altını ıslattı!" dedi. Bu hikâyeyi kendisi de çok komik bulmuştu, konuşurken bir yandan da kahkahalarla gülüyordu.

Bazen anne babalar, benimle özel bir görüşme yapmadan önce çocuklarıyla oynamamı isterler. Bu gibi durumlarda, daima yönlendirilmemiş, çocuk merkezli oyunları tercih ederim. Çünkü bu tür oyunlar çocukla tanışmanın en iyi yoludur. Çoğu zaman çocuk canını sıkan sorunu, ilk on dakika içinde anlatır. Yukarıdaki örnekte, Paul ile ebeveynleri arasında tuvalet eğitimi konusunda birtakım sıkıntılar yaşandığından şüphelenmiştim. Daha sonra anne babayla yalnız görüştüğümde onlar da tuvalet eğitimiyle ilgili gerçekten sıkıntı yaşadıklarını ifade ettiler.

Yönlendirilmemiş çocuk merkezli oyunlar oynamaya çocuğunuzun eline ahşap bloklar, oyuncak bebekler, bebek evi, kuklalar, kil (veya oyun hamuru), sanatla ilgili malzemeler, küçük insan figürleri, hayvanlar, araba ya da kamyon benzeri taşıtlar gibi hayal gücünü ve yaratıcılığını teşvik eden malzemeler vererek başlayın. Sonra da onun oyunu yönlendirmesine izin verin.

Anne babalara, en azından haftada bir kez çocuklarının her birine yarım saat zaman ayırıp çocuk merkezli oyun oynamalarını öneriyorum. Birden fazla çocuğunuz varsa diğer çocuklarınıza bakacak birilerini ayarlamanız gerekiyor. Eğer zamanınız varsa, günlük gerçekleştireceğiniz oyun seansları daha da faydalıdır. Özellikle çocuğunuzun sevildiğini ve kendisine değer verildiğini hissetmesini istiyorsanız, bu özel oyun seansları esnasında telefonunuzu cevaplamamanızı ya da dikkatinizi başka şeylerle dağıtmamanızı öneririm. Eğer saat kurar ve ona zil çalana kadar oynayacağınızı söylerseniz, çocuğunuz ilgi ve alakanızdan daha da fazla yararlanabilir. Saat kurmak sizin işinizi de kolaylaştırabilir. Çoğu anne baba bunun belli bir süre sonra biteceğini bildiğinde, çocuğuna daha da iyi odaklanır.

Çocuğunuz yönlendirilmemiş oyunlar oynarken aile içi çatışmaları, disiplin sorunlarını ya da geçmişte yaşanan travmatik olayları oyununa dahil ederse şaşırmayın. Bu son derece normal ve sağlıklı bir davranıştır; ayrıca yaşadığı sıkıntıları sizinle paylaşmayı güvenli bulduğunu da gösterir.

Yönlendirilmemiş çocuk merkezli oyunlar, çocuğun kendini güvende hissetmesine ve sevildiğini anlamasına yardımcı olur. Bu tarz oyunlar, özellikle strese neden olan olay ya da ayrılığın ardından tekrar bağlanmak, çocuğun travmayı atlatmasına yardımcı olmak ya da sadece aranızdaki bağın güçlenmesini sağlamak adına son derece faydalıdır. Geçmişte sert bir disiplin uyguladıysanız ya da aile içi şiddet yaşandıysa, çocuk merkezli oyunlar onun güven ve emniyet duygusunu tekrar kazanmasına yardımcı olur.

Belli bir konu ya da tema içeren sembolik oyunlar

Oğlum 18 aylıkken, oyun oynamak isteyen yavru bir köpek onun üstüne atladı; o günden sonra köpeklerden korkmaya başladı. Bir gün, sırf eğlence olsun diye yerde köpek gibi yürüyüp havladım. Müthiş eğlenip kahkahalar attı ve tekrarlamamı istedi. Bu köpek oyununu köpek korkusu azalana kadar defalarca oynadık.

Belli bir konu ya da tema içeren sembolik oyunlar, özellikle çocuğun yaşadığı travmaları iyileştirmede etkin rol oynar. Bu tür oyunlar esnasında, çocuğun travma yaşadığı konuyla ilgili belirli oyuncakları kullanarak ya da oyunun içeriğiyle ilgili öneride bulunarak yol gösterici olabilirsiniz. Örneğin, çocuğunuzu bir köpek ısırdıysa, ona oyuncak bir köpekle oynamayı önerebilir ya da önceki örnekte olduğu gibi siz bir köpek olabilirsiniz. Çocuğunuz bir yangına tanık olduysa ve hâlâ bunun etkisinden kurtulamadıysa; ona itfaiye aracı, oyuncak ev ve küçük insan figürleriyle oynamayı önerebilirsiniz. 3. Kısım'da, çocuklarla oynanan bu tür terapi oyunlarından örnekler bulabilirsiniz.

Tuvalet eğitimi, kardeşler arası çekişmeler, yalan söyleme ve işbirliğine yanaşmama gibi davranış sorunlarıyla başa çıkmak için sembolik oyunlardan faydalanabilirsiniz. Çocuğunuzun davranış sorunlarını, oyuncak hayvanlarla ya da başka objelerle canlandırmalar yaparak çözebilirsiniz. 2. Kısım'da, belli disiplin sorunlarını çözmek için sembolik oyun yönteminin nasıl kullanılacağı anlatılıyor.

Çocuğun davranışı doğrultusunda geliştirilen oyunlar

Torunum 2 yaşındayken, onu ziyarete gittim. Birkaç aydır görüşmemiş olduğumuz için beni ilk gördüğünde çekingen davrandı. Onun yakınında bir yere oturup oyuncaklarıyla oynamasını izledim. Oyuncak bebeğini yanlışlıkla yere düşürdüğünde, oyuncak bebek rolü yaparak "Ay!" dedim. Kıkır kıkır güldü, bebeği yerden alıp bu kez bilerek düşürdü. Hoşuna gitmesi için tekrar "Ay!" dedim. Bebeği en az yirmi kez yere fırlattı ve o keyifle kahkahalar atarken, ben de her seferinde "Ay!" dedim. Oyundan sonra çekingenliğini üstünden attı ve koşa koşa gelip kucağıma oturdu.

Çocuğun davranışı doğrultusunda geliştirilen oyunlar, yetişkin tarafından tekrarlanıp çocuğun davranışına bağlı olarak gelişen herhangi bir aktivite olabilir. Yukarıdaki örnekte de görüldüğü gibi, çocuğun davranışı doğrultusunda geliştirilen oyunlar oynamak, çocukla samimi ve sıcak bir bağlantı kurmanın en iyi yollarından biridir.

Bu tür oyunlar arasında küçük çocukların en sevdiği; çocuğunuzun size sağa, sola dönmeniz ya da olduğunuz yerde kalmanız için sözsüz olarak verdiği komutlarla oynanan, sırt dönme oyunudur. Örneğin, sağ omzunuza dokunduğunda sağa, sol omzunuza dokunduğunda sola dönersiniz. Bu tür oyunların en sevilenlerden biri de hafifçe dürtme oyunudur. Çocuğunuz sağ yanağınıza dokunduğunda gülümser, sol yanağınıza dokunduğunda ise üzgün ya da kızgın görünürsünüz. Elinize dokunduğunda, el çırpıp bir aşağı bir yukarı hareket ettirmeye başlar; tekrar dokunur dokunmaz da durursunuz. Vücudunuzun başka yerleriyle de oynayabileceğiniz çeşitli oyunlar yaratabilirsiniz.

Pek çok farklı biçimde oynanabilecek bu oyunlar, genellikle çocukların çok hoşuna gider. Burada önemli olan, yetişkinin çocuğun davranışları doğrultusunda hareket etmesidir. Bu tür oyunlar çocuğun bağ kurmasına yardımcı olur, kendine güvenini artırır, öngörüsünün gelişmesine katkıda bulunur, çocuğa kabul gördüğünü hissettirir ve çocukta güçlü olma duygusu yaratır. Oyun esnasında atılan kahkahalar, çocukta daha önceki travmatik tecrübelerinden kaynaklanan endişe, güçsüzlük ve kontrol kaybının yol açtığı gerginliği azaltır.

Bu aktiviteler, yetişkinlerden daha küçük ve az becerikli oldukları için her çocuğun zaman zaman hissettiği kronik güçsüzlük duygusunu da giderir. Çocuk yaşayacağı yer, gideceği okul ya da bakıcısının kim olacağı gibi önemli konularda karar veremez. Onun hayatının kontrolü ebeveynindedir. Anne baba baskıcı bir disiplin uyguladığında –ki ben bunu önermiyorum– çocuk kendini daha güçsüz hissedip yönlendirildiğini ve kontrol altında tutulduğunu düşünür. Çocuk, davranışı doğrultusunda gelişen oyunlar sırasında kontrolün kendisinde olduğunu hisseder. Bu tür oyunlardan sonra, belirlenen sınırları daha kolay kabullenir ve anne babasının isteklerini yerine getirirken işbirliği yapmaya daha açık olur.

Taklit oyunları da çocuğun davranışı doğrultusunda geliştirilen oyunların bir türüdür. Bebeğiniz –ağlamak dışında– kelimelere benzer sesler çıkarmaya başladığında, onunla bu tarz taklit oyunları oynayabilirsiniz. Ciyaklamalarını ya da mırıltılarını taklit etmeniz büyük bir ihtimalle onun hoşuna gidecektir. Taklit oyunları, çocuğun empati kurmayı öğrenmesine de yardımcı olur. Çocuğunuz taklit ettiğiniz sesleri duyup hareketlerinizi görünce bu hareket ya da sesleri kendi içindeki belli duygularla eşleştirmeyi öğrenir. Bu da, başkalarının zihinsel deneyiminin kendisininkiyle aynı olduğunu anlamasına yardımcı olur.

> Kızım 7 aylıkken, onun çıkardığı sesleri taklit etmeme bayılırdı. "Ga" dediğinde, ben de "Ga" diyerek onu taklit ederdim. Daha sonra, beklentiyle yüzüme bakıp gülümserken tekrar aynı sesi çıkarırdı. Bu tür keyifli "sohbetlerimiz" olurdu.

Aşağıda bir anne bebeğiyle oynadığı taklit oyununu anlatıyor.

> Bebeğim ne zaman hıçkırsa, ona katılır, aynı zamanda hıçkırmaya çalışırdım; genellikle de onun sesinin yankısıymış gibi, ondan sonra hıçkırırdım. Oğlum 5 aylıktan itibaren bunu çok eğlenceli buldu ve bu oyun aramızda sıcak ve samimi bir ilişki yarattı.

Daha büyük çocuklar ise, lider olanın söylediklerini uyguladıkları ya da "Simon diyor ki" oyununda olduğu gibi, birinin lider olup diğerlerinin onun direktiflerini uygulamak ve aynısını yapmak zorunda olduğu taklit oyunlarını severler.

Saçma oyunlar

Oğlumla 20 aylıkken birlikte oynuyorduk ve o aniden bana bakıp içten kahkahalar atarak burnunu tişörtüne siliyormuş gibi yapmaya başladı.

11 yaşına geldiğinde, o ve arkadaşlarının, rol aldıkları okul piyesindeki replikleri ezberlemenin yanı sıra şarkıları ve dansları da öğrenmeleri gerekiyordu. Son gösteriden birkaç gün sonra, oğlumu ve üç erkek arkadaşını okuldan alıp bir partiye götürdüm. 15 dakikalık araba yolculuğumuz boyunca, repliklerini özellikle yanlış söyleyerek kahkahalarla güldüler. Daha sonra bu konuyu oğlumla konuştuğumda, o gösteriden beri bunu sürekli yaptıklarını söyledi.

Saçma oyunlar, sizin ya da çocuğunuzun bilinçli olarak anlamsız hareketler yaptığı ya da duyguları veya çatışmaları eğlenceli biçimde abartarak oynadığı oyunlardır. Bu tip oyunlar, ebeveyn-çocuk etkileşimi kapsamında bağlanmayı güçlendiren oyunlar olarak tanımlanabilir. Böyle bir oyunu siz de başlatabilirsiniz, çocuğunuz da.

Bilinçli olarak yanlış söylenerek ya da yapılarak oynanan oyunları, çoğunlukla çocuk başlatır. Çocuğunuz külotunu giymek yerine kafasına takabilir, bildiği şarkıları özellikle yanlış söyleyebilir ya da yapboz parçalarını bilerek yanlış yerleştirebilir. Bu tarz anlamsız hareketler yaparken gürültücü ve keyifli olması gerilimden uzaklaştığını gösterir.

Yukarıdaki ilk örnekte olduğu gibi, oğlum burnunu tişörtüne siliyormuş gibi yaptığında onun gerilme nedeni, benim sürekli elimde bir mendille oyununu kesip sümkürmesini söylemem ve bunun ...rattığı sıkıntı olabilirdi. Belki de, benim düzgün sümkür...ntimi karşılayamama kaygısı içindeydi. Bunun benim için ...olduğunu hissedip özellikle böyle bir davranış biçimi oluşturmuştu. Dolayısıyla, özellikle ben onu izlerken kasten yaparak az da olsa isyan ediyor; bu da ona komik geliyordu.

Yukarıdaki ikinci örnek ise, daha büyük çocukların da kendiliğinden gelişen saçma oyunlar oynadıklarını gösteriyor. Çocukların ezberlerini yanlış söylemeleri, hem sahne korkusunu yenmelerine, hem de öğretmenlerinin düzgün oynamaları beklentisinin neden olduğu stresten kurtulmalarına yardımcı oluyordu. Bu tür oyunlar, özellikle hata yapmaktan korkan çocuklar için faydalıdır. Belki de, geçmişte hata yaptıkları için alay edilmiş ya da cezalandırılmış olabilirler; öğretmenlerinin beklentileri çok yüksek olabilir veya çocukların kendileri de mükemmeliyetçi olabilirler.

Saçma oyunların başka bir biçimi de abartıdır. Disiplin sorunlarını çözmek için, çatışmaları eğlenceli bir biçimde abartıp anlamsızlaştırarak ya da saçma oyunlar icat ederek bu yaklaşımı kullanabilirsiniz. Çocuklar bastırılan öfke ve hayal kırıklığından, abartılı ve anlamsız davranma yöntemini kullanıp kahkahalar atarak kurtulabilirler. Örneğin, 8 yaşındaki kızınız deniz kenarında kumda oynadıktan sonra yıkanmayı reddediyorsa, olaya eğlenceli bir biçimde yaklaşarak dökülen kumu yerden kaldırmak için buldozer kullanmayı düşünebileceğinizi söyleyip (kumların üzerinden dökülmesinin ardından), sonra da hayali bir buldozerle onu kovalıyormuş gibi yapabilirsiniz. Çocuklar, bu tür oyunlardan sonra işbirliğine daha istekli olurlar. 2. Kısım'da çocuklarınızın davranış biçimlerini değiştirecek bu tarz anlamsız oyunların (abartının) farklı örneklerini bulacaksınız.

Abartılı yaklaşımı korku sorunu yaşayan çocuklara yardım ederken de kullanabilirsiniz. Çocuk korku kaynağı altında adeta ezilmişse, bu yaklaşımın faydası olabilir. Böyle bir durumda onu, herhangi bir şeyden abartılı bir biçimde korktuğunu göstermeye teşvik edebilirsiniz. Örneğin, eğer çocuğunuz yılandan korkuyorsa, her ikiniz de "Sııısss" sesinden ölesiye korkuyormuş gibi yapabilirsiniz.

Ayrılık oyunları

> **Oğlum 3 aylıkken, battaniyeyi sürekli başına çekip açarak ce-e oyunu başlatmıştı. O bunu her yaptığında, ben de "Ce-e" diyordum; o da kahkahalarla gülüyordu.**

Ayrılık oyunları, çocuğunuzla aranızda kısa süreli görsel ve mekânsal ayrılık oluşturmaya dayanır. Hepimizin bildiği ce-e ve saklambaç oyunları bu türe en iyi örnektir.

Ce-e oyununda siz veya bebeğiniz yüzünü saklar, sonra da birden açarsınız. Genellikle, 6-18 ay arası bebekler bu oyunu çok sever ve oynarken çok gülerler. Yukarıdaki örnekte de görüldüğü gibi bazen bu oyunu bebekler de başlatabilir. Özellikle bu yaş aralığında zirve yapan ayrılık kaygısından kaynaklanan gerginlik, kahkaha ve gülücüklerle yok olur. Bu kaygı güvenli bağlanan bebeklerde gayet normal olan, gelişimsel korkuyu temsil eder. Çocuğunuzla ce-e oyunu oynadığınızda, uzun zaman saklanmaktan kaçının. Aksi takdirde, bebeğiniz sizin gerçekten yok olduğunuzu sanıp korkabilir.

Yeni yürümeye başlayan bebekler ve daha büyük çocuklar saklambaç oynamayı çok severler; çoğu zaman da siz onları bulduğunuzda ya da onlar sizi bulduğunda çok gülerler. Çocuklar büyüdükçe ayrılık süresi uzamaya ve saklanılan yerler daha zor bulunmaya başlar. Farklı saklambaç oyunları vardır. Bu oyunlardaki en önemli unsur, görsel ve fiziksel bağlantının yeniden oluştuğu andır.

Kovalamaca da ayrılık oyunlarının farklı bir çeşididir. Çocuğunuzun koşup kaçmasına izin verir, sonra da ya onu yakalamaya çalışırsınız ya da ayrı kalma sürecini uzatmak ve daha da zorlaştırmak için oyunu saklambaca dönüştürebilirsiniz. Örneğin, çocuğunuzun saklandığı yeri keşfettiyseniz, siz onu yakalamadan önce kaçıp kendini güvende hissettiği, saklanması için önceden kurgulanan yere ulaşmasına izin verirsiniz.

Ayrılık oyunları çocukların, her gün yuvaya ya da okula gitmek gibi ayrılma süreçleriyle eğlenceli bir biçimde başa çıkmalarına yardımcı olabilir. Ayrıca çocukların daha önce ayrılık travması ya da kayıplar sonucu yaşadıkları duygusal korkularını yenmeleri için de fırsat yaratabilir; dolayısıyla travmayla mücadelede, temsili bir oyun niteliği oluşturabilir. Bu tür oyunlar, daha önce hiç travmatik ayrılık veya kayıp yaşamamış olmasına rağmen, terk edilme ve ayrı kalma korkusu yaşayan çocuklar için de faydalıdır. Örneğin, bazı çocuklar boşanma ya da çocuk kaçırma hakkında duyduklarından sonra korkuya kapılabilirler. Her iki durumda da, ayrılık oyunları esnasında atılan kahkahalar, çocuğun endişe duygusundan kurtulmasına yardımcı olabilir.

Gücün çocukta olduğu oyunlar

5 yaşındaki Eva, ofisimdeki oyuncakların arasında bulduğu plastik yılan ve örümcekle oynamaya başladı. İsterse, anne babasını bunlarla korkutabileceğini söyledim. Anne babası korkmuş gibi yaparken, Eva da onları ısırma numarası yapmaya başladı. Aynı hareketi büyük bir keyifle defalarca tekrarlıyor, bir yandan da kıkırdıyordu. Bu oyunu oynamaktan sıkılınca ona küçük bir yastık verdim ve eğer bu sihirli yastığı sıkıca tutarsa, bunun onu çok güçlendireceğini söyledim. Hatta "Anne babanı yere devirecek kadar güçleneceksin" dedim. Anında yastıkla anne babasını itti, onlar da yastığın gücüne dayanamamış gibi yapıp yere yuvarlandılar. Eva, içten kahkahalar atıp yastıkla defalarca vurdu onlara. Sonra büyükçe bir bez parçası alıp üzerlerine örttü ve donduklarını söyledi. Anne babası, Eva bez parçasını üzerlerinden çekene kadar itiraz etmeden hareketsiz kaldı. Sonunda, oyuncak doktor setini bulup korkmuş numarası yapan anne babasına "iğne yapmaya" başladı. Eva bu oyundan o kadar hoşlandı ki seans bittikten sonra da gitmek istemedi.

Yukarıdaki örnek benim bir çocuk ve anne babasıyla birlikte çalıştığım bir oyun seansını anlatıyor. Bu çalışma, çocuğun kendi başına icat ettikleri de dahil, gücün çocukta olduğu oyunları kapsıyor.

Bu tür oyunlarda yetişkinler zayıf, korkak, beceriksiz, sersem ya da öfkeli görünürler. Bu oyunlar da çocuğun davranışı doğrultusunda gelişen oyunlara benzer; ya çocuk taklit edilir ya da verdiği direktifler uygulanır. Gücün çocukta olduğu oyunlarının vazgeçilmez özelliği yetişkinin rol yapmasıdır.

Bunlar genellikle hareketli oyunlardır. Yukarıda da görüldüğü gibi bu oyunların en tipik örneği, yastık savaşında çocuğunuzun sizi devirmesine izin vermenizdir. Tabii ki çocuğunuz sizi gerçekten yere devirmez. Sadece yastıkla vurur ya da dokunur ve siz de güçsüz numarası yapıp dramatik bir biçimde yere serilirsiniz. Bunun dışında uygulanabilecekler; anne babayı yastık ya da battaniyeyle örtmek, onları bir kafese kapatmış gibi yapmak ya da sihirli bir değnekle birer havyan veya eşyaya çevirmektir.

Bu tür oyunlar sırasında atılan kahkaha, çocuğun kendini güçsüz hissetmesi nedeniyle oluşan endişeden kurtulmasına yardımcı olur. Çocuğun davranışı doğrultusunda gelişen oyunlar başlığı altında da belirtildiği gibi, çoğu çocuk yetişkinlerden daha küçük ve zayıf olduğu için kendini güçsüz hisseder. Bu oyunlar ayrıca otoriter disiplin ya da taciz gibi yetişkin baskısı nedeniyle travma yaşayan çocukların iyileşmesine de yardımcı olur.

Ebeveyn-çocuk oyun günleri düzenlediğimde, her zaman seanslara anne baba ve çocuk arasında gerçekleşen 20 dakikalık yastık savaşıyla başlarız. Anne babalara güçsüz numarası yapmalarını, çocuklarının onları yere sermesine izin vermelerini söylerim. Los Angeles'taki bir seminerde, yine bu tarz bir yastık savaşından sonra 8 yaşında bir kız çocuğu kalkıp heyecanla, "Bu Disneyland'den bile daha eğlenceliydi!" demişti.

Bazı anne babalar bu tür oyunların çocuklarında saldırganlığa neden olabileceğinden kaygılanırlar. Oysaki bu oyunlardan sonra çocuklardaki saldırganlığın azalıp işbirliğine yatkınlığın arttığını keşfetmek, onları hem şaşırtır hem de memnun eder. Çünkü bu tür oyunlar sayesinde çocuklar hayal kırıklığı, öfke, endişe ve güçsüzlük gibi acı veren duygularından kurtulurlar.

Etkin sonuç veren yollardan biri de korkutucu bir kurgu oluşturmaktır. Ebeveyn-çocuk oyun koçluğu seansları kapsamında, ofisimde oyuncak timsah, kurt ve canavarlarla birlikte gerçek gibi görünen örümcek, yılan ve dinozor bulundururum. Çocuklar anne babalarını bu oyuncaklarla korkutmaya bayılırlar.

Oyunlarda güçsüz ya da korkmuş numarası yapmanın yanı sıra sakar, beceriksiz ve sersem de görünebilirsiniz. Örneğin, önce siz koşmaya başlayıp onun sizi kovalamasını isteyerek, bir kovalamaca oyunu başlatabilirsiniz. Sonra sendeleyip sizi yakalamasına izin verirsiniz. Eğer çocuğunuz salıncakta sallanıyorsa, onun önünde durup salıncak size doğru her geldiğinde onu tutmaya çalışıp beceremiyormuş gibi yapabilirsiniz. Salıncak geriye gitmeden önce yakalayamıyormuş gibi yaptığınızda, büyük olasılıkla çocuğunuz kahkahalarla gülecektir.

Ayrıca, bir sonraki örnekte göreceğiniz gibi öfkelenmiş numarası da yapabilirsiniz.

Torunum 3 yaşındayken, onu salıncakta sallamam çok hoşuna gidiyordu. Sallarken önünde durup ciddi bir ifade takınarak beni tekmelememesini emrediyor, sonra da salıncak bana doğru geldiğinde ayaklarının bana değeceği noktada duruyordum. Salıncak arkadan öne doğru geldiğinde, ayakları tam vuracakken son anda zıplıyor, ayakları bana ulaşamadan kaçıyordum. Her seferinde kızmış gibi yapıp beni tekmelemeyi bırakmasını söylüyordum. O da gülmekten kırılıyordu. İşin eğlenceli yanı, beni tekmelemeye çalışmadığını ve benim de bunun farkında olduğumu gayet iyi biliyor olmasıydı. Aslında karşılıklı olarak birbirimizi anladığımız bu durum, oyunun hem eğlenceli, hem de iyileştirici olmasını sağlamak için gereken duygusal emniyeti yaratıyordu. Kahkaha, onun ailenin en küçüğü olmasından dolayı hissettiği güçsüzlük ve hayal kırıklığından kurtulmasına yardımcı oluyordu.

Gücün çocukta olduğu oyunları genellikle çocuk başlatır. Çocuğun davranışını reddetmek ya da onu görmezden gelmek yerine, oyun davetini kabul etmek ona çok daha fazla yardımcı olur. Aşağıda bir anne 3 yaşındaki kızının başlattığı oyunu anlatıyor.

> Kızıma, yazdığım e-postayı bitirdikten sonra onunla oynayabileceğimi söyledim. Sonunda onunla oynayabilecek zamanım olduğunda, hayali bir klavyede yazıyormuş gibi yapıp "Sadece bir e-posta daha yazmam gerekiyor" dedi.

Bu örnekte çocuk sanki, "Ben anne, sen de çocukmuşsun gibi yapalım ve benim de seninle oynayacak zamanım olmasın" diyor. Küçük kız çok kısa bir süreliğine de olsa kendini güçlü hissetmek için annesini biraz bekletmek istemiş olabilir. Anne, küçük kızına, e-postasını gönderene kadar bekleyebileceğini belirtebilir. Ayrıca, üzgün görünüp onunla oynaması için yalvararak daha da aktif bir biçimde oyuna dahil olabilir. Bu rol değişimi, büyük bir olasılıkla kızını güldürür, böylece bastırılan öfke ve hayal kırıklığının bir kısmı yok olur.

Çocuğun yaşça geriye gittiği oyunlar

Anne babası maddi sıkıntıya girip işyerlerinde gerginlik yaşamaya başlayınca, 4 yaşındaki Joanna'da da stres belirtileri gözlemlenmeye başlamıştı. Annesi, Joanna'ın üzgün ve etraftan kopuk göründüğünü, ancak hem anne babasına hem de arkadaşlarına öfkeyle çatmaktan da geri kalmadığını söylüyordu. Annesi, kendisinin de Joanna'yla hep sert bir biçimde konuştuğunu ve kızının ihtiyacı olduğunda, duygusal olarak ona fazla destek olamadığını itiraf etti. Joanna'ın anne babasına, kızlarına bebek muamelesi yapmalarını, onu sevgiyle sarılıp hoplatmalarını, yemeğini yedirip onunla bebek oyunları oynamalarını önerdim. Ayrıca, onunla oynamak için birbirleriyle "kavga etmelerini", sonunda her ikisinin de Joanna'a sarılıp onu hoplatmalarını tavsiye ettim. Daha sonra anne bana şunları söyledi: "Yaptığımız çalışma çok faydalıydı. Özellikle de 'bebek için kavga etme' önerinizden çok keyif aldık. Bu oyunu oynadığımızda Joanna çok mutlu oldu. Şimdi kendi oynamak istiyor ve canlandıracağımız küçük senaryoları da o hazırlıyor. Böylesine tezat onun için harika oldu; özellikle de eşim ve benim hafta boyunca onu elden ele alıp kapışmamız inanılmazdı. Kızımız için mücadele etmek ne kadar güzelmiş!"

Çocuğun yaşça geriye gittiği oyunlar, sizin daha küçük bir çocukla oynayacağınız herhangi bir oyunu da içerebilir. Bu tür oyunlar gerek bağlanma gerekse tedavi adına önemlidir. Bu oyunlar esnasında çocuklar genellikle kıkırdarlar; ama hiç kahkaha atmasalar da iyileştirici etki oluşabilir.

3 ile 6 yaş arasındaki çocuklar genellikle yaşça geriye gittikleri oyunları kendileri başlatır, ancak bu anne babalara şaşırtıcı ve sinir bozucu gelebilir. Hatta büyük bir çocuk bile, bazen küçük çocuk gibi davranıp bebek gibi konuşabilir. Aşağıdaki örnekte bir anne, yaşadığı hayal kırıklığı ve endişesinden bahsediyor:

4 yaşındaki kızım bebek gibi konuşmaya başladı. Normalde, çok güzel konuşur ve uzun cümleler kurar. Ancak bazen "Men bunu istiyoyuum" diyor. Gözlerini açıp bakıyor ve "Al beni" diyor. Ardından dudak büzüp somurtuyor! Sonra somurtunca yüzünün nasıl görün-

düğüne bakmak için aynaya bakıyor. Daha sonra da gözlerini devirip bebek gibi ağlıyor numarası yapıyor. İnanılmaz, yeni bir imaj oluşturdu kendine. Konuşmayı diğer çocuklardan daha erken öğrendiği için son derece gururlanıyordum; şimdi ise bebek gibi davrandıkça moralim bozuluyor.

Çocuğunuz bebek gibi davranmaya başladıysa endişelenmeyin. Bu örnekteki anneye, kızını kollarına alıp sımsıkı sarılması, onu bir battaniyeye sarıp sarmalaması, biberon isteyip istemediğini sorması, altını bezle bağlıyor gibi yapması, ninniler söylemesi, ayak parmaklarıyla oynaması gibi önerilerde bulundum.

Çocuğun yaşça geriye gittiği oyunları oynamak için en doğru zaman, yeni bir kardeşin doğumundan sonra büyük olanın kendi yerinin sarsıldığını hissettiği zamandır. Bebeğinin ilk yılında hastalık geçiren ya da doğum sonrası depresyon yaşayan anneler için olduğu kadar, çocuk evlat edinenlere de ebeveyn tarafından başlatılan yaşça geriye gitme oyunları oynamalarını öneriyorum. Bu oyunlar, yukarıdaki örnekte olduğu gibi aile stres altındayken, büyüklerin çocuğa yeteri kadar zaman ayıramayıp ilgilenememesi durumunda da yararlı olabilir. Çocukları, bebek gibi belki de daha önce hiç alışkın olmadıkları biçimde sevgiyle beslemek istismar, ihmal edilme ve ayrı kalma kaynaklı travmaların çözümünde yararlı olabilir. Küçük yaşlarda ihtiyaç duydukları ilgiyle birlikte büyümek ve gelişmek için ihtiyaç duydukları gücü alırlar.

Bu tür oyunlar, çocuğun özgürleşmek adına attığı adımlara da katkı sağlayabilir. Çocuklar aslında gelişimlerini tamamlamalarının ardından, çoğu zaman bebek gibi davranmaya başlarlar. Özgürleşme yolunda emin adımlarla devam etmek için, sembolik olarak bebekliklerine dönerek, kendilerini güvende ve seviliyor hissetmek isteyebilirler. Neredeyse, tekrar şarj olmaya ihtiyaçları vardır diyebiliriz. Aşağıda kendi kızımın örneğinde olduğu gibi, bu tür oyunları bazen büyük çocuklar da kullanırlar.

Kızım 10 yaşındayken özgürleşmek adına önemli bir adım attı. Sekiz kız arkadaşıyla beraber ilk kez pijama partisine gitmişti. Ertesi gün eve döndüğünde, bebek gibi davranmaya başlayıp küçük bir bebek gibi birbirimize sarılmamızı istemişti.

Fiziksel temas gerektiren oyunlar

Yurtdışında yaşayan ve çok sık görmediğim bir yeğenim var. Onu ve ailesini ziyarete gittiğimde 3 yaşındaydı; doğal olarak onunla oynamak istedim. Ama beni hatırlamadığı için oynamaya pek de istekli görünmüyordu. Evin büyük ve eğimli bahçesine çıktığımızda, beni tamamen yok sayarak bir aşağı bir yukarı koşturmaya başladı. Birkaç dakika izledikten sonra, onunla iletişim kurmaya çalıştım. Bahçenin alt tarafında durup onu yakalayacağımı söyleyerek kollarımı açtım. Bahçenin üst tarafına çıkıp tekrar aşağıya koşturmadan önce ufak bir kucaklaşma için neşeyle kollarıma geldi. Aynısını defalarca tekrarladı ve her seferinde aşağıya kadar inip açık, onu bekleyen kollarıma koşmayı seçti. Bu oyundan sonra, bana eski bir arkadaşıymışım gibi davranmaya başladı.

Oyunun en önemli işlevi, çocukların başkalarıyla fiziksel bağ kurmalarına yardımcı olmasıdır. Çocuğunuzun belirlediği sınırlara saygı duyarak fiziksel temasta bulunmasını teşvik eder, aranızdaki bağı güçlendirirsiniz. Oyundaki keyifli paylaşım ve dokunuşlar, aranızdaki sevgi bağını ve bağlılığı sağlamlaştıran güçlü ve önemli bir faktördür. Bu nedenle, anne baba ve çocuk ilişkisindeki yıpranmışlıkların ya da travmatik ayrılıklardan doğan sıkıntıların giderilmesinde oyunun gücü büyüktür. Çocuklarınız sizinle, oyun aracılığıyla fiziksel bağ kurduklarında özsaygı, güven ve aidiyet hissederler. Dokunulmak, çocuğunuzun bedeninin farkına varıp bedeni hakkında olumlu duygular edinmesini sağlar. Çocuğun çıkarımı şudur: "Bedenim iyi ki, annem bana sarılmaktan hoşlanıyor." Öte yandan, yeteri kadar dokunulmayıp kucaklanmayan çocuk, bedeninin kötü olduğu düşüncesine kapılabilir. Sizinle kurduğu doğrudan ilişki, tek başına kalma ve yabancılaşma duygularına da engel olur. Çocukların fiziksel temas ihtiyacı, aynı bebeklerin kucaklanma ve dokunulma ihtiyacı gibi büyürken de devam eder. Aslında, dokunma hayat boyu devam eden son derece önemli bir ihtiyaçtır.

Karada yaşayan memelilerin çoğunun yavruları, emerek ya da uykuda annelerinin yanına sokularak anneleriyle yoğun temasta bulunur. Fiziksel temas onların vücut ısılarını dengeler, korur ve beslenme ihtiyaçlarını karşılar. Çoğu memeli yavrusu, anneleri ve kardeşleriyle oyun niteliğinde boğuşarak ya da birbirlerini tırmalayarak fiziksel temasta bulunup eğlenceli oyunlar oynar.

Çocukluk dönemindeki insan ise dokunmanın fiziksel ve duygusal gelişimdeki önemini sezgisel olarak bilir. Sarılmaktan, kucaklanmaktan hoşlanır ve korktuğunda, yorgun ya da hasta olduğunda fiziksel temas arar. Boğuşmak ya da el ele tutuşup çember olmak gibi fiziksel temasa dayanan oyunlar oynamak, çocukların çok hoşuna gider. Özellikle de anne babalarıyla birlikte yapabilecekleri, fiziksel temasa dayalı eğlenceli aktivitelere bayılırlar.

Bu bölümde listelenen oyunların pek çoğu fiziksel temas gerektirir. Çocuğunuzla oynayacağınız eğlenceli oyunlara dokunmayı da dahil etmenin yollarını arayabilirsiniz. Çocuğunuz küçükken onu dizinizde hoplatabilir, kollarından tutup birlikte dans edebilir, vücudunuza dokunduğunuz şarkılı çocuk oyunları oynayabilir ya da onu at gibi sırtınızda taşıyabilirsiniz. Biraz daha büyüyünce ayak bileklerinden tutup ellerinin üzerinde el arabası gibi yürütebilir ya da üzerinize yatmasına izin vererek insandan sandviç yapabilirsiniz. Fiziksel teması eğlenceli hale getirmemin sonsuz yolu vardır.

İşbirliğine dayanan oyun ve aktiviteler

> Kızım 8 yaşından 12 yaşına kadar, yatma zamanı geldiğinde onun yatağında oturup birbirimize sarılır, ortaklaşa hikâyeler yaratırdık. Fikir üretebilmek için beş ana başlık altında gruplanmış, kelimeler yazılı kartlarımız vardı: Hayvanlar, insanlar, mekânlar, sihirli yaratıklar ve sihirli şeyler. Önce, kızım bu kategorilerin her birinden bakmadan birer kart seçerdi, örneğin palyaço, kraliçe, tünel, ejderha ve sihirli altın ok gibi... Daha sonra ikimiz de her bir başlıkla ilgili cümleler ekler, bir hikâye yaratırdık. Ortaklaşa yarattığımız bu hikâyeler aramızdaki ilişkiye faydalı olduğu gibi, kızımın uyumadan önce rahatlamasını da sağlardı.

Ortaklaşa, işbirliğiyle gerçekleştirilen aktiviteler çocuğunuzla aranızdaki bağı güçlendirir. Hayal gücü yüksek olan çocuklar, ortaklaşa yaratılan hikâyeleri anlatmaktan hoşlanırlar. Çocuğunuzla birlikte uygulayabileceğiniz başka bir aktivite de, ahşap blokları sırayla bir onun bir de sizin üst üste koyarak olabildiğince yüksek bir kule yapmanızdır.

Yarışarak oynamak da zaman zaman eğlenceli olabilir. Bu tür aktiviteler çocukları ellerinden gelenin en iyisini yapmaya, kendi becerilerini başkalarıyla kıyaslamaya ve gelişimlerini ölçmeye motive edebilir. Ancak işbirliği gerektiren oyunlar, değer verilen ilişkilerin kaybetme endişesi yüzünden zarar görmesine engel olur. Rekabete dayanmayan oyunlar olarak da adlandırılan bu tür oyunlarda herkes ortak bir hedefe ulaşmak için gayret gösterir ve kaybeden yoktur. İşbirliğiyle oynanan oyunlar ile yarışılan oyunlar arasında denge kurmak bu nedenle önemlidir.

İşbirliğiyle oynanan pek çok masa oyunu var. Ayrıca, rekabete dayanan oyunların kurallarını değiştirebilirsiniz; böylece kimse kazanmaz ya da kaybetmez. Doğum günü partilerinde işbirliği gerektiren hareketli grup oyunları oynamak çok eğlencelidir. Örneğin, sandalye kapmaca gibi bilinen parti oyununda, rekabetten uzaklaştırmak amacıyla değişiklikler yapabilirsiniz. Böylece, müzik durduğunda çocukların hiçbiri açıkta kalmadan hepsi sandalyeye oturabilir. Siz sandalyeleri yavaş yavaş çektikçe, çocuklar da sandalye paylaşmak durumunda kalırlar. Sadece bir sandalye kaldığında ise, hepsi aynı sandalyeye oturmak (ya da az da olsa dokunmak) zorunda olurlar. (Umarız oldukça büyük bir sandalyedir bu!) İşbirliği gerektiren başka bir parti oyunu da, balonları mümkün olduğunca uzun süre yere değdirmeden havada tutmaktır.

Doğa sporları da rekabete dayanmayabilir. Kimsenin kazanmadığı, işbirliği gerektiren oyunlar haline getirmek için kuralları farklı biçimde uyarlayabilirsiniz. Örneğin, pinpon ya da tenis gibi oyunları, kaybeden olmadan ve mümkün olduğunca fazla topa vurmaya çalışarak işbirliğiyle oynanan oyunlara dönüştürebilirsiniz.

Çocuğunuzla ister oyun ister gerçek hayatta bir aktivite olsun (pişirme projesi gibi), ortak bir hedef doğrultusunda işbirliği yaptığınızda, çocuğunuzun gönüllü işbirliği arzusuna dayalı anlamlı bir bağ oluşturursunuz ve birbirinizin iyi yanlarını ortaya çıkarıp güçlü yanlarınızı tanımayı öğrenirsiniz. Bu aktiviteler çocuğunuzun kendini bağlı ve değerli hissetmesine yardımcı olabilir. Özellikle de, kardeş rekabeti ya da ebeveyn ayrılığından kaynaklanan davranış sorunlarının çözümünde yararlıdır.

3. bölüm

Genel prensipler

Bağlanma oyunları oynarken dikkat edilmesi gereken birtakım kurallar vardır. Çocuklarınızla birlikte bu prensipleri uyguladığınızda etkinliğiniz de artacaktır.

- **Çocuğunuzun yönlendirmelerine izin verin ve esnekliğinizi koruyun**

  Bağlanma oyunlarının temel ilkesi, çocuğunuzun liderliğini kabul etmektir. Çocuklar ihtiyaçlarını bilir; genellikle de bunları dolaylı ya da dolaysız olarak belirtirler. Çocuğunuz sizinle oynamak istediğini sözlü olarak yalvarırcasına söylediğinde onun ne istediğini tam olarak anlarsınız. Ancak bazen de, üstü kapalı ve dolaylı –hatta bazen de çileden çıkarırcasına– davranışlarla sizinle oynamak istediğini ifade eder. Böyle zamanlarda bu davranışın altında yatan nedene bakmanız gerekebilir.

  2 yaşındaki kızınız çoraplarını ayağı yerine ellerine giymişse, saçma bir oyun oynamak istiyor olabilir. 4 yaşındaki oğlunuz bebek gibi davranıyorsa, belki de bu onu yaşça geriye gittiği oyunlar oynamaya teşvik etmenize dair bir işaret sayılabilir. 6 yaşındaki oğlunuz hayali bir tabancayla sizi vuruyorsa, büyük olasılıkla gücün çocukta olduğu oyunlar oynamanın zamanı gelmiş demektir. 12 yaşındaki çocuğunuz, birlikte pinpon oynarken skor tutmanızdan rahatsız oluyorsa, işbirliğine dayalı ya da saçma da olsa gücün çocukta olduğu ve özellikle sizin yetersiz kaldığınız oyunlar oynamak istiyor olabilir. Bu durumların tümünde çocuğunuz sizi zor ve sıkıntılı duyguları çözebilmeniz için belirli oyunlar oynamaya davet ediyor olabilir. Bu kitap, çocuğunuzun si-

ze dolaylı yollardan gönderdiği oyun davetlerini anlamanıza ve bu davetlere en iyi nasıl yanıt vereceğinizi öğrenmenize yardımcı olacaktır.

Bu oyunların bazılarını siz de, bazı disiplin sorunlarını çözmek ya da çocuğunuzun yaşadığı travmatik bir olayı atlatmasına yardımcı olmak amacıyla başlatabilirsiniz. Oyunu siz başlattığınızda, onun da istekli olup olmadığını iyi gözlemleyin. Eğer istekli değilse, oyunda bazı değişiklikler yapmayı deneyebilirsiniz. Ancak bu yaklaşımınızın fazla yönlendirici olması ya da onun asıl amacınızı hissedip karşı koyması olasılığına da dikkat edin. Emniyet ve güven duygusunu geri kazanması için yönlendirilmemiş çocuk merkezli oyunlara dönebilirsiniz.

Öte yandan, eğer çocuğunuz oyuna kendini kaptırmışsa ve keyif alıyorsa, başta planladığınızdan ya da bu kitapta belirtilenlerden farklı da olsa yapılan çalışma büyük olasılıkla işe yarayacaktır. Esnekliğinizi korumanızı özellikle tavsiye ediyorum; bu uygulamaların tek doğrusu yoktur. Dolayısıyla oyuna çocuğunuzun liderliğinde devam ettiğinize emin olun. Sembolik olarak başlayan bir oyun, gücün çocukta olduğu etkin bir oyuna dönüşebilir. Çocuğunuz oyunu bırakmak istediğinde uzatmaya çalışmanın anlamı yoktur. Yine de çoğu zaman çocuğunuzdan önce sizin bu oyunları oynamaktan sıkıldığınızı fark edeceksiniz!

- **Öğretmeye çalışmaktan ve düzeltmekten kaçının**

Oyunu ev ödevlerine yardım etmek amacıyla oynamadığınız sürece, oyun sırasında doğrudan talimat vermekten kaçınmak önemlidir. Çocuğunuzu eğitmek için pek çok fırsatınız olacak. Bağlanma oyunlarının amacı, çocuğunuzun duygularını ifade etmesine yardımcı olmak ve onunla aranızdaki bağı güçlendirmektir. Öğretmenin ve düzeltmenin bu amaca katkısı olmaz. Bağlanma oyunları esnasında çocuğunuzun yaptıklarını başkasına, bir hayvana ya da çevreye zarar vermediği takdirde kabullenmeye çalışın.

Örneğin, çocuğunuz oyun bloklarını renklerine göre ayırıyorsa, siz de "Bakıyorum da kırmızıları bu tarafa, mavileri de öbür tarafa ayırmışsın" diyebilirsiniz. Ancak, "Bunlar kırmızı. Gördün mü?

Kırmızı" demekten sakının. Eğer çocuğunuz doğru ayırmamışsa, kendinizi tutun, yaptığını düzeltmeyin.
Çocuğunuz acil olarak hastaneye gidişinizi oyunla canlandırmak istediğinde, yaşananları tam anlamıyla yansıtmasa da onun istediği biçimde oynamasına izin verin. Anne figürünün oyuncak ambulansta çocukla birlikte gittiği bir sahne canlandırıyorsa, aslında annesinin onunla birlikte ambulansta olmadığını hatırlatmayın. Belki de annesinin orada olması isteğini, şimdi bu oyun aracılığıyla dile getiriyordur.

- **Oyununa tercümanlık yapıp analiz etmekten kaçının**

Çocuğun oyununa ilgi göstermeniz ve katılımınız yeterlidir. Ardında yatanı sözlü olarak analiz etmek gerekmez. Kendi kendinize ya da eşinizle oyunu analiz etmek isteyebilirsiniz, ancak büyük olasılıkla bunları duymanın çocuğunuza hiçbir faydası olmayacaktır.
Örneğin, çocuğunuz siz hastanede bir hafta kaldıktan sonra sizinle sürekli saklambaç oynamak istiyorsa; bu ayrılık oyununu, hastanede kalmanızın onun üzerinde yarattığı travmatik etkinin üstesinden gelmek için oynamaya ihtiyacı olduğunu düşünebilirsiniz. Ancak sizin yorumunuzu duymaya ihtiyacı yoktur. Çünkü dil ve duygular özellikle küçük çocuklarda, beynin, aralarında az sayıda sinir bağlantısı bulunan farklı kısımlarında değerlendirilir. Çocuğunuzun saklambaç oynama isteği, yaşadığı zorluğun "üzerinde çalışma" ihtiyacını ifade etme biçimi olabilir; sizin oyuna katılımınız da sizin tarafınızdan anlaşıldığını ve onaylandığını hissetmesini sağlar. Konuşmaya çalıştırarak ya da davranışlarını sözle ifade ederek ilgisini oyundan uzaklaştırırsanız, iyileşme sürecine engel olursunuz.
Çocuklar büyürken duygularını konuşarak ifade etmeyi öğrenirler. Özellikle sembolik oyunlar, yavaş yavaş ifade etmeye başlamalarına fırsat yaratır, ama en iyisi konuşmayı öncelikle onların başlatmasıdır. Örneğin, 10 yaşında bir çocuk, ayrı kalma korkusunu saklambaç oynamak yerine sözlü olarak ifade edebilir. Ancak o konuşurken sizin kendinize hâkim olup yorum yapmamanız en doğrusudur. Çocuğunuzun duygularını dikkatlice, analiz

etmeden dinleyebilirseniz, çocuğunuz anlaşıldığını hissedip duygularını inceleyebilme fırsatı bulur.
Zaman içinde sözlü ifadeler sembolik oyunların yerini alsa da, –ergenler dahil– daha büyük çocuklar bile gücün çocukta olduğu bilek güreşi ya da aşırı ve küçük saçma oyunlar gibi ebeveyn-çocuk bağını güçlendiren oyunlardan fayda sağlamaya devam edebilirler. Ayrıca unutmayın, konuşmak hiçbir zaman kahkaha atmanın ve ağlamanın yerini alamaz.

- **Çocuğunuz kahkaha atıyorsa, muhtemelen doğru yoldasınız**

Temel kurallardan biri de kahkaha atmaya teşvik etmektir. Kahkaha genellikle bir korku, utanç, hüsran ya da öfke unsurunun varlığında, ama bunun yanı sıra çocuğun kendini tehdit altında ya da korkmuş hissetmeyeceği oranda duygusal güvencenin de bulunduğu ortamlarda ortaya çıkar. Çocuğunuz bu oyunları oynarken kahkaha atıyorsa, büyük olasılıkla gerginliğini boşaltacak kadar kendini güvende hissediyor demektir. Başarılı oyunun sırrı, güven ve gerginlik arasındaki uyumlu dengedir.

4 yaşındaki oğlunuzun timsah korkusundan kurtulmasına yardımcı olmaya çalışırken oyuncak bir timsah kullanıyorsanız (sembolik oyun) çocuğunuz oyuncak timsahtan korkar ve kahkaha atmayı bırakırsa oyunu değiştirmeniz gerekir. Oyuncağın ondan korkan ve kendini korumak için yatağın altına saklanan bir bebek timsah olduğunu varsayabilirsiniz. Aynı şekilde, yastık dövüşü yaparken, kızınız "gerçekten" vurmaya başlayıp kahkaha atmayı bıraktıysa, oyun terapi niteliğinden çıkıp fazlasıyla ciddileşmiştir; başka bir oyun oynama zamanı geldi demektir. Saldırganlığını oyuncak bir bebeğe yönlendirebilir; bebeğe her vurduğunda siz acı duyduğunu belirten çığlıklar attığınızda bile kahkaha atmayı sürdürebilir.
Bazen küçük çocukların bu tür davranışların sembolize edilmesine ihtiyacı olabilir. 3 yaşındaki kızınız bir aslan maskesi takıp kükrüyorsa, siz korkmuş gibi yaptığınızda muhtemelen hoşuna gidecek, kıkırdayacaktır (gücün çocukta olduğu bir oyun). Ancak siz olayı fazlasıyla dramatize ettiğinizde, gülmeyi bırakıp sizi gerçekten aslan olmadığına inandırma ihtiyacı duyabilir! Bu da

size, korkmuş bir ebeveyn rolü yaparken çok da inandırıcı olmamanız gerektiğine dair bir ipucu.

- **Çocuğunuzla alay etmekten kaçının**
Çocuğunuzla aranızdaki her tür etkileşimde olduğu gibi bu oyunlar esnasında da, sizin onunla ya da duygularıyla alay etmediğinizi anlaması çok önemlidir. Kahkahanın genellikle iyileştirici bir etkisi vardır; kahkaha atmaya neden olan bazı davranışlarsa fayda sağlamaz, hatta zararlı dahi olabilir. Bunlardan biri de alay etmektir. Bazen çocuklar –ve yetişkinler– içinde bulundukları durum utanma, güçsüzlük ya da baskı altında kalma gibi yeni duygular oluşturduğu için alay edildiklerinde de kahkaha atabilirler. Bu iyileştirici bir kahkaha değil, sinirsel kahkahadır. Yetersizlikleri ve duyguları yüzünden çocuklarla alay etmek, onlara saygısızlıktır. Alay etmek aranızdaki bağı zedeleyebilir. Çocuğunuzla alay ettiğinizde –siz ne kadar iyi niyetli olursanız olun– özsaygısı azalacaktır. Oğlunuz her şey için ağlıyorsa, ona "sulugöz" diye hitap etmeyin. Gözyaşlarından rahatsız oluyor, bazen de utanıyorsanız, duygularınızı başka bir yetişkinle, çocuğunuzdan uzak bir yerde inceleyin. Belki siz de çocukken her şeye ağlıyordunuz, anne babanız da sizinle alay ediyordu; bu nedenle, siz de düşünmeden aynı sözcükleri kullanıyor olabilirsiniz. Belki de başkalarının kızınızdan/oğlunuzdan hoşlanmayacağı ya da onun hayatın getirdiği zorluklarla başa çıkamayacağını düşünerek üzülüyorsunuz. Alay etme dürtünüzün altında yatan nedenleri keşfettiğinizde, alay etmemek, hatta davranış biçimi konusunda yorum yapmamak çok daha kolay olacaktır.
Çocuğun davranışı doğrultusunda gelişen taklit oyunları, kolayca alay algısına dönüşebilir. Kendi seslerinin ya da hareketlerinin taklit edilmesi çocuklarınızın hoşuna gidebilir; ancak kendileriyle alay ediliyormuş gibi de hissedebilirler. Bu nedenle taklit oyunları sırasında çocuğunuzun duygularına hassasiyet gösterin.
Çocuklar genellikle aşırı abartılı ve anlamsız hataların (saçma oyunlar) yapıldığı eğlenceli oyunlara bayılırlar. Bu gibi durumlarda kahkaha, büyüklerin beklentisini karşılayamamalarından ya da davranış biçimlerinin sınırlanmasından duydukları gerginli-

ği azalttığı için, genellikle iyileştirici bir nitelik taşır. Ancak bu tür oyunlar da tıpkı taklit gibi alay edildiğini hissederse çocuğa zarar verme riski taşır.

Çocuğunuz hâlâ gülüyor olduğu halde daha fazla oynamak istemiyorsa, bu alay edildiğini hissettiğinin göstergesidir. Oyun bittikten sonra, hoşuna gidip gitmediğini ona sorabilirsiniz ya da etkisini çocuğunuzun davranışlarına göre değerlendirebilirsiniz. Oldukça rahat, kendine güvenli, işbirliğine açık ve size bağlı görünüyorsa, oyunun faydası dokunmuş demektir. Ancak gergin, çekingen, kızgın, güvensiz ve işbirliğine kapalı görünüyorsa oynama tarzınızı değiştirmeniz gerekebilir.

- **Çocuğunuzu gıdıklamaktan kaçının**

Kahkahaya neden olan diğer bir eylem de gıdıklamaktır; ancak gıdıklama zararlı olabilir. Çünkü gıdıklamak da alay etmek gibi bir çeşit üstünlük göstergesidir ve bu da çocukta güçsüzlük duygusu yaratabilir. Bir çocuğu gıdıkladığınızda, öncelikle üstünlüğünüzü göstermiş olursunuz. Her ne kadar bebekler ve çocuklar gıdıklandıklarında kahkaha atsalar da, bu kahkahalar gıdıklanmadan doğan korku ve güçsüzlükten kaynaklanabilir.

Bazı anne babalar çocukları gıdıklanmak istediğinde şaşırabilir. Gıdıklamanın zararsız olduğu zamanlar da vardır; özellikle bir şarkı ya da tekerlemenin parçasıysa ve çocuk da gıdıklanacağını biliyorsa. Bu gibi durumlarda, kendini hazırlama zamanı olacağını ve sizin de bu işi onun istemi dışında uzatmayacağınızı bildiğinden, biraz gıdıklanmak hoşuna gidebilir. Beklenen gıdıklanma ile beklenmeyen gıdıklanma arasında çok fark vardır.

Çocuğunuz kendisini gıdıklamanızı istediğinde, belki de sizinle fiziksel temas kurmak için bildiği tek yol olma olasılığını bir düşünün. Belki de "gıdıkla" sözcüğüyle, kollarını ya da bacaklarını yavaşça okşamanızı kastediyor olabilir. Bu tarz dokunuşlarla ihtiyacını karşılamış olursunuz. Yakınlaşmanın başka yollarını da deneyebilirsiniz; ona sarılmak ya da sırtına masaj yapmak gibi.

Karşılık vermenin başka bir yolu da gücün çocukta olduğu oyunlar oynamayı önermektir. Örneğin, siz çocuğunuzu hiçbir zaman yakalayıp gıdıklamayı beceremeyen hantal canavarı canlandırabilirsiniz, ya da hiç dokunmadan onu gıdıklıyormuş gibi yapabilirsiniz. Başka bir seçenek de, onun gıdıklayan canavar olup sizin peşinizden koşmasını sağlamaktır. Şüphesiz, çocuğunuzun sizi yakalayıp gıdıklamasına izin vermelisiniz. Büyük olasılıkla, güç değişimi oyunlarını oynamak sizin onları gıdıkladığınız oyunlardan çok daha fazla hoşlarına gidecektir.

- **Çocuğunuz ağlarken oyun oynamaya çalışmayın**

Ağlamak, aynen oyun oynamak ve kahkaha atmak gibi stresi azaltır. Benim önerim, ağlayan çocuğu gözyaşları dinene kadar rahat bırakmaktır. Böyle bir durumda çocuğu eğlenceli oyunlar oynaya teşvik etmeye çalışmak doğru değildir. Aslına bakılırsa, aklını karıştırıp oyun oynamaya çalıştırmak ona karşı saygısızlıktır. Çocuklarınız, bütün duygularının, en acı verici olanların bile, onaylayıp kabul etmenize ihtiyaç duyar. Sizin göreviniz, onun nasıl duygular besleyip beslememesi gerektiğine karar vermek değil; ne hissederse hissetsin, sevmek ve kabullenmektir. Çocuğunuz ağlarken ilgisini eğlenceli oyunlara çekip ağlamasına engel olmak istediğinizde, belki bir süreliğine ağlamasını durdurmuş olursunuz, ama büyük olasılıkla, çocuğunuzun daha sonra yeniden ağlamasına sebep olursunuz.

Stres azaltan başka bir mekanizma da öfke nöbetleridir. Ki bunlar tükenme hali, üst üste gelen hayal kırıklığı ve öfkeden sağlıklı bir biçimde kurtulma göstergesidir. Genellikle çocuklar, sıkı bir öfke nöbetinden sonra sakinleşir, rahatlar ve işbirliğine açık olurlar. Çocuğunuz öfke nöbeti geçiriyorsa, müthiş sabırlı olmanız gerekse de onu rahatsız etmeyip azarlamadan yanında olmaya çalışın. Çocuğunuzun, aranızdaki bağın onun öfkesinden daha güçlü olduğunu bilmeye ihtiyacı vardır. Emin olun, o ne çok şımarık bir çocuk ne de sizi kandırmaya çalışıyor.

Bazen sınır koymak da öfke nöbetine neden olabilir. Makul bir sınır koyduğunuzda (o gün ona bir oyuncak almayacağınızı söylemek gibi), çığlıklar atmaya başlayıp çılgına dönüyorsa, teslim olup kararınızdan vazgeçmeniz gerekmez. Bununla birlikte çocuğunuzun da duygularını ifade etme hakkı vardır ve sizin desteğinize ihtiyaç duyar.

Eğer çocuğunuz ebeveyn-çocuk oyunları sırasında ya da sonrasında ağlıyorsa, bu mutlaka sizin bir şeyleri yanlış yaptığınız anlamına gelmez. Bazen küçücük bir bahane bile çocuğunuzun gözyaşlarına boğulmasına neden olabilir. Eğlenceli bir yastık savaşı (gücün çocukta olduğu oyunlar) sırasında yastık kafasına biraz sert çarpabilir. Siz biraz ilgi gösterdiğinizde, fiziksel acı olmasa da içinde biriken stresi boşaltma fırsatı yakalamış olur. Ya da akşam banyo esnasında yarım saat boyunca onunla oynadınız, daha sonra dişlerini fırçalama zamanı geldiğinde dünyası kararabilir, çünkü yanlış diş macunu almışsınızdır. Muhtemelen bu krizin asıl nedeni diş macunu değildir; yanlış diş macunu çocuğunuzun içindeki hayal kırıklığını tetiklemiş olabilir. Ben bu tür öfke nöbetlerini "kırık kurabiye fenomeni" olarak adlandırıyorum. İlginçtir, genellikle çocuklar fazla ilgi gösterildiğinde, daha çok ağlarlar. Bunun nedeni, daha derin, acı veren duygularını açığa çıkarmak için kendilerini güvende hissedecek miktarda sevgi bulmuş olmalarıdır. *Tears and Tantrums* kitabımda, ağlama konusunda daha fazla bilgi bulabilirsiniz.

- **Önemli travmaları atlatabilmesi için profesyonel yardım alın**
Çocuğunuzun cinsel istismar ya da aile fertlerinden birinin kaybı gibi önemli travmaları atlatması için oyun oynayarak yardımcı olmaya çalışmanızı önermem. Onun yerine, böylesine önemli bir travma yaşamış çocuğunuz –ya da ailenizin tüm fertleri– için uygun olabilecek terapi arayışına girmenizi tavsiye ederim.
Bunun üç nedeni var: Öncelikle, cinsel istismar ya da ölüm nedeniyle travma yaşayan bir çocuğa yardım etmenin en iyi yolu oyun oynamak değildir. Çocuğunuzun ağlamaya ve öfkesini ifade etmeye ihtiyacı olabilir; ayrıca bu tür yoğun duyguları ifade etmesine destek olup kucak açacak bir ortam, oyun oynamaya yönlendirmekten çok daha etkilidir. İkincisi, siz de yaşananlardan sarsılmış olabilirsiniz; yeteri kadar güçlü bir duruş sergileyip çocuğunuzla iyileştirici nitelikte bir oyun oynamakta zorlanabilirsiniz. Üçüncüsü de, travmayı tekrar yaşatma riski her zaman vardır; özellikle de, oyun içinde yaşadığı travmayı tetikleyici sembolik unsurlar kullanıldığında. Uzman terapistler, bu tip durum-

larda oyunu ne zaman ve nasıl kullanacaklarını bilirler.
Bunların yanı sıra çocuğunuz, travma sonrası stres oluşturacak başka olaylar da yaşayabilir; bunların çözümü için de uzman bir terapistin uygulayacağı bir terapi önerilebilir. Çocuğunuzun davranışlarından endişelendiğinizde yardım istemekten asla çekinmeyin. Bu kitapta yer alan öneriler, profesyonel yardım ya da tedavi yerine geçmez.

- **Oyun oynamak istemediğinizi söylemenin hiçbir sakıncası yoktur**

Çocuğunuz yalvardığı halde sizin istemediğiniz, vaktinizin ya da enerjinizin olmadığı anlar da olacaktır. Böyle zamanlarda oyun oynamak istemediğinizi söylemenizin hiçbir sakıncası yoktur. Her zaman uygun olamayacağınızı bilmek ona zarar vermez. Kendi başına yapabileceği ilgi çekici başka aktiviteler bulmaya çalışın; onunla sonra, zamanınız ve enerjiniz daha fazla olduğunda oynayın. Ancak verdiğiniz sözü muhakkak tutun. Kızınıza yemekten sonra onunla oynama sözü verdiyseniz, kararınızı değiştirmeyin.

Her ikinizin de ihtiyacını karşılamanın başka bir yolu, işlerinize çocuğunuzu da dahil etmektir. Özellikle ev işleriyle uğraşırken bu yöntem çok işe yarar. Örneğin, akşam yemeğini hazırlarken ya da çamaşırlar yıkanmadan önce renklilerle beyazları ayırırken, yaşı uygunsa çocuğunuzdan size yardım etmesini isteyebilirsiniz. Hatta bu işleri oyun ve eğlenceye de dönüştürebilirsiniz.
Kendi ihtiyaçlarınızdan ödün verip çocuğunuzla gerçekten istediğinizden daha çok oynarsanız, o muhtemelen bu ilgiden hoşlanır; ancak kendinizden ödün vermeniz, çocuğunuza içten içe sinirlenmenize neden olabilir. İçinizdeki bu sıkıntı daha sonra ona karşı öfke ve sabırsızlık biçiminde dışa vurabilir. Bu tepkiniz çocuğunuzun korkmasına ve güvende olmadığını hissetmesine neden olabilir; ki bu da onu, daha bağımlı ve sürekli ilgi bekleyen bir davranış modeline yönlendirebilir. Ne gariptir ki, çocuğunuzla görev icabı ne kadar çok oynarsanız, o da giderek daha talepkâr olabilir! Öte yandan, onu görmezden gelir, etkileşim içeren nitelikli oyun oynama ihtiyacını karşılamazsanız, çocuğu-

nuz kırgın, sevgi ve güven ortamında olmadığını hissedebilir. Çocukların ilgiye ve onlara keyifli, hoş duygular yaşatan etkileşime ihtiyacı vardır; bu ihtiyaçları karşılandığında da büyüyüp gelişirler. Bu nedenle, çocuk merkezli ve yetişkin merkezli etkinlikler arasında bir denge oluşturarak herkesin ihtiyaçlarını karşılamaya çalışın. Bir sonraki bölümde, çocuğunuzla oyun oynamakta zorlanmanızın nedenleri anlatılıyor.

Oyun oynamakta zorlandığınızda

Görüştüğüm bir anne, kızıyla oyun oynamanın kendisi için ne kadar zor olduğunu şöyle ifade ediyordu:

> Şaka yapmak ve kahkaha atmakta çok da iyi sayılmam. Aklıma gelecek en son şeydir. Her şey olup bittikten sonra, "Keşke işin içine mizah katıp insanları güldürseydik" diye düşünürüm. Espri yapmaktan hiç anlamam. Clara –4 yaşında– evde espri yapıp güldüğünde, bu davranışının kontrol dışı ve zaman kaybı olduğunu düşünürüm. Bu genellikle, yatma saati geldiğinde ve tahammülüm kalmadığında olur. Sonra eşim eve gelir; bütün gün ciddi işlerle uğraştığı için eve geldiğinde son derece eğlenceli ve keyifli olur. Bazen bu yüzden ona sinir oluyorum. Benim aksime onun böylesine eğlenceli olması kendimi kötü hissetmeme neden oluyor. Bu yüzden odadan çıkıp Clara ile birlikte eğlensinler diye onları yalnız bırakıyorum. Ancak eşimin de sınırları var. Geçen cumartesi birlikte oyun oynarlarken, Clara onu da canından bezdiren anlamsız şeyler yaptı ve eşimin sinirlendiğini duydum. En sabırlı insanların bile sınırlarının zorlanabildiğini fark ettim!

Bazen en sabırlı anne babanın bile oyun oynamak için motivasyonu olmayabilir. Bir baba bana şöyle demişti: "Hava 35 derece, ben de terden bayılmak üzereysem ve 4 yaşındaki kızım üçüncü denememde de araba koltuğuna oturmuyorsa, oyun oynayacak halim kalmıyor. Onun bana yardımcı olmasını sağlayacak yaratıcı ve eğlenceli oyunlar bulmayı düşünecek enerjim olmuyor!"

Böyle sıkıntılı zamanlarınızda çocuğunuzla oyun oynamak istemiyorsanız, bu yüzden kendinize insafsızlık etmeyin. Bu kitap, çocuğunuzu işbirliğine teşvik etme teknikleri de dahil, sağlıklı oyunlar hakkında size fikir verebilir; ancak hava durumunu kontrol edemez!

Bazen, iyi niyetle başladığınız oyun oynama isteğiniz daha derinlerde yatan nedenler yüzünden sekteye uğrayabilir. Çocuğunuzla oyun oynamaktan hoşlanmamanızın nedeni, belki geçmişte anne babanızın sizinle hiç oynamamasıdır. Oyun oynamakla ilgili sizi mutsuz eden çocukluk anılarınız olabilir. Belki de kronik depresyon veya endişeyle başa çıkmaya çalışıyorsunuz; öylece yere oturup çocuğunuzla oyun oynamak istemiyorsunuz. Belki oyun oynarken sıkılıyor ya da kendinize ve diğer ilişkilerinize zaman ayıramazken, bu zamanı ve ilgiyi çocuğunuza ayırdığınız için içten içe sinirleniyorsunuz. Belki iş hayatında çok yoğunsunuz, çocuğunuza çok az zaman ayırıyorsunuz. Belki de onunla nasıl eğlenebileceğinizi bilmiyorsunuz. Çocuğunuzla oynamak, özellikle sizin ya da ailenizin yaşadığı sıkıntılı günlerde zor gelecektir.

Derinde yatan bazı kişisel nedenlerin (yukarıda sözü edilenler gibi) çocuğunuzla oynamanıza engel olduğunu düşünüyorsanız, sonraki sayfalarda yer alan uygulamalar bunu yapmanızı kolaylaştırır. Bu uygulamalar, çocukluğunuzda yaşadıklarınız ile çocuğunuz ve oyun hakkındaki şu anki hisseleriniz arasında bağlantılar kurmanıza yardımcı olacaktır. Ayrıca, sizi kendi ihtiyaçlarınızı karşılamaya da teşvik edecektir.

Unutmayın, geçmişte çocuğunuzla oynamamış olsanız bile ebeveyn-çocuk bağlanmasını güçlendiren oyunlar oynamaya başlamak için asla çok geç değildir. Ayrıca şunu da unutmayın, ne kadar çok oynarsanız bu işi daha iyi becerir, daha da fazla zevk alırsınız. Çocuğunuzla birbirinize daha bağlı hissetmeye başlarsanız, güç kavganız azalır. O büyüdüğünde, birlikte oynayarak ve gülerek geçirdiğiniz zamanları sevgiyle anarsınız.

UYGULAMALAR

Çocukluğunuzu keşfedin

Başka bir yetişkinle (çocuğunuzdan uzakta) oyun oynamakla ilgili kendi çocukluk hatıralarınızı konuşun. Kendi çocukluğunuzu keşfederken defter tutmanın da faydası olacaktır. İşte, keşfetmeye başlamanızı kolaylaştıracak sorulardan bazıları:

1. Çocukken en sevdiğiniz oyuncağınız hangisiydi? Onunla ne yapmayı seviyordunuz? Ve kimle?
2. Özellikle isteyip de elde edemediğiniz oyuncak oldu mu? Hangi oyuncaktı? Nerede görmüştünüz?
3. Çocukken en sevdiğiniz oyun neydi? Kiminle oynardınız? Oynarken kendinizi nasıl hissederdiniz?
4. Annenizin ya da babanızın sizinle oynadığı zamana dönün. Hangi oyunu oynardınız? Kendinizi nasıl hissederdiniz? Keyifli miydi, sıkıcı mıydı? Sizinle daha fazla oynamalarını ister miydiniz?
5. Rekabetle ilgili neler hatırlıyorsunuz? Bir oyun kazandığınızda ne hissederdiniz? Ne zaman bir oyun kaybettiniz?
6. Birinin sizi oyun tarzınız ya da oynamak için seçtiğiniz oyuncaklar yüzünden eleştirdiği oldu mu hiç?

Çocukluğunuzla ilgili duygularınızı ifade edin

1. Aşağıdaki ifadelerden hangileri çocuğunuz hakkındaki duygularınızı yansıtıyor? Duygularınızı ifade etmek (başka bir yetişkinle birlikte ya da yazarak) ve bu duyguları irdelemek için biraz düşünün.

   - Çocuğumla oyun oynamaktan zevk alıyorum.
   - Sürekli onunla oynamamı istemesinden rahatsız oluyorum.
   - Daha fazla kendi başına oynayabilmesini isterdim.
   - Onunla daha fazla oynamama müsaade etmesini isterdim.
   - Oyun oynarken devamlı kazanmak istemesi beni üzüyor.
   - Oyunun kurallarını onun belirliyor olmasına canım sıkılıyor.

- Oynarken hile yapması çok sinir bozucu.
- Anlamsız davranışlarına tahammül edemiyorum.
- Sürekli aynı oyunları oynamaktan içim sıkılıyor.
- Oyuncak seçimi beni endişelendiriyor.
- Fazlasıyla (ya da çok az) oyuncağı olması beni üzüyor.
- Diğer duygular

2. Hiç bölünmeden, yarım saat boyunca tüm ilginizi çocuğunuza verin ve istediğini yapması için onu serbest bırakın. O isterse siz de oyuna dahil olun ancak hiçbir biçimde oyunu yönlendirmeye çalışmayın. Bu sırada duygularınızı fark etmeye gayret edin. Daha sonra, duygularınız hakkında ya bir başkasıyla konuşun ya da günlüğünüze not alın.

Kendinizi eğitin

1. Temel ihtiyaçlarınız karşılanıyor mu? Aşağıdaki listeye bakın ve karşılanmayanları işaretleyin. Bu ihtiyaçlarınızı karşılamak için atılması gereken adımları düşünün.

- Yalnız geçirdiğiniz zaman
- Eşinizle birlikte geçirdiğiniz zaman
- Kucaklaşma/dokunma/seks
- Oyun oynama zamanı/boş zamanları dolduran aktiviteler
- Dinlenme/uyku
- Sağlıklı yemek
- Egzersiz
- Anlamlı, size katkıda bulunan çalışmalar
- Çekirdek aile dışında daha büyük topluluklarla –akraba ve arkadaşlar– ilişkiler
- Dinlenilmek
- Duyguları ifade etme fırsatları (konuşma, kahkaha atma, ağlama)
- Ebeveyn olma çabanıza destek
- Diğer ihtiyaçlar

2. Başka ailelerle birleşip oyun ya da destek grupları oluşturun. Çocuğunuzu her şeyden uzak, soyutlanmış bir ortamda yetiştirmek zorunda değilsiniz.
3. Bir yetişkin olarak sizi ne tür oyun ya da aktiviteler mutlu eder? (Örneğin; tenis ya da satranç oynamak, dans etmek, yürüyüş yapmak, şarkı söylemek, film izlemek gibi...) Hayatınızda bu tür aktivitelere –çocuklu ya da çocuksuz– yer vermeye çalışın.

2. KISIM

Bağlanma oyunlarının disiplin sorunlarının çözümünde kullanılması

Oyun ve kahkaha disiplin sorunlarını çözmek için harika araçlar olabilir. Bu bölümde belli başlı bazı çatışmalarla başa çıkmak için uygulanabilecek eğlenceli oyun teknikleri bulacaksınız. Bu aktiviteler, ceza ya da ödül yöntemi uygulamadan sınırlar koymanıza ve işbirliği yapmanıza yardımcı olacaktır.

Stresli ya da yaşadığı travmayı atlatamayan çocuklar genellikle hırçınlardır; yatma zamanında zorluk çıkarır ya da işbirliğine açık olmazlar. Ceza içermeyen disiplinin en önemli özelliği, çocuğun stresten kurtulmasına yardımcı olmaktır. 3. Kısım, bağlanma oyunlarını kullanarak çocuğunuzun zor zamanları atlatıp travmadan kurtulmasına nasıl yardımcı olacağınızı anlatıyor; bu nedenle bazı bölümler, sizin yaşadığınız belli başlı disiplin sorunlarıyla ilgili olabilir.

Ceza içermeyen disipline giriş

Bazı anne babalar, disiplinin önemli bir konu olduğunu düşünüp eğlenceli yaklaşımın istenmeyen davranışı sadece pekiştireceğinden korktukları için, çocuklarıyla yaşadıkları çatışmaları oyun aracılığıyla çözmekte tereddüt ederler. Bu anne babalar görevlerinin kurallar koymak ve çocuklarının bu kurallara uymasını, uymazlarsa da sonuçlarına katlanmalarını sağlamak olduğunu düşünürler. Bununla birlikte itaat eğitimi ceza gerektirir ve pek çok tuzak içerir.

Araştırmalar, tokat atmak, çocuğa zarar vermek gibi fiziksel cezaların, saldırgan davranışı artırdığını, daha sonra da endişe ve depresyona neden olabileceğini göstermiştir. Ancak, mola yöntemi[2] ya da ayrıcalıkları kaybetme gibi şiddet içermeyen cezalarda da pek çok tuzak vardır. Örneğin, mola yöntemi, çocukların ebeveynlerinden alacakları sevgi ve bağlanmaya ihtiyaçları olduğu halde, kendilerini terk edilmiş hissetmelerine neden olabilir. Üstelik bu tür yaklaşımlar, davranışlarının altında yatan nedenin ortaya çıkmasını da sağlamaz.

Her ne kadar çocukları can yakan cezalarla korkutarak küçük, itaatkâr insanlara dönüştürmek mümkün olsa da, bu tür bir itaatkârlık belli oyun biçimlerinin yarattığı samimi ve neşeli işbirliğinden çok farklıdır. Güçlü olan güçsüz olanı kendisine itaat ettirebilir; ebeveynler ve çocuklar arasında yaşanan bir gerçektir bu. Ancak, asıl hedefiniz ne? Ayrıca, çocuklarınızla aranızda nasıl bir ilişki olsun istiyorsunuz?

Şiddet içersin ya da içermesin, ceza vermekteki en önemli sıkın-

2. İngilizcesi "time out" olan mola yöntemi, kabul edilemez bir davranış sergilediğinde, çocuğun yanlış davranışın bedeli olarak bir süre tek başına bir mekânda, herhangi bir aktivite yapmadan bırakılmasıdır.

tı, çocuğunuzla aranızdaki ilişkinin zedelenme olasılığıdır; ayrıca size içerlemelerine de neden olabilir. Çocukların çoğu ergenlik döneminde isyan eder, ancak tüm çocuklar bunu yapmaz. Disiplin konusunda cezasız bir yaklaşımla yetiştirilenlerin isyancı olma ihtimalleri çok düşüktür. Genellikle ergenler, kendi kimliklerini kabul ettirmek için ebeveynlerinin değerlerini ve hayat görüşlerini sorgularlar. Ancak bu kendi kişiliğini kabul ettirme süreci, aşırı isyankârlık seviyesine ulaşmaksızın ebeveynleriyle yakın, sevgi dolu ilişkilerini devam ettirirken de gerçekleşebilir.

Bazı ebeveynler, ceza uygulanan disiplinden kaçınıp çocuklarını kucaklayarak, yıldızlar vererek, dondurma, özel ayrıcalıklar ve hoşlarına gidecek pek çok şeyle motive etmeye çalışırlar. Bu yöntem, her ne kadar cezalandırıcı yaklaşımdan daha sevecen olsa da, ödüllendirmenin de bir yığın yanıltıcı yanı vardır. Ödüllendirmeyle ilgili sıkıntı; zaman içinde çocuklarınızın büyümesi ve size daha az bağımlı hale gelmesiyle ödül seçeneklerinizin tükenmesidir. Örneğin, onlar istediklerini kendi başlarına almaya başladığında, sizin sunduğunuz özel ödülün motivasyon gücü kaybolacaktır.

Ödüllendirmekle ilgili başka bir sıkıntı da bazen geri tepmesidir; ödül, çocuğun arzu edileni yapma *nedenini* değiştirebilir. Çocuklarınız, isteklerinizi, sizin ve ailenizin ihtiyaçlarını karşılamaktan ziyade, söz verdiğiniz ödülü elde etmek amacıyla yaparlar. Bu nedenle motive eden dış etkenler, çocuğun diğer insanlara karşı duyarlılık bilinci ve işbirliği geliştirmesini engelleyebilir. Daha sonra ödüllendirmeyi bıraktığınızda, onları motive edecek bu tür dış etmenlere bağımlı hale geldiklerinden sözünüzü dinleme gereği duymazlar. Hatta arzu ettiğiniz bazı değerleri de edinemezler.

Pek çok araştırma psikologların *iç motivasyon* olarak adlandırdığı motivasyonu azaltan ödül yönteminin sakıncalarını ortaya koymaktadır. Ödül almak amacıyla bir şeyler öğrenen çocukların, davranışlarını başkalarına bağımlı olarak kontrol ettikleri ve hatta sağduyularını kullanmayı bıraktıkları dahi görülür. Bu da daha sonra istenmeyen durumlara neden olabilir. Bu çocuklar büyüdükçe, sizin verdiğiniz altın yıldızlardan çok daha ilginç ödüller sunan birine, bu kişinin doğruluğunu veya dürüstlüğünü sorgulama gereği duymaksızın itaat edebilirler.

Çocuğunuzun davranışını değiştirmeye çalışmadan önce, şu iki soruyu kendinize sorun:

"Çocuğumun nasıl bir davranış sergilemesini istiyorum?"

"Bu davranış için nasıl bir *motivasyonunun* olmasını istiyorum?"

Aşağıdaki örneklerde iki farklı motivasyon görülüyor:

- 4 yaşındaki kızınızın mola almamak için mi kedinin kuyruğunu çekmemesini istersiniz? Yoksa hayvanları önemsediği ve onlara değer verdiği için mi?
- 6 yaşındaki oğlunuzun, günün yıldızını ve hafta sonu ödülünü almak için mi sofrayı kurmasını tercih edersiniz? Yoksa kendini ailenin bir parçası olarak görüp, katkı sağlamak istediği için mi?
- 8 yaşındaki kızınızın, okulda yıldız ve iyi not almak için mi kitap okumasını istersiniz? Yoksa okumayı sevdiği için mi?
- 10 yaşındaki oğlunuzun, televizyon seyretmesine izin vermeniz için mi odasını temizlemesini tercih edersiniz? Yoksa temizliğe ve düzene önem verdiği için mi?
- Çocuklarınızın, kavga ederlerse ceza olarak odalarına gönderilmekten korktukları için mi birbirlerine iyi davranmalarını istersiniz? Yoksa gerçekten birbirlerini çok sevdikleri ve incitmek istemedikleri için mi?

Eğlenceli oyunlarla eğitmek, ceza içermeyen demokratik yaklaşımın içinde yer alan öğelerden biridir. Bu bölümdeki öneriler, çocuklarınızla iyi ilişkinizi devam ettirip daha sonra oluşabilecek isyankâr davranışları azaltırken, ceza ve ödülden uzak durmanıza yardım edecektir. Bu yaklaşım, çocuk merkezli olmakla birlikte aşırı hoşgörü değildir. Sizin gerekli sınırları çizme ve çocuğunuzu işbirliğine teşvik etme becerinizi artırır. Üstelik bu hedeflerinizi, çocuklarınıza arzu ettiğiniz gerçek değerleri ve sağduyuyu aşılarken gerçekleştirebilirsiniz.

Disiplinin amacı; çocukları korumak, hayatta mantıklı seçimler yapabilmeleri için bilgilendirmek ve davranışlarının uzun vadeli sonuçları (sizin yarattığınız suni sonuçlar değil, *gerçek hayata* dair sonuçlar) üzerinde düşünmelerini sağlamaktır. Etkin disiplin, güçlü bir ebeveyn-çocuk bağı ve çocuğun doğasında var olan ait olma, katkıda bulunma ve öğrenme arzusu üzerine inşa edilmelidir.

Ceza içermeyen disiplinde sorunlar hemen hallolmaz, var olan yöntemlerle çözüme de ulaşılmaz. Her çatışma benzersizdir ve her biri duruma uygun yaratıcı bir çözüm gerektirir. Bu tarz bir yaklaşım da, ceza ve ödül kullanımana nazaran daha fazla sabır ve gayret ister; ancak sonuç emeğinize değecektir. Güce dayalı kontrol metotlarından sakınıp çocuklarınıza sevgi ve saygıyla yaklaşırsanız, çocuklarınız da sizinle işbirliği yapar, başkalarına da şefkatle yaklaşırlar.

İşbirliği yapmalarını sağlamak

Oyun oynamak, küçük çocuğunuzun işbirliği yapmasını kolaylaştırabilir. Çocuklar 15. aydan itibaren bağımsız hareket etme dönemine girerler ve bu da birkaç yıl sürebilir. Bu dönemde, en sevdikleri sözcük, "Hayır"dır. 18 aylık kızınızı, bezini değiştirmek için çağırdığınızda sizden kaçabilir. 3 yaşındaki oğlunuz, arabaya binmeden önce çişi geldiği halde tuvalete gitmeyi reddedebilir. Daha büyükler bile anne babalarının isteklerine karşı çıkabilirler. 8 yaşındaki oğlunuzun kıyafetlerini giymesini ya da 12 yaşındaki kızınızın odasını toplamasını istediğinizde, sizi duymazlıktan gelebilir. Çoğu anne baba bu davranış biçiminden dolayı hayal kırıklığına uğrar.

Böyle durumlarda cezanın cazibesine kapılabilirsiniz. Fakat çocuğunuzu bazı haklardan mahrum kalmayla ya da herhangi bir cezayla tehdit ettiğinizde, onun bu duruma geçici olarak riayet etmesini sadece aranızdaki ilişkiden ödün vererek sağlayabilirsiniz. Üstelik çocuğunuz, mümkün olan en kısa zamanda –ki muhtemelen 13 yaş civarı ya da daha erken– otoritenize karşı çıkma eğilimi gösterebilir.

Bazı anne babalar ise aşırıya kaçıp küçük çocuklarına kendi ihtiyaçlarını açıklamaya çalışarak taleplerini yerine getirmelerini nazikçe isterler. Örneğin bir anne, parkta 2 yaşındaki oğluna şunları söyleyebilir: "Akşam yemeğini hazırlamak için şimdi eve gitmemiz gerekiyor. Haydi, bebek arabana binmek ister misin?" Böylesine nazik bir yaklaşım yetişkinlerde başarılı olabilir, ama genellikle küçük çocuklarda işe yaramaz. Oyunu bırakmak istemeyen çocuk, net bir ifadeyle, "Hayır" diye yanıt verip oyun oynamaya devam edecektir.

Annenin isteğine karşılık verilen gayet dürüst bir yanıttır bu aslında. Yapmasını istediğiniz davranışı seçenek gibi sunmaktan vazgeçerseniz bu tür sorunların ortaya çıkmasına engel olabilirsiniz. İstediğiniz herhangi bir şey pazarlığa açık değilse, seçme ve reddetme şansı varmış gibi konuşmanın hiçbir anlamı yoktur. Oysa oyunlar aracılığıyla çocuğunuzla işbirliği yapabilirsiniz.

Aniden ortaya çıkan bir çatışma olduğunda

Çocuklardan yapmalarını istediğimiz çoğu şey onlar için sıkıcı ve anlamsızdır. Onlar diş fırçalamaya, arabada çocuk koltuğuna oturmaya, oyuncaklarını toplamaya ya da banyo yapmaya ihtiyaç duymazlar. Çocukları, ödül ya da ceza kullanmaksızın işbirliğine teşvik etmenin üç yolu vardır: Açıklama yapmak, seçenek sunmak ve yapılacak şeyi eğlenceli hale getirmek.

Öncelikle, açıklama yapmak ve nedenleriyle belirtmek önemlidir. Çocuğunuza söylediklerinizi neden yapması gerektiğini belirtin. Örneğin, "Arabada çocuk koltuğuna oturmak çok daha güvenli. Aniden frene basmam gerekirse başını çarpmandan endişeleniyorum" diyebilirsiniz.

İkincisi, çocuk kendini daha az kontrol altında ve daha fazla özgür hissedeceği için seçenek sunmak her zaman faydalıdır. İşte bazı örnekler: "Kırmızı tişörtünü mü giymek istersin, maviyi mi?", "Bu akşam dişlerini fırçalarken annen mi yardım etsin, baban mı?", "Arabada yemek için yanına nasıl bir atıştırmalık almak istersin?" Dikkat ederseniz bu örnekler –elbiselerini giyip giymemesi, dişlerini fırçalayıp fırçalamaması, arabaya binip binmemesi vb.– pazarlık söz konusu olmayan hususlarda çocuğa seçenek sunmuyor. Başka şeyler için seçenekler sunuyor. Bu seçenekler çocuğun istenilenleri yapma eğilimine bağlı olarak çoğaltılabilir.

Son olarak, yapılması gereken şeyi eğlenceli hale getirebilirsiniz ve işte bu noktada oyun oynamaya başlayabilirsiniz. Burada esas olan, çocuğu kendi tarafınıza "çekmenizdir." Yapmasını istediğiniz şeyi oyuna dönüştürebilirseniz, çocuğunuz sizinle işbirliği yapmaya daha istekli olacaktır. Aşağıda, kendi çocuklarımla yaşadığım iki örnek, çocuklarla işbirliği yapmanın eğlenceli yollarını gösteriyor.

Nicky 2 yaşındayken, oyuncak faresinin duyguları ve ihtiyaçları varmış gibi davranmayı çok severdi. Karnı acıktığında oyuncak faresine de yemek verilsin isterdi. Nicky'ye kitap okuduğumda fareye de okumak zorundaydım. Aklıma, Nicky'ye yapmasını istediğim şeyleri söylerken oyuncak fareyi kullanma fikrini geldi. Oyuncağı elimde tutup tiz bir sesle, dişlerini fırçalaması gibi herhangi bir şey yapmasını istediğimde o da söylediğimi çoğu zaman keyifle yapardı.

Sarah 4 yaşındayken, bir yere gitmek için evden çıkmadan önce tuvalete gitmeyi çoğunlukla reddederdi. Tuvalete gitmesini söylediğimde, inatla itiraz eder, tuvaletinin olmadığını iddia ederdi. Sonunda, ben alfabenin son harfine gelene kadar sayarken onun tuvaletini yapıp bitirmesi gereken bir oyun icat ettim. Harfleri saymaya başlıyordum ve Ş harfine geldiğimde, harfi iyice vurguluyor, yüksek sesle "çişşşş..." diyordum; o da çok eğleniyordu. Onunla bu oyunu birkaç kez oynadıktan sonra, ben her seferinde "Haydi çişşşş alfabesi oynayalım" dediğimde tuvalete koşuyordu. Gerekirse ben Z harfine gelmeden tuvaletini bitirebilmesi için alfabeyi daha yavaş sayıyordum.

Aşağıdaki örnekte bir anne, çocuğunu oyuncaklarını kaldırmaya teşvik ederken bu yaklaşımı nasıl kullandığını paylaşıyor bizlerle.

5 yaşındaki oğlum oyuncaklarını toplamayı hiç sevmez. Ben de bu toplama işini oyun haline getiriyorum; yüksek sesle, "Kutuya en fazla oyuncağı ben koyacağım" diyorum, sonra da yüzümde sinsi bir ifadeyle hızlı hızlı oyuncakları kutuya koymaya başlıyorum. Bu durumda büyük bir hırsla beni yenme çabasına giriyor; ben de onun bu kadar hızlı davranmasının adil olmadığından yakınıyorum. Kutuya sadece birkaç oyuncak koyabildiğim için şikâyet ediyorum.

Aşağıdaki örnek, çocuklarımın işbirliğini sağlamak amacıyla bu üç yöntemi –açıklama yapmak, seçenekler sunmak ve eğlenceli hale getirmek– nasıl kullandığımı anlatıyor.

Bir anne babaya 2 yaşındaki çocuklarıyla oyun oynama konusunda danışmanlık veriyordum. Onlara küçük çocukların işbirliği yapmalarına dair özet bilgi içeren bir doküman verdim. Küçük kızları Susie, dışarıdaki kum havuzunda plastik bebek eviyle oynuyor, toplama zamanı gelip de annesi bunu söylediğinde bebek evini içeri götürmek istemiyordu. Anne kendisine yardım etmemi rica etti. Dışarı çıkıp Susie'nin yanına gittim, "Gördüğüm kadarıyla bebek eviyle oynamayı çok seviyorsun. Şimdi oyuncakları toplama zamanı; bebek evini artık odaya koymamız gerekiyor. Ben acıktım, öğlen yemeği için de eve gitmek istiyorum. Ama oyuncakların hepsini toplamadan da gidemem" (açıklamak ve neden belirtmek) dedim. Sonra, "Oyuncakları toplarken şarkı söyleyelim mi?" (eğlenceli aktivite) diye sordum. "Tamam" diyerek yanıtladı. "Hangi şarkıyı söylemek istersin?" (seçenek sunmak) diye sordum. "Twinkle, Twinkle Little Stars" dedi. "Tamam, onu söyleyelim. Bebek evini sen mi taşımak istersin, yoksa ben taşıyayım mı?" (başka bir seçenek sunmak) diye sordum. "Ben taşırım" dedi. Daha sonra bebek evini neşeyle odaya taşıdı ve birlikte şarkı söylerken oyuncakların hepsini topladı. Bizi izleyen annesi, "İnanılmaz bir şey bu!" dedi. Çünkü kızının işbirliğine bu kadar açık olması çok nadir gerçekleşen bir durumdu.

Küçük çocukların işbirliği yapmalarını sağlamak için eğlenceli yollar

(Aniden ortaya çıkan bir çatışma olduğunda)

- Oyun oynayın: "Haydi arabaya doğru koşan atlar gibi yapalım. "
- Müziği kullanın: "Şimdi temizlik yaparken söylediğimiz şarkıyı söylemenin tam zamanı."
- Bir hikâye anlatın: "Sen banyo yaparken ben de sana bir hikâye anlatayım."
- Zamanla yarışabileceği belli bir hedef koyun: "Haydi baban eve gelmeden önce odayı toplayıp onu şaşırtalım."
- Onunla yarışmayı önerin, ama güçlü taraf o olsun ve kazanmasına izin verin: "Senden fazla oyuncak toplayacağıma bahse girerim!"
- Yaratıcı bir oyun oynamayı önerin: "Haydi gel, sen pijamalarını giyerken bir hikâye uyduralım."
- Bir oyuncak kullanın: "Küçük fare giyinme zamanının geldiğini söylüyor."

- Anlamsız ve saçma sapan hareketlere izin verin: "Şimdi üstümüzü giyme zamanı. Çoraplarını ellerine giydirelim mi?"
- Herhangi bir şeyi birlikte, sırayla yapın: "Masayı toplama zamanı. Haydi üzerindekileri sırayla, birer birer taşıyalım. Önce sen başlamak ister misin?"
- Birlikte, aynı anda yapın: "Sen odanın o tarafını süpürürken ben de bu tarafını süpüreyim. Ortada kocaman bir toz kümesi oluştururuz, sonra da süpürgelerimiz birbirlerine merhaba der."

Bu önerileri yaşlarına uygun olacak biçimde daha büyük yaştaki çocuklara da uygulayabilirsiniz. Çocuğunuzun eğlenceli oyunlar istemeyecek kadar büyük olduğu düşüncesine kapılmayın. Bunun yerine, oyunu onun için cazip hale getirmenin yollarını bulmaya çalışın. İşte daha büyük çocuklarla uygulanabileceğiniz oyunlara bir örnek:

> Kızım 10 yaşındayken, sadece kızlardan oluşan bir izci kampına katılmıştı; ben de aynı kampta görevlilere yardımcı olmak için bulunuyordum. İzci grubu, 10 ile 12 yaş arası kız çocuklarından oluşuyordu. Kampa vardığımızda biz de büyük bir salonda yer alan diğer gruba katıldık. Kampla ilgili gerekli duyuruların yapılmasını beklerken, kendini göstermek isteyen bir grup kız salonun ortasında kahkahalar atıp çığlık çığlığa bağırarak bir o yana bir bu yana koşmaya başladı. O anda, "Keşke böyle bir karmaşanın içine girmeyi kabul etmeseydim" diye düşünmeye başladım. Grubun lideri, kızlara sessizce oturmalarını söyledi, ama sadece birkaçı söyleneni yaptı. Liderlerin sabrının tükendiğini ve gerilmeye başladığını görünce, yere bağdaş kurup oturdum ve belli bir ritimde ellerimi çırpıp alkışlamaya başladım; ayaklarımla da ritim tutuyordum.
>
> Kısa bir süre sonra ben tek kelime bile etmeden kızlardan birkaçı yanıma oturdu ve alkışlı ritme eşlik etti. Diğer kızlar da bize katılıp yanımıza oturduğunda halka olmayı önerdim. Yirmi kızın hepsi daire olacak şekilde oturup benimle birlikte ritim tutmaya başladı; ortaklaşa, işbirliği içinde oynayabilecekleri bir ritim oyunu öğretmiştim onlara. Kısa sürede gruptaki kızların hepsi oyundan büyük keyif aldı. Bizi seyreden diğer gruptakiler de gelip yere oturmaya başladılar. Kampla ilgili bilgi verilene kadar bu oyunu oynamaya devam ettik.

Aniden ortaya çıkan bir çatışma olmadığında

Yukarıdaki öneriler, çocuğunuzla yaşadığınız çatışmalar sırasında onunla nasıl işbirliği yapabileceğinizi anlatıyor. Başka bir yaklaşım da, bunları çatışma olmadan eğlenceli bir biçimde gündeme getirmektir. Çocuklarla yaşanan anlaşmazlıkların çoğu defalarca tekrarlanabilir, dolayısıyla bu hususları eğlenceli oyunlara dahil etmek de faydalı olabilir. Acil işbirliği yapmanız gerekmediğinde, hem çocuğunuz hem de siz olaya daha rahat ve objektif yaklaşabilir, böylece daha yaratıcı çözümler üretebilirsiniz. O an yaşanmakta olmayan anlaşmazlıkları gündeme getirme teknikleri, çocuğun yaşına göre farklılaşabilir.

0-2 yaş arası. Söz konusu olan küçük çocuklarsa, anlaşmazlık oluşmadan önce, anlaşmazlığın nedeni olabilecek gerçek objeleri kullanıp eğlenceli bir oyunla sorunu çözebilirsiniz. İşte size bir örnek.

> 10 aylık Marco araba koltuğuna oturmaktan hiç hoşlanmıyordu, babası ise her seferinde onu koltuğuna oturtmak için büyük bir çaba harcıyordu. Babası bunu eğlenceli hale getirecek bazı yöntemler denedi, ama bunlar geçici çözümler olmaktan öteye geçemedi. Marco'nun babasına araba koltuğunu eve alıp oturma odasına koymasını söyledim. Marco'nun araba koltuğu etrafında emeklemesine, onu keşfetmesine ve kendi başına içine oturmaya çalışmasına izin vermesini önerdim. Ayrıca, araba koltuğunun arkasından ce-e yapmasını ya da oğluyla beraber koltuğun etrafında emekleyip kovalamaca oynamasını tavsiye ettim. Marco, bu tür eğlenceli oyunlar oynadıktan birkaç gün sonra arabada koltuğuna oturmaya istekliydi. Özgürce oynadığı bu oyunlar onu güçlendirmiş, kahkahalar sayesinde oluşan keyifli çağrışım, araba koltuğuna karşı duyduğu gerginlik ve öfkeden kurtulmasını sağlamıştı.

Aynı şekilde, eğer bebeğiniz dişlerini fırçalamayı reddediyorsa, fırçalama zamanı dışında diş fırçasıyla oynamasına müsaade edebilirsiniz; örneğin, yemek sandalyesinde otururken fırçayı eline verebilirsiniz. Eğer ilgisini kaybedip oynamak istemezse, diş fırçasını kullanabileceğiniz çok da anlamlı olmayan küçük oyunlar icat edebilirsiniz. Örneğin, diş fırçasıyla ne zaman burnunuza dokunsa "cik" diye ses çıkartabilirsiniz (çocuğun davranışı doğrultusunda geliştirilen oyunlar).

İşbirliğine kapalı davranışların altında iyileşmemiş bir travma yatar. Danışanlarımdan birinin 18 aylık oğlu, araba koltuğunda bağlanmayı reddediyor ve fiziksel olarak bağlanmaya yaşıtlarının pek çoğundan daha fazla tepki gösteriyordu. Doğum öncesinde annenin göbek bağı, rahim içinde çocuğun hareket özgürlüğünü engelleyecek biçimde başına ve bir koluna dolanmış, bu da acil sezaryene neden olmuş. Anne babası, çocuğun yaşadığı bu travmayı araba koltuğunun tetiklediğini düşünüyordu. Bu tür durumlarda, yukarıda belirtilen kahkahalı oyunların faydası olabilir. (Çocuklarda doğum travmasını iyileştirmeye yardımcı olmakla ilgili daha fazla bilgi için 3. Kısım'a bakınız.)

İşbirliğine yanaşmamak, bir bebeğin varlığını kabul ettirmesi için gerek duyduğu temel bir ihtiyaçtır. Bu ihtiyaç ilk kez 15 ay civarında, en sevdiği insanlar "hayır" sözcüğünü kullanmaya başladığında ortaya çıkar. Bu dönem, çocuğunuzun yetişkinlerin kontrolündeki dünyada kendini güçsüz hissetmekten kurtulmasını sağlayacak, gücün çocukta olduğu oyunlara başlamak için en uygun yaştır. Bu oyunları oynadığınızda çocuğunuz söylediklerinizi istekle yapacaktır. Herhangi bir çatışma yaşamıyor olsanız bile, onun işbirliğine açık olması adına daha derin bir çalışma yapmış olursunuz.

Oğlum bebekken gücün çocukta olduğu oyunlar oynardım. İşte bu oyunlardan bir örnek.

Oğlum 15 aylıkken, ne zaman bezini değiştireceğimi söylesem benden kaçıyordu. Ayrıca, kendi başına üstünü değiştirmediği gibi benim değiştirmeme de karşı çıkıyordu. Onunla gücün çocukta olduğu oyunlar oynama zamanı geldiğine karar verdim. Bir gün yatakta yan yana otururken, gülerek onu hafifçe ittim ve beni itmesi için de teşvik ettim. Ufak bir dokunuşla beni ittiğinde sarsılma numarası yapıp yatağa düştüm. Bu, onun kahkahalar atmasını ve büyük bir şevkle aynı hareketi defalarca yapmasını sağladı. Bu oyunu sık sık oynuyorduk; çoğu zaman oyun oynadıktan sonra işbirliğine daha açık olması dikkatimi çekiyordu.

2-8 yaş arası. Çocuğunuz sembolleri algılamaya başladıktan sonra (18-24 ay civarında), sürekli aynı konuda çatışma yaşıyorsanız, bununla ilgili sembolik oyunlar oynayabilirsiniz. Yaşadığınız çekişmeyi tıpkı komik bir hikâye gibi canlandırarak onu güldürebilirsiniz. Örneğin, çocuğunuz sürekli dişlerini fırçalamayı reddediyorsa, oyuncak bebekler, kuklalar ya da pelüş hayvancıkları kullanacağınız diş fırçası hikâyeleri kurgulayabilirsiniz (örneğin, bir tavşan ailesi hikâyesi). Anne tavşan ve annesinin dişlerini fırçalamasına karşı çıkan bebek tavşan rollerini oynayın. Bu oyunu, bebek tavşanın itirazlarını abartarak saçma bir oyuna dönüştürebilirsiniz.

Ayrıca çocuğunuzun bebek tavşan rolü oynamasını isteyebilirsiniz; böylece güçsüz ve yalvaran anne tavşan rolüne bürünerek gücün çocuğunuzda olduğu bir oyuna dönüştürebilirsiniz. Canlandırmalar sırasında attığı kahkahaların tedavi edici olduğuna emin olabilirsiniz. Belki de çocuğunuz, söz konusu çatışmayı çözüme ulaştırabilecek bir ipucuna ulaşmanızı sağlayacaktır; anne ve bebek tavşanın dişlerini birlikte, aynı zamanda fırçalamayı önermek gibi.

8-12 yaş arası. Çocuğunuzun oyuncak bebek, kukla ya da pelüş hayvancıklarla sembolik oyun oynama yaşı geçtiyse, çatıştığınız konu hakkında rol değişimine dayanan senaryolar geliştirip oynamayı önerebilirsiniz. Siz asi, işbirliğine yanaşmayan çocuk rolünü oynarken, onun da ebeveyn rolü oynamasını isteyin. Gücün çocukta olduğu bu tür oyunlar onu daha çok eğlendirir, gerginliğini giderir, işbirliğine açık olmasını sağlar. Çocuğunuzla ergenlikte de bu tür oyunlar oynamayı sürdürebilirsiniz. Hatta onun sizi nasıl taklit ettiğini gördüğünüzde, kendi davranışınızı bile daha iyi algılayabilirsiniz!

Çocuğunuzdan yapmasını istediğiniz bazı şeyler, sizin ihtiyaçlarınızı karşılamanızı engellemediği gibi, çocuğunuzun sağlığı ya da güvenliği için bile gerekli olmayabilir; odasını temiz tutması ya da saçını taraması gibi. Bu durumlarda yapılacak en iyi şey, ona karışmamak ve olası sonuçlara katlanıp onun kendi tecrübelerini edinmesine izin vermektir. Yıllardır kızınızı odasını toplaması konusunda uyarmaktan bıktıysanız, ona odasını kendi başına toplayacak kadar büyüdüğünü söyleyebilirsiniz. Belki de, aradığını bulamadığında yaşayacağı hayal kırıklığını tecrübe etmeye ihtiyacı vardır. Bu esnada dağınıklık canınızı sıkıyorsa, odasının kapısını kapatabilirsiniz. Saçını taramasını söylediğinizde kızınız devamlı buna karşı çıkıyorsa, belki de tarayıp taramama kararını ona bırakmanızın zamanı geldi demektir. Böyle bir durumun olası sonucu, ya karmakarışık saçlar ya da insanların onun görünümü hakkındaki olumsuz yorumlarına maruz kalmaktır. Bu, eğlenceli bir yaklaşım olmasa da, çocuğunuza kendi hayatıyla ilgili bazı sorumluluklar almasını öğretir, sizin de daha önemli konulara odaklanmanızı sağlar.

* * *

İşbirliği ve uyumu önemsiyorsanız atılacak ilk adım, çocuğunuzun sizinle işbirliği yapmasını sağlayacak eğlenceli oyun ve aktivitelerle onu "kazanmaktır." Sürekli çatışmaya düştüğünüz olay ya da konu devam ettiğinde bununla ilgili eğlenceli oyunlar oynayabilirsiniz. Hatta ergenlerle oynayacağınız bazı oyunlar –örneğin, rol değişimi– oldukça etkilidir. Çocuğunuz büyüdükçe çözüm yolları hakkında daha fazla konuşabilirsiniz. Kendi hayatıyla ilgili sorumluluk almasına izin verirken, çabalarınızı gerçek ihtiyaçlara dayalı çatışmalarla sınırlı tutmayı da unutmayın.

Çocukların işbirliği yapma isteğini artıran eğlenceli aktiviteler

(Aniden ortaya çıkan bir çatışma olmadığında)

Sürekli yaşadığınız bir çatışmayı yaşamadığınız anlarda gündeme getirmek için oyunu kullanın.

- 0-2 yaş arası: Çatışma içinde yer alan gerçek objelerle oynanan yönlendirilmemiş çocuk merkezli oyunlar ya da çocuğun davranışı doğrultusunda geliştirilen oyunlar (örneğin, araba koltuğunu oturma odasına koymak), gücün çocukta olduğu oyunlar

- 2-8 yaş arası: Çatışmaya neden olan konuyla ilgili sembolik oyunlar (örneğin, diş fırçalama olayı), saçma oyunlar, gücün çocukta olduğu oyunlar
- 8-12 yaş arası: Çatışmanın rollerin değiştirilerek canlandırıldığı ve gücün çocukta olduğu oyunlar

Sınır koymak

Çocuğun davranışlarına çeşitli kısıtlamalar getirmek zorunda olduğumuz için disiplinin önemli bir bölümünü sınır koymak oluşturur. Çocuğunuzu istediği her şeyi yapması için serbest bırakamazsınız. Sevgiyle, ceza ya da ödül kullanmaksızın sınırlar koyabilirseniz, onunla iyi bir ilişki sürdürebilirsiniz; bu da onun ilerde daha az isyankâr olmasını sağlar.

Sınır ve kısıtlamalar; çocuğunuzun sağlığını ve güvenliğini koruyan kısıtlamalar ile çevreyi ve başkalarını koruyan kısıtlamalar olmak üzere iki kategoriye ayrılır. Çocuğunuzu güven ortamında tutabilmek için "kesici aletlerle koşmamak" ve "kasksız bisiklete binmemek" gibi bazı kurallar koyabilirsiniz. "Duvarlara resim çizmemek", "çiçekleri ezmemek" ve "anne telefonda konuşuyorken bağırmamak" ise insanları ve çevreyi korumak için konulan kurallardandır.

İşbirliği yaratırken (önceki bölüme bakın) olduğu gibi, bazı eğlenceli aktiviteler acil olarak sınır koymanıza, bazıları da çocukların uzun vadede kaçınılmaz sınırları daha iyi kabul etmesine yardımcı olabilir. Aşağıdaki iki bölümde bu durumların her biri ele alınmaktadır.

Acil olarak sınır koymanız gerektiğinde

Acil olarak sınır koymanız gerektiğinde aklınızda tutmanız gereken üç kural vardır: Açıklama yapmak ve neden belirtmek, çocuğun temel ihtiyacını bulmaya çalışmak ve ona eğlenceli yöntem ve aktivitelerle yaklaşmak.

• **Açıklama yapmak ve neden belirtmek.** Çocuğunuz, davranışlarına kısıtlama getirilmesi gerektiğinde nedeninin açıklanmasına ihtiyaç duyar, ki bu da (tıpkı işbirliği yapmasını istediğinizde açıklamanıza ihtiyaç duyduğu gibi) onun en doğal hakkıdır. Yapmak istediklerinin neden frenlendiğini öğrendiklerinde, kuralları hatırlama ve bunlara uyma olasılıkları daha yüksek olacaktır. Çocuklar çoğu kez kuralları unutur; dolayısıyla sizden defalarca hatırlatma ve açıklama beklerler. Ama 2 yaşından küçük çocukların kuralları anlamasını beklemeyin. Küçük çocuklar için koyacağınız sınırları, bulundukları ortama göre oluşturmanız (evinizi bebeğinizin varlığına ve dolaşımına uygun hale getirmek gibi) ve onu sürekli gözlem altında tutup yönlendirmeniz gerekir.

• **Temelde yatan ihtiyacı bulmaya çalışmak.** Açıklama yapmanın yanı sıra, davranışının temelindeki asıl ihtiyacı bulmaya da çalışabilirsiniz. Örneğin, çocuğunuz duvarlara resim çiziyorsa, ona duvarlara resim çizilmeyeceğini açıklayıp üzerine resim yapabileceği seçenekleri gösterebilirsiniz. Resimlerini bir kâğıda yapabileceğini, tebeşirle tahtaya ya da şövale üzerindeki bir tuvale çizebileceğini söyleyerek, bu tür seçenekler için gerekli malzemeleri temin edebilirsiniz. Can sıkıntısı, hoşa gitmeyen davranışlara neden olabilir; dolayısıyla doktor muayenehanesi ya da postane gibi beklemek zorunda kalabileceğiniz yerlere giderken oyuncak ya da kitap gibi objeleri yanınızda götürmeyi unutmayın. Çocuğunuzun elinde oyalanabileceği bir obje varsa, rahatsız edici şeylerle uğraşma olasılığı azalacaktır.

• **Eğlenceli yöntem ve aktivitelerle yaklaşmayı deneyin.** Sınır koymak için yukarıdaki esasların yanı sıra eğlenceli aktiviteleri de kullanabilirsiniz. Özellikle saçma oyunlar oynamak, onu kendi tarafınıza "çekme" ihtiyacı duyduğunuzda kullanabileceğiniz çabuk ve etkili bir yöntemdir; böylece o da uygun olmayan davranışlardan kaçınacaktır. Örneğin, çocuğunuz bir makineymiş gibi, "Galiba senin kapatma düğmeni bulmak zorundayım" diyebilirsiniz. Sonra da onun istenmeyen davranışını durduracak sihirli düğmeyi arar gibi yaparak, vücudunun çeşitli yerlerine –kafası ya da burnu gibi– dokunabilirsiniz. Çocuğunuzun davranışını durdurmak için uygulayabileceğiniz başka bir yaklaşım biçimi de, yapması gerekenleri en sevdiği hikâye kitabındaki kötü adam karakterini canlandırarak söylemektir. Örneğin, şeytani bir ses tonuyla, "Batı'nın kötü ruhlu cadısı, oyuncakları fırlatmayı bırakmanı emrediyor!" diyebilirsiniz.

Aşağıda eğlenceli aktivitelerle sınır koyma konusunda bir annenin yaşadıkları anlatılıyor.

Bir gün, bahçeye yeni fidanlar ekiyordum. 3 yaşındaki oğlum ise önüme geçiyor, küçük fidelere basıyordu. Bana yardım etmeyi isteyip istemediğini sordum, istemediğini söyledi. İyice canım sıkılmaya başlamıştı ki aslında fidelere gösterdiğim ilginin birazını ona göstermemi istediğinin farkına vardım. Bunun üzerine, "Tatlım, sen benim küçük salatalık fidemsin ve büyüyebilmen için seni toprağa ekmem lazım!" dedim. Memnuniyetle kabul etti. Büyük bir çukur kazıp oğlumu içine soktum. Bu sırada onu öpüyor, "Sen çok tatlı küçük bir fidesin. Heyecanla büyümeni ve tadına doyulmaz bir salatalık olmanı bekliyorum!" diyerek de onu ne kadar çok sevdiğimi belirtiyordum. Sonra üzerine su döktüm. Yaşadıklarının her dakikasına bayıldı! Bunun üzerine, kalan fideleri dikme işini bitirmeme izin verdi.

Eğlenceli aktivitelerin etkin bir yaklaşım biçimi olmasının nedeni, çocuğunuzla aranızda sevgi bağı oluşturmasıdır. Belki de ilk başta sergilediği rahatsız edici davranışın ardında yatan neden de bu sevgi ihtiyacıdır.

Tabii ki çocuğunuzun yaptığı bir şeyi, muhtemelen kendi güvenliği için hemen o an durdurmanız gerekebilir ve bunun için eğlenceli çözümler bulacak zamanınız olmayabilir; caddenin ortasında birden koşmaya başlaması gibi. Ama bu gibi durumlarda, her ne kadar çabuk davranıp onu fiziksel olarak zapt etmek zorunda kalsanız da, cezalandırmanız gerekmez.

Çocuğunuzun yaptığı şey tehlikeli değilse, ama başkalarını rahatsız ediyorsa, sınırları net olarak belirlemelisiniz. Örneğin, asansörde düğmelerin hepsine birden basmak isterse (her katta durarak, gerektiğinden daha uzun zamanda çıkılmasına neden olacağından), bu davranışı özellikle asansörde başkaları varken sorun yaratabilir. Bu durumda ona düğmelerin hepsine basmamasını söylemeniz gerekir.

Söylediklerinizi ve yapmasını istediklerinizi önemsemiyorsa, kolunu –sevecen bir tutumla– tutup onu durdurmanız gerekebilir. Belki daha sonra boş bir asansöre binip merakını gidermesi için düğmelerin tümüne basmasına izin verebilirsiniz.

Saldırgan ve kırıcı davranışlarını ısrarla sürdürüyorsa, duruma eğlenceli yöntemlerle müdahale etme önerilerini öğrenmek için 6. Bölüm'ü (öfke ve saldırganlık) okuyun. Ayrıca, çocuğunuzun davranışının altında yatan olası stres ve travma nedenlerini anlamak ve çözümlemek için 3. Kısım'a da bakabilirsiniz.

Acil olarak sınır koymanız gerekmediğinde

Çocuğunuzun davranışlarını acil olarak sınırlandırmanız gerektiğinde yukarıdaki önerilerin yanı sıra onun kuralları çiğnediği ve sizin de kızmış numarası yaptığınız, gücün çocukta olduğu oyunlar da oynayabilirsiniz. Bu yöntem belki kısa vadede (gerçekten sınır koymaya çalıştığınızda) sonuç vermeyebilir ancak uzun vadede işe yarayabilir. Bu tür oyunlar, çocuğun hayal kırıklığı ve güçsüzlük hislerinden kahkahalar aracılığıyla arınmasını sağlar. Genellikle bu oyunları oynadıktan sonra, sizin koyduğunuz kurallara uymaya ve uygun görülen sınırlamaları kabullenmeye daha yatkın ve istekli olur.

Aşağıdaki oyunlar çocuğa eğlenerek kural çiğneme fırsatı sunuyor: Anne izin verir misin?, hayvan mağarası oyunu ve saçma oyunlar. Bu oyunlar, çocuğunuz özellikle kahkaha attığı zaman etkili olacaktır; bu nedenle mümkün olduğunca eğlenceli ve anlamsız olmasına gayret edin. Her biriyle ilgili detaylı bilgi aşağıdadır.

- **Anne izin verir misin?** Bu oyunda, çocuklar odanın ya da içinde bulunulan mekânın bir ucunda sıraya dizilir, siz de diğer uçta tek başınıza beklersiniz. Daha sonra siz her seferinde çocuğa talimat vererek, kaç adım öne çıkmasını istediğinizi söylersiniz. Örneğin, "Üç bebek adımı öne çık" dersiniz. Çocuğunuz hareket etmeden önce "Anne, izin verir misin?" oyunu diye sormalı ve siz de "Evet" diye yanıtlamalısınız. Eğer izin istemezse, ileri adım atma hakkı yoktur. Daha sonra, bir sonraki çocuğa talimat verirsiniz ve oyun bu şekilde devam eder. Adımlar; bebek adımı, dev adımı, yaşlı dede adımı, yana atılan adım, zıplama ve geriye atılan adım olarak sınıflandırılabilir. Bu oyunu yarış gibi ya da işbirliği içinde oynayabilirsiniz. Yarışarak oynarsanız, yanınıza ilk gelen oyunun galibi olur.

Bunu işbirliği içinde oynanan bir oyuna çevirmek isterseniz, kazanan ve kaybeden ifadelerini kullanmaktan kaçının ve çocukların hepsi yanınıza ulaştığında, oyunu büyük bir grup kucaklaşmasıyla sonlandırın. Bu oyun sadece bir yetişkin ve bir çocukla oynandığında da işe yarar.

Oyunu daha eğlenceli ve tedavi edici hale getirmek için onlara bakmadığınızı düşündüklerinde size yavaş yavaş yaklaşmaya çalışabilirler; siz de başka tarafa bakmak için bahaneler bulur, hatta kısa süreliğine ortamdan ayrılırsınız. Tekrar onlara baktığınızda ise, ne kadar da yakınınıza geldiklerine şaşırmış numarası yaparak "Nasıl oldu da bu kadar yakınıma geldiniz? Ben size hareket etmenizi söylemedim ki!" dersiniz. Muhtemelen kıkırdamaya başlayıp, bakmadığınızı düşündüklerinde size doğru sinsice yaklaşmaya devam edeceklerdir.

Ayrıca rolleri değiştirebilirsiniz de. Çocuğunuz oyunun temel kurallarını anladıktan sonra, anne –ya da baba– rolünü onun oynamasına izin verin. Çocuklar talimat verip yasaklar koymaya bayılırlar; özellikle de kendi anne babalarına. "Anne, izin verir misin?" diye sorduğunuzda "Hayır" yanıtını alırsanız, şaşırmayın. Hatta siz bu yasak ve sınırlamalar nedeniyle üzgün ve hayal kırıklığına uğramış numarası yaptığınızda, oyun daha da hoşuna gidecektir. Daha çok hoşuna gitmesi için dizlerinizin üzerine çöküp yalvarın: "Anne, lütfen. Ne olur, sadece küçük, minicik bir adım atmama izin ver."

• **Hayvan mağarası oyunu.** Hayal ürünü mağara, kuş yuvası ya da kafes gibi objelerin yer aldığı oyunlar da çocukların kuralları kabullenmelerine yardımcı olabilir. Yere koyduğunuz büyük bir çember ya da yuvarlak bir ip parçasıyla hayal ürünü bir mağara oluşturabilirsiniz. Çocuğunuza mağarada uyuyan bebek aslan, sizin de yavru aslanın kaçmaması için ona göz kulak olan anne aslan olduğunuzu söyleyin. Sonra da onu çemberin içine koyarak arkanızı dönün ya da biraz uzağına gidip "Umuyorum minik yavrum mağarada durur. Ben biraz yiyecek bulmak için avlanmaya gidiyorum" deyin. Çoğu çocuk gizlice mağaradan kaçacaktır. Çocuğunuz kaçtığında, öfkelenmiş gibi yapıp onu kovalayın ve çemberin içine geri koyun. Aynı sahneyi defalarca, istediği kadar tekrar edin. Ayrıca, rolleri de değiştirebilirsiniz. Bir sonraki örnek, bu oyunun nasıl oynandığını gösteriyor.

Torunlarımın biri 4, diğeri ise 8 yaşındayken büyük bir çember alıp arka bahçemizde hayali bir mağara oluşturmuş ve benim anne ayı, onların da yavrularım olduklarını söylemiştim. Yiyecek bulmak için avlanmaya gittiğimde mağarada kalmalarını isteyip ormanda pusuya yatmış bekleyen bir kurt olduğunu belirttim. Oyunun asıl amacının mağaradan kaçmak olduğunu anladıktan sonra, onlara bakmadığımı düşündüklerinde gizlice dışarı çıkmak onları son derece keyiflendiriyordu. Çok kızmış gibi yapıp, sert bir ifadeyle patilerini mağaranın dışına çıkartmamalarını söyledim. Daha sonra, biri maske takarak kurt, diğeri de yavru ayı olduğunda oyunu daha da renklendirmiş olduk. Sonra, biri anne ayı, diğeri ise kurt olduğunda benim de yavru ayı olmamı istediler. Bu kez ben gizlice mağara dışına çıkmaya başlayıp anne ayının beni içeri iteklemesine izin verdim. Sonra yine gizlice dışarı kaçtım; kurdu görmemiş gibi yapıp beni takip ederek yakalamasına izin verdim. Oyun esnasında içten kahkahalar atıyorlardı.

Sınırlar, çocukları işlek caddeler gibi gerçek tehlikelerden korur.

Bu oyunda kurt, çocukların davranış biçimini kısıtlama ihtiyacı yaratan, yeryüzündeki olası tehlikeleri temsil eden bir metafor. Bu nedenle torunlarımın bu oyunda attığı kahkahalar, korkularının yanı sıra sınırlar ve kısıtlamalar konusundaki engellenmişlik duygularından kurtulduklarını gösteriyordu.

• **Saçma sapan kurallar.** Saçma sapan kuralları olan oyunlar eğlenceli ve tedavi edicidir. Özellikle geçmişte otoriter tavır sergilemiş, ancak artık ceza yanlısı olmayan tutumu benimseyenler için kolaylık sağlar. Katı kuralları olan otoriter bir ebeveyn gibi davranabilirsiniz. Oyun esnasında koyduğunuz kurallardan birini belirtirsiniz; çocuğunuz ise bu kuralı çiğnemeye çalışır. Siz de büyük bir öfkeyle onu durdurmaya çalışıyor numarası yaparsınız. İşte anlamsız, saçma kurallara bazı örnekler:

- Tavanda ayak izi bırakmak yasak.
- Ağzında yiyecek varken yemek yemek yasak.
- Piyanonun üzerinde uyuman yasak.
- Karşıdan karşıya geçmeden önce muhakkak dişlerini fırçalamalısın.

- Asla doğruyu söylememelisin.
- Köpeğin mamasını yememelisin.
- Benim iznim olmadan oyuncaklarını kaldıramazsın.
- Benim serçe parmağıma dokunamazsın.

Çocuğunuzdan ilk kuralı ciddi olarak canlandırmasını isteyin: "Tavanda ayak izi bırakmak yasak." Sırtüstü yere yatıp ayaklarını havaya kaldıracak ve tavanda ayak izi bırakmaya çalışacak. Siz bunu yapmasını "engellemeye" çalışırken bir yandan da son derece kızgın görüneceksiniz. Oynadığınız bu oyun, büyük bir olasılıkla şifa niteliğinde kahkahalar atmasını sağlayacaktır.

Saçma kurallar oluşturmakta kendinizi kısıtlamayın. Bir sonraki örnekte bir anne oğluna saçma sapan kuralları nasıl uygulayacağını anlatıyor.

> 5 yaşındaki oğlum kuralları çiğnemeye bayılır; ben de ona bunu yapması için eğlenceli, uygun olduğunu düşündüğüm pek çok fırsat sunarım. Örneğin, "Sakın o yastığı bana atmaya kalkışma" ya da "Umuyorum kimse şu içi meyve dolu tabağı ben başka tarafa bakarken çalmaya kalkmaz" derim. Numara yaptığımı bilmesi için daima komik ve şakacı bir ses tonu kullanmaya özen gösteririm; o da, büyük bir keyifle kuralı ihlal eder. Bu oyun sayesinde de, çoğu zaman gerçek kuralları ihlal etme ihtiyacı duymaz.

Sınır koymak için uygulanabilecek eğlenceli aktiviteler

Acil olarak sınır koymanız gerektiğinde:

- Eğlenceli bir biçimde sınır koyduğumuz anlamsız, saçma oyunlar (örneğin, çocuğunuzun bir makine olduğunu varsayıp, "kapama" düğmesini arar gibi yapabilirsiniz).

Acil olarak sınır koymanız gerekmediğinde:

- Siz kızmış gibi yaparken, çocuğunuzun kuralları yıkmasına izin verdiğiniz gücün çocukta olduğu oyunlar (örneğin, anne izin verir misin, hayvan mağarası oyunu, anlam içermeyen, saçma kurallar).

4. bölüm

Tuvalet eğitimi

Çoğu anne baba tuvalet eğitiminde sorunlar yaşar. Geleneksel tutum sergileyip çocuğunuzun en az 2 yaşına gelmesini beklediğinizde, tuvalet eğitimi çok daha kolay ve rahat uygulanabilir. Bazı anne babalar en baştan itibaren, bez kullanmak yerine çocuklarının tuvaleti geldiğinde verdikleri sinyalleri dinlemeyi tercih ederler. Ancak her ikisinde de sorunlar yaşanabilir.

Bir çocuğun tuvalete gitmeye karşı koymasının çeşitli nedenleri vardır; bunlardan biri de otoriter tutum olabilir. Çocuğunuzun davranışını ceza ya da ödülle kontrol altında tutmaya çalışıyorsanız, onu kontrol etme çabanıza karşı çıkabilir. Bu sorunu otoriter tutumdan vazgeçerek çözümleyebilirsiniz. Çocuğunuzun yön gösterici olmasına izin verin ve ne zaman bez yerine külot giymek isteyeceğine bırakın o karar versin. Ödül bulmaya çalışmak yerine, büyüme isteğinin oluşmasını ve başka çocuk ve yetişkinler gibi olma arzusunun gelişmesini sağlamaya çalışın. Başarı ya da başarısızlık üzerinde durmayın.

Çoğunlukla çocuklar travmatik olaylar sonrasında tuvalete gitmeyi reddederler; okul değiştirme, yeni bir kardeşin doğumu, anne babanın boşanması, hastalık, hastanede yatma ya da aile içi kayıp gibi. Bu tür stres ve travma yaşayan çocukların tuvalet eğitimi, diğerlerine nazaran gecikebilir ya da daha önce tuvalete gidiyorlarsa bile bu tür olaylardan sonra bu alışkanlıklarını bırakabilirler.

Bazı çocuklar, tuvaletin tıkanması ya da büyük tuvaletlerine çıkarken acı duymaları gibi tecrübeler nedeniyle de korkabilirler. Bu tür tecrübeler yaşadıktan sonra tuvalet kullanmayı reddedip büyük tuvaletlerini yapmaya korktukları için kabız bile olabilirler.

Tuvalet yapmakla ilgili olmayan ancak klozette otururken gerçekleşen ürkütücü bir olay da karşı koymalarına ve kabızlığa neden olabilir; örneğin, gök gürültüsü ve şimşek çakması gibi.

Çocuğunuzun tuvalete gitmek istememesinin temel nedeni stres ya da travma ise, tuvalet yapmayla ilgili sembolik oyunlar oynayarak ona yardımcı olabilirsiniz. Çamur ya da oyun hamuru –dışkıyı temsil eden–, çocuğun psikolojik nedenlere dayalı kabızlığın üstesinden gelmesine yardımcı olacaktır. Onu oyuncak bebek ya da pelüş hayvancıkların, çocuk klozetinin, bebek boyutundaki bez ve külotların, kil, oyun hamuru gibi objelerin yer aldığı oyunlar oynamaya teşvik edin.

Kullanacağınız objeleri ve temayı belirledikten sonra, oyunu çocuğun yönlendirmesine izin verin, ancak ilginizi kesmeyin. Kendi başına oynamasını umduğunuz takdirde, etkili bir sonuca ulaşmanız çok da mümkün olmaz. Oyunun karşılıklı etkileşime dayalı olması, en önemli tedavi edici özelliğidir; ancak çocuğunuzun oyununu yorumlamaya çalışmayın.

Eğer çocuğunuz ortaya koyduğunuz objelerle özgürce oynamıyorsa, belli bir temaya dayalı oyun oynamayı önerebilirsiniz. Çocuk klozetini yere koyar, oyuncak bebeğin ya da ayıcığın çişini ya da kakasını yapması gerektiğini söyleyebilirsiniz. Bu tür yaşamsal işlevler için aile içinde, kendi aranızda kullandığınız terimleri kullanın.

Karşı koymasının altında büyük tuvaletini yapma korkusunun yattığından şüpheleniyorsanız, kahkaha atıp gülmek için bahaneler bulun. Örneğin, klozetten korkan oyuncak bebek taklidi yapabilirsiniz. Oyuncak bebeğe acayip şeyler yaptırabilirsiniz; çişini ve kakasını klozet yerine kitabın ya da çöp tenekesinin üzerine yapması gibi. Burada amaç, onun ilgisini çekmek ve gülmesini sağlamaktır. Bu tür oyunlar esnasında ne kadar çok gülerse, tuvalete gitmemesine neden olan korku ve gerginlikten o kadar çabuk kurtulur. İşte danışanlarımdan birinin paylaştığı bir örnek.

4 yaşındaki Charlie küçük tuvaletini tuvalete yapıyor, ama büyük tuvaletini ne tuvalete ne de lazımlığa yapmak istiyordu. Büyük tuvaleti geldiğinde altının bağlanmasını istiyordu. Charlie'nin anne babası yıllarca süren anlaşmazlıklarının ardından yeni boşanmışlardı. Char-

lie haftanın yarısını annesinde, diğer yarısını babasında geçiriyordu. Anne babaya bir yandan Charlie'yi gülmeye teşvik ederken diğer yandan içinde lazımlık, oyuncak bebek ve oyun hamuru olan günlük oyun seansları önerdim. Her ikisi de söylediklerimi uyguladı. Bir ay sonra annesi oğlunun büyük tuvaletini lazımlığa yaptığını söyledi ve "Hiç de düşündüğüm kadar zor olmadı!" dedi.

Stresli ve travmatik tecrübelerden sonra tuvalete gitmeyi reddeden çocuklara, çocuğun yaşça geriye gittiği oyunlar da yardımcı olabilir. Çocuk isterse bez bağlayın ve ona bebekmiş gibi davranın. Sallayın, yemeğini yedirin, şarkılar söyleyin ve onunla ce-e gibi bebek oyunları oynayın. Tüm bunlar sevgi dolu bir ortamda yapılmalı; asla dalga geçercesine oynanmamalıdır. Çocuğunuz bir adım ileri atmak için gereken duygusal güce, bebeklik zamanlarındaki güven duygusuna kavuştuğunu hissettiğinde ve siz de onu hissettiği yaştan daha büyük davranmaya zorlamadığınızda kavuşacaktır. İşte bir danışanımdan başka bir örnek daha.

3 yaşındaki Katie'nin alışkanlıkları yaşça geriye gidiyordu. Külot giyip tuvaletini büyük bir hevesle lazımlığa yapan çocuk, son zamanlarda tekrar bez bağlatmaya ve başka hiçbir yere tuvaletine yapmamaya başlamıştı. Katie ve anne babası çok ciddi hastalıklar geçirmişlerdi. Küçük kız kardeşi doğduğunda Katie 2,5 yaşındaymış. Anne iki küçük çocukla uğraşmaktan bunalıp yorgun düştüğü için, Katie'ye zaman zaman ceza vererek disiplin uygulamış. Onlara hem gücün çocukta olduğu ve hem de çocuğun yaşça geriye gittiği oyunlar oynamalarını önerdim. Katie'nin tuvalet eğitimi konusunda yaşça geriye gitmesi, büyük çocuklar gibi davranmasının beklenilmediği erken çocukluk dönemine gitme ihtiyacını göstermişti bana. Katie ve ailesi için hayat son derece stresli olmaya başlamıştı; dolayısıyla, bebek oyunlarının onu güçlendireceğini ve gelişimine faydalı olacağını düşünüyordum. Bu oyunlar ona, kız kardeşi doğmadan önce annesiyle paylaştığı sevgi bağını hatırlatacaktı. Annesi önerilerimi uyguladıktan bir süre sonra Katie tekrar tuvalete gitmeye başladı.

Bu bölümde anlatılan eğlenceli aktiviteler, tuvalet eğitiminde yaşanan sorunların altında yatan bazı olası nedenleri açıklıyor. Oyun odaklı yaklaşım sayesinde öfke ve güç mücadelelerinin önüne geçilebiliyor.

Tuvalet eğitimi sorunlarının çözümü için eğlenceli aktiviteler

- Oyuncak bebek, lazımlık ve oyun hamuruyla oynanan sembolik oyunlar
- Saçma oyunlar (örneğin, oyuncak bebeğin küçük ve büyük tuvaletini uygun olmayan yerlere yapması)
- Çocuğun yaşça geriye gittiği oyunlar

"Çirkin" ifadeler kullanmak

Çocukların çoğu 4 yaş civarında saldırgan ifadelerle konuşmaya başlar. Kendi anne babalarının ya da diğer çocukların küfürlü konuşmalarını duyar, bunların başkalarının yoğun tepkisini çeken olağanüstü etkili sözcükler olduğunu da çabucak keşfederler. Bu tepki, çocuklara anında kendilerini güçlü hissettirdiği için bu sözcükleri özellikle kullanmak onlara çok eğlenceli gelir. Ayrıca, onlara söylenen kaba sözlerin ardından aynısını tekrar etme eğilimindedirler. Bu tür sözleri tekrar ederek, rencide edilme duygusunun üstesinden gelmeye çalışıyor da olabilirler.

Küfürlü sözler genellikle dışkılama eylemi, cinsel aktivite ya da vücutla alakalı olduğu için çocukların ilgisini çeker. Tuvalete gitmeye yeni başlayan çocuklar bedenlerindeki "özel yerlerinin" tam anlamıyla farkında olurlar. Çocukların çoğu, 4 yaşına geldiklerinde cinsellik ve üreme konularını merak ederler. Üstelik başka insanların bu konular hakkındaki konuşmalardan rahatsız olduklarını da fark ederler.

Küfürlü konuştuğunda çocuğunuzu sözlü olarak düzeltmeniz, çok da başarılı sonuç vermeyebilir. Sizin yanınızda bu sözcükleri kullanmayabilir, ancak siz yokken söylemeye devam edebilir. Daha sonra bu sözcükler konuşma diline yerleşir, özellikle öfkeli olduğu zamanlarda ortaya çıkar. Çocuğunuzu küfrettiği için cezalandırırsanız, aranızdaki ilişkiyi zedeleyip özsaygısını azaltır ve sonraki dönemlerinde de isyankâr olmasına neden olabilirsiniz.

Olaya eğlenceli bir biçimde yaklaşmak, büyük olasılıkla daha başarılı olmanızı sağlar. Kahkahalar, çocuğunuzun küfretme ihtiyacının altında yatan başlıca iki duygudan kurtulmasına yardımcı olur: Utanç ve güçsüzlük.

Özellikle gülmelerini ve bu tür davranışlarını değiştirmelerini sağlayan en etkin oyun biçimi gücün çocukta olduğu oyunlardır. Çocuğunuz küfrettiğinde, dramatik bir biçimde yere düşüp "Aman Tanrım. Amma sert kelime bu, devirdi beni!" diyebilirsiniz. Bu hareket, yastıkla yapılan güç değişimi kavgasına benzer; buradaki fark, küfürlü sözlerin yetişkini yere "deviren" yastık yerine geçmesidir.

Aşağıdaki örnekte bir anne, oğlu saldırgan ifadeler kullandığında, etkin bir mücadele biçimi olarak güç değişimi oyununu nasıl uyguladığını anlatıyor.

> 4 yaşındaki oğlum okulundaki büyük çocuklar ona çirkin sözler söylemeye başladıktan sonra, bana da aynı şeyi yapmaya başlamıştı. "Beni üzüyorsun" ya da "Aile içinde birbirimizle böyle konuşmuyoruz" dememin bir faydası olmayacağının kesinlikle farkındaydım. Bir gün manavda alışveriş yaparken bu olaya eğlenceli biçimde yaklaşmayı denedim. "Anne, sen aptalın tekisin. Hem de çok aptal" demeye başladı. Ona, "Şu aptalları yiyeceğim" diyerek parmaklarımı kerpeten gibi yapıp ağzına doğru yaklaştırdım. Daha sonra da kullandığı çirkin sözleri yiyormuş gibi yapıp "Ooo, bu aptallar da çok lezzetliymiş!" dedim. Kahkahalarla gülüyordu. Bana aptal demeye yaklaşık bir dakika daha devam etti ve ben de çirkin sözleri "yemeye." En sonunda, hepsini ona fırlatıyormuş gibi yaptım, bu da kocaman bir kahkaha atmasına neden oldu. Sonraki birkaç hafta boyunca, sözlerini "yemeye" devam ettim ve çirkin sözlerle hitap etmeyi bıraktı. Sonuç beni çok mutlu etmiş ve şaşırtmıştı!

Ayrıca budala numarası yapıp ayıcığı ya da pelüş başka bir oyuncak hayvanı küfürlü konuştuğu için abartılı bir öfke gösterisiyle suçlayabilirsiniz. Çocuğunuz küfürlü bir söz söyledikten sonra, oyuncak ayıcığa doğru suçlarcasına işaret parmağınızı sallayın ve kızmış gibi görünüp "Kim söyledi bunu? Ayıcık, bu kötü sözcüğü sen mi söyledin? Bu sözcüğü asla bir daha duymak istemiyorum!" diyebilirsiniz.

Tekrarladığında da –ki kesinlikle tekrarlayacaktır– ayıya daha da kızmış numarası yapabilirsiniz. Büyük bir olasılıkla çocuğunuz da bu sırada, neşeli kahkahalar atacaktır. Ayrıca, saçma oyunlar oynayarak, sözcükleri yanlış söyleyip ya da abartılı ifadeler kullanarak da kahkaha atmasını sağlayabilirsiniz.

Aşağıdaki örnek, oğlum küfürlü sözler söylediğinde benim bununla nasıl başa çıktığımı anlatıyor.

Nicky 4 yaşındayken okulda duyduğu küfürlü sözcükleri söylemeye başlamıştı. Bu sözcüklerin saldırgan içeriklerini hafifletecek anlamsız şeyler söylemeye başladım. Örneğin, o "Mankafa" dediğinde ben "Sen de gelincik kafa!" diye yanıt veriyordum. En sevdiğimiz küfürlerden biri "pis kokulu zift"ti. Benim anlamsız ifade değişikliklerime her zaman kahkahalarla gülüyordu; sonunda da küfürlü sözcükler kullanmayı bıraktı.

Saçma oyunlardan biri de davranışı abartmaktır. Küfürlü sözleri çocuğunuzla birlikte kahkahalar atarken çığlık çığlığa bağırarak da söyleyebilirsiniz. Bir sonraki örnekte bir anne, büyükbabası tarafından azarlanan kızıyla oynadığı bu tarz bir oyunu anlatıyor.

Bir gün benim ailemin evinde yemek yiyorduk; Heather 4 yaşındaydı ve elindeki içeceğini parke zemine döktü. Döker dökmez "Bok!" diye çığlık attı. Bu sözcüğü benden duyduğunu bildiğim için biraz güldüm. Babamın ağzı açık kalmıştı ve derhal sert bir biçimde, "Heather, bu evde bu tür sözcükler kullanmıyoruz!" dedi. Annem babam asla küfür etmez, benim de evde bu tarz sözcükler kullanmama asla izin verilmezdi. Heather duraksadı ve sustu; kucağıma gelip ağlamaya başladı. Babama onun sadece benden duyduğu bir sözcüğü tekrarladığını açıkladım. Kızımdan özür diledi; sonra da bana kızımın yanında asla böyle konuşmamam gerektiğini söyledi. Yanında olduğumu bilmesi ve daha rahat ağlayabilmesi için Heather'ı başka bir odaya götürdüm. İncinmiş, büyükbabasının sert ve azarlayan ses tonundan dolayı şaşkına dönmüştü; yaklaşık on beş dakika ağladı. Akşamın ilerleyen saatlerinde tramplenin üzerinde zıplarken, her seferinde aşağı indiğinde "Bok!" diyordu. Tepkimi görmek için bana baktığında, ona gülümsedim ve sıkıntı olmadığını hissetmesini sağladım. O da delicesine kahkahalarla gülerek, daha da yüksek sesle bağırmaya başladı. Daha sonra bana sarıldı, birlikte zıplamaya ve "Bok!" diye bağırmaya başladık. Bu oyunu yaklaşık yirmi dakika oynadıktan sonra tramplene oturup küfürlü sözlerle ilgili konuşmaya başladık. Kendini ifade etmek için kullandığı sözcüklerin benim için bir sıkıntı olmadığını ama etrafındaki insanların çoğu küfürlü konuşmalardan rahatsız olacağı için dikkatli olmasını söyledim. Düşündü ve şöyle bir fikirle geldi: Sövüp saymak isteyip de uygun olmadığını düşündüğü ortamlarda, kötü sözcüğü benim kulağıma fısıldayacaktı. İşe yarayacak bir plandı. Aslında bunu çok sık da yapmıyordu ama ilk olarak babamın yanında –sevecen ve komik bir biçimde– fısıldamıştı. Halka açık, kalabalık yerlerde ise beni güldürüp güldüremeyeceğini görmek için yapıyordu. Heather şimdi 12 yaşında ve benimle birlikte gülmek istediği zamanlar dışında çok nadir küfrediyor. İkimiz birlikteyken hiç umulmadık bir anda küfredip sonra ikimiz de deliler gibi kahkahalarla gülmeye başlıyoruz.

Bu tür bir yaklaşım, başta çocuğunuzun sizin yanınızda çirkin ifadeler kullanmasını teşvik edeceğinden, ters etki bırakacak gibi görünebilir, ama bu ifadeleri başka ortamlarda kullanma isteğini azaltır. Bu sözcükleri sizi oyuna davet etmek için daha çok, kendini güçsüz hissettiğinde ve başkalarını şaşırtmak ya da öfkesini ifade etmek istediğinde daha az kullanır. Eğlence ve kahkaha, bu tür sözcüklerle bağlantılı olan gerginlik ve utancın yok olmasını sağlar. Ayrıca çocuğunuzun güçsüzlük duygusundan kurtulmasını sağlar ve küfrederek güçlü olma ihtiyacını da azaltır. Çocuk eninde sonunda, bu sözcükleri kullanmayı tamamen bırakacaktır.

Küfürlü sözcükler söyleyen çocuklar için eğlenceli aktiviteler

- Gücün yer değiştirdiği oyunlar (örneğin, yetişkinin oyuncak ayıcığı azarlaması ya da çirkin sözcüklerin yetişkini yere devirmesi veya kusturması)
- Saçma oyunlar (örneğin, anlamsız küfürler uydurun ya da saldırganlık ifadelerini yüksek sesle, bir yandan da gülerek tekrarlayın)

6. bölüm

Öfke ve saldırganlık

Bu bölümde saldırgan davranan çocuklarla başa çıkmanın eğlenceli yolları anlatılıyor. Saldırgan davranışın nedeni, stres ya da iyileşmemiş travmalardır; altında bu tür acı veren duygular yattığını unutmamak gerekir. Çocukların vurma, ısırma ya da diğer çocuklara sataşma nedeni, taciz, ihmal, otoriter disiplin, dehşete düşüren bir hadise, sağlıkla ilgili travmatik bir olay ya da başka çocukların saldırısına uğramak gibi geçmişte yaşadıkları tecrübeler olabilir. 3. Kısım'da, özellikle stres ve travma kaynaklarına yönelik ipuçlarını bulacaksınız.

Aşağıda danışanlarımın yaşadığı örnekler, küçük çocuklarda stres ya da travma sonrası oluşan (stresli zamanlarda) saldırgan davranış biçimini sergiliyor.

- 15 aylık kız çocuğu televizyonda izlediği bir terör saldırısından sonra annesinin saçını çekmeye başlamıştı.
- 2 yaşında bir erkek çocuğu başka çocuklara saldırgan davranıyordu. Travmatik bir doğumla birlikte başlayan çeşitli sağlık sorunları yaşamıştı. Bebekken hastanede kalmış; daha sonra 2 yaşındayken de zehirlenme ve başka hastalıklar nedeniyle üç kez acile kaldırılmıştı.
- 3 yaşında bir erkek çocuğu, anne babası boşanmakla ilgili konuşmaya başladıktan sonra –her ne kadar onlar bundan oğullarına hiç bahsetmediklerini düşünseler de– başka çocukları ısırmaya başlamıştı.
- 4 yaşında bir erkek çocuğu sık sık anne babasına tükürüyordu. Annesine, o dokuz aylıkken meme kanseri teşhisi konmuş; tedavisi ise bazı ameliyatlar ve kemoterapi dahil üç yıl sürmüştü.

- 11 yaşında bir kız çocuğu gideceği yeni okulun açılma zamanı yaklaştıkça evde daha saldırgan olmaya başlamıştı.

Bazı çocuklar büyük bir travma yaşamamış olmalarına rağmen, günlük hayal kırıklıkları, uyarılar ya da karşılanmayan ihtiyaçların birikimi sonucu saldırganlaşabilirler. Stres ya da travma yaratan herhangi bir sorun olmasa da, gün içinde yaşadıkları stresten arınma fırsatı bulamazlarsa saldırgan davranabilirler.

Çocukları saldırgan davranışları nedeniyle cezalandırmak ya da nazik olmanın erdemleri hakkında ders vermek yerine, acı veren duygulardan zarar görmeden kurtulmaları için yardım etmenin yollarını bulmaya çalışın. Oyun temelli aktivitelerin çoğu çocuğun saldırganlığını azaltabilir.

Araştırmalar, yönlendirilmemiş çocuk merkezli oyunların saldırgan davranışlar üzerine etkili olabileceğini göstermektedir. Çocuğunuz saldırgan davranışlar sergiliyorsa, haftada bir zaman ayırıp oyun blokları, oyuncak bebekler, küçük insan ve hayvan figürlerinin ve çeşitli araçların olduğu bir odada, onunla birlikte oyun seansları düzenlemeye çalışın. Hatta günlük düzenleyeceğiniz oyun seansları etkisini daha da çabuk gösterecektir. Empati kurup onun yönlendirmesini kabullenirken, onun da inisiyatif almasına izin verdiğinizden emin olun. Oyuna sizin daha aktif olarak katılmanızı isterse, ne söylüyorsa yapın ve oyunu onun yönlendirmesine izin verin. Düzenli oynanan çocuk merkezli oyunlar sayesinde, çocuğunuzla aranızdaki bağ güçlenir ve çocuğunuz kendini güvende hisseder. Kendini yeteri kadar güvende hissettiğinde, oyunları stres ve travma sonucu oluşan duygularını ifade etmek için kullanır. Sizin sevginiz ve onun bu duygularını kabulünüz sayesinde, kendi hisleri ve sorunlarıyla baş etmeyi öğrenir.

Gücün çocukta olduğu oyunlar saldırgan çocuklar için yararlıdır; sağlıklı ve güvenli bir ortamda, kahkahalar sayesinde gerginliklerinden arınmalarını sağlar. Bu oyunların en etkin olanlarından biri sizin güçsüz, bilgisiz, korkak ve budala numarası yaptığınız oyunlardır. Bu tür oyunların pek çok çeşidi vardır. Çoğunlukla kızgın olduklarında gücün kendilerinde olduğu oyunlar oynamak isterler. Aşağıda bir babanın bu konuyla ilgili sözleri yer alıyor:

6 yaşındaki oğlum, bir kâğıdı buruşturup "Dikkat et, bu bir bomba" diyerek bana attı. Ben de korkmuş gibi görünüp dramatik bir biçimde ölmüş numarası yaptım; bu da onun kahkahalarla gülmesine neden oldu.

Eğer çocuğunuz gerçekten sizi incitmek isterse bu saldırgan enerjiyi, gücün çocukta olduğu bir oyuna yönlendirebilirsiniz. İşte öfkeli bir çocukla, gücün çocukta olduğu oyunların nasıl oynanabileceğini gösteren bir örnek:

Şehir dışındaki seminerlerimden biri esnasında bir ailenin yanında kalıyordum. Bir gün anneyle –Helen– mutfakta, masada oturuyorduk. Helen bana, oğlu doğduğundan beri dört kez taşındıklarını söyledi. "Bu eve daha yeni taşındık ve hepimiz de çok seviyoruz" dedi. 4 yaşındaki oğlu Matthew, sessizce yanımızda durmuş, bizi dinliyordu. Birdenbire Helen'a doğru koştu ve olağanca gücüyle annesinin koluna vurdu. Helen bana baktı; daha önce annesine hiç vurmadığı için oğlunun bu davranışı onu hayrete düşürmüştü. "Ne yapmam gerekiyor?" diye sordu. Matthew'ya döndüm ve annesine kızgın olup olmadığını sordum. Kesin bir ses tonuyla, "Evet!" dedi. Sonra, annesine onu eski evlerinden buraya getirdiği için mi kızgın olduğunu sordum. Aynı ses tonuyla, "Evet!" dedi. "Annenle yastık savaşı yapmak ister misin?" diye sorduğumda, heyecanla "Evet!" dedi ve hemen atlayıp yataktan kocaman bir yastık kaptı. Helen'la yastık savaşı yapacakları oturma odasına geçtik. Helen'a, oğlu ona yastıkla her vurduğunda yere düşmesini söyledim. Matthew bu oyuna bayıldı ve annesi her seferinde yere "düştüğünde" kahkahalarla güldü. Bir yerden sonra, halının üzerine bir yastık koydu ve annesine, "İşte anne, yastık var burada; düştüğünde kafanı kırmazsın" dedi. Daha sonra da neşeli kahkahalar atarak yastığı annesine fırlatmaya devam etti. Yirmi dakika sonra kendini çok daha iyi hissediyordu; benim onlarda kaldığım sonraki iki gün boyunca da annesine hiç vurmadı. Daha sonra Helen'ın bana söylediğine göre, bu olaydan yaklaşık bir hafta sonra Matthew tekrar annesine vurmuş, annesi de tekrar yastık savaşı yapmayı önermiş. Annesine her vurduğunda yine neşeli kahkahalar atıyormuş. Bundan bir iki hafta sonra ise "Anne, ben çok kızgınım; haydi yastık savaşı yapalım" demiş. Bundan sonra annesine hiç vurmamış ama pek çok kez yastık savaşı yapmışlar!

Helen'a küçük çocukların, anne babalarının yüzünden olmasa dahi, kendi hayatlarıyla ilgili hoşlarına gitmeyen şeyler için de onları suçladıklarını söyledim. Unutmayalım ki, çocukların anne babalarını memnun eden bir şeye –yeni bir eve taşınmak gibi– karşı duydukları öfkeyi ifade edebilmeleri çok da kolay değildir.

Büyük çocuklarla hatta ergenlerle oynanan gücün çocukta olduğu oyunlar, aşağıdaki örnekte kızımla yaşadığımız gibi güreş müsabakasına da dönüşebilir.

> Sarah 12 yaşındayken zaman zaman okul sonrası stresli olur ve öfkesini bana yönlendirirdi. Şimdiye kadar bana hiç vurmamış olsa da, bazen bağırırdı. Bana bağırdığında, onunla güreşmeyi teklif ederdim. Ayakta, karşı karşıya durup kollarımızı gererek birbirimizin elini tutar, kızgın surat ifadesiyle kükreyerek odanın bir köşesinden diğer köşesine birbirimizi itmeye çalışırdık. Başta karşı koyardım ama sonunda mücadeleden vazgeçer, beni kanepenin üzerine itmesine izin verirdim. Büyüyüp güçlendiğinde, beni rahatlıkla kanepeye iteliyor ve ben artık güçsüz numarası yapamıyordum! Güreş müsabakalarımız sırasında hep kahkahalarla gülerdi, sonra da çoğunlukla bana sarılıp kucaklaşmak isterdi. Bu oyun onun öfkesini açığa vurup kahkahalar aracılığıyla gerginlikten kurtulmasını ve benimle sevgi dolu bir bağ kurmasını sağlıyordu.

Bazı anne babalar çocuklarının saldırgan davranışlarıyla baş edebilmek için bu tarz bir yaklaşımı uygulamak istemeyebilirler. Çocuklarının anne babalarına vurma ve itme eylemlerini teşvik ettiklerinde, aynı davranış biçimini ileride de sürdürmelerinden endişelenirler. Ama genellikle onların düşündükleri gibi olmaz. Çocukların anne babalarına eğlenceli bir aktivite sırasında kahkahalar eşliğinde vurmaları ya da itmeleri, onların saldırgan eğilimlerini azaltır.

Unutmayalım, küçük çocuklar neye zarar vereceklerini neye vermeyeceklerini bilme ihtiyacı duyabilirler. Ayrıca ergenlik dönemine girmekte olan çocuklar, kendilerinin ne kadar güçlü olduklarını fark edemeyebileceklerinden, kendi gelişimleriyle ilgili geribildirime ihtiyaç duyabilirler. Gücün çocukta olduğu aktif oyunlar oynarken, temel kuralları belirlemek gerekebilir; böylelikle kimse incinmez. Örneğin, yüze vurmak yok ya da oyun sırasında biri "dur" dediğinde diğerinin derhal durması gerektiği gibi kurallar koyabilirsiniz.

Çocuklarınızın duygularını kabul ederek, aranızdaki bağın öfkesinden daha güçlü olduğunu ve hiçbir şeyin de aranızdaki sevgi bağını zedeleyemeyeceğini gösterebilirsiniz. Çocuğunuzun saldırgan davranışına cezayla karşılık verirseniz, öfkesini bastırmayı öğrenebilir; ancak bu onun duygusal sağlığına ve sizinle ilişkisine mal olacaktır. Daha sonra ortaya çıkabilecek suiistimal, şiddet, depresyon ya da anoreksiyanın asıl altında yatan, bastırılan öfke olabilir.

Öfkeli çocuklarla baş etmekte kullanılabilecek bir diğer yöntem de saçma oyunlar oynamaktır. Bir anne saçma oyunlardan (duyguların anlamsızca abartılması) birini, kızının okulunda gönüllü çalışırken öfke dolu bir grup çocukla başa çıkmak için nasıl kullandığını şöyle anlatıyor:

> Kızımın gittiği yuvada –3-5 yaş arası çocukların olduğu– gönüllü olarak çalışıyordum. Bir gün, uzun zamandır görmediğim biçimde itişip kakıştıklarını, farklı bir saldırgan tutum içinde olduklarını fark ettim. Aynı gün yemek masasında beraber oturduğum çocuklar, yiyecekleri ortaya saçıp birbirlerini suçluyorlardı; durum gerçekten kabul edilemez bir hal almıştı. Bu yüzden, büyük bir daire oluşturup hepimiz kızgın surat ifadesi takınma oyunu oynamaya başladık. Duyguları, kötü ya da acımasız diye isimlendirmek yerine "güçlü duygular" diye adlandırdım. "Bir yığın güçlü duygu görüyorum. Sert ve öfkeli suratlar yapabilir misiniz?" dedim.
>
> İşin büyüsüne iyice kapılmışlardı. "Ses çıkarmak yok, sadece yüz ifadesi" diye belirttim. Daire içindeki herkesin kızgın surat ifadesine tek tek baktık. Hepsi, *Where the Wild Things Are* (Vahşi Şeyler Ülkesinde) adlı kitaptaki çocuk Max'i taklit ediyordu. Aynen kitapta olduğu gibi biri gözlerini yuvarlıyor, diğeri pençe atar gibi yapıyordu. Daha sonra ise, mutlu yüzler yaptık. Bu oyuna bayıldılar ve çok güldüler. Sonra da güzelce hep birlikte oynamaya başladılar. Uyguladığım yöntemin gerçekten işe yaramış olmasından çok memnundum.

Bazı çocuklar, başka çocukların onları vurması ya da itmesi sonrasında grup içinde saldırgan davranmaya başlayabilirler. Bu tür bir deneyim, çocuklarda güvensizlik duygusuna sebep olabilir. Başka bir çocuğun kişisel alanlarına girdiğini hissettiklerinde aşırı tepki gösterebilirler. Çocuğunuzun saldırganlığının altında yatan nedeni bilirseniz, stres ve travma yaratan asıl nedene yönelik sembolik oyunlar oynayabilirsiniz. İşte anne babası tarafından ebeveyn-çocuk oyun seansına getirilen, 3 yaşında bir çocukla yaşadığımız bir örnek.

3 yaşındaki Xavier, arkadaşı tarafından okulda itildikten sonra diğer çocukları itmeye başlamıştı. Öğretmeni, çocukların oyuncaklarla birlikte küçük bir halı üzerinde oynadıkları bir çalışma alanı oluşturmuştu. Bu alanın içindeki çocuklardan hiçbiri diğerlerini rahatsız etmeyecekti. Xavier'ın okulundaki atmosferin aynısını yaratmak için kare şeklinde bir örtünün üzerine küçük ayıcıklar koydum ve ona bunun ayıcıkların çalışma alanı olduğunu söyledim. Büyük bir hevesle oyuna katıldı. Bir süre sonra küçük bir tren getirdi ve bu tren küçük ayıcığa çarptığında neredeyse ağlayacaktı. "Tren çok yaklaştığında küçük ayıcık korktu mu?" diye sorarak onun duygularını yansıttım. O da "Evet" dedi. Bunu söyledikten sonra, treni ayıcığın etrafından dolaştırarak hareket ettirmeye özen göstermeye başlamıştı. Seans sonunda treni de yanında götürmek istedi. Götüremeyeceğini söylediğimde, ağlamaya başladı; anne babası onu dışarı çıkarırken de ağlamaya devam ediyordu. Bir ay sonra anne babası tekrar onu oyun seansına getirdi. Anında küçük ayıcığı çalışma alanı içine koyarak daha önceki kurgunun aynısını oluşturdu. Sonra yine treni bu alanda gezdirmeye başladı. Ancak bu kez, bir çözüm yolu bulup ayıcığı yakınındaki masaya koyarak trenin ona çarpmadan hareket etmesini sağlamıştı.

Bu örnek, çocukların endişeleriyle ilgili sembolik oyunlar oynamaya nasıl hevesli olduklarını gösteriyor. Oyun aracılığıyla yaratıcı çözümlere ulaşabiliyorlar. Bu örnekte tren, okulda etraflarına rahatsızlık veren çocukları simgeliyor olabilir. Ayıcığı masaya koyma fikri de, kendini güvende hissetmek istediğinde etrafına zarar veren çocuklardan uzakta oynamayı hatırlaması olabilir. Ayrıca örnek bizlere, bu tür oyunların çocukta derin duygular uyandırıp onu ağlamaya kadar götürebileceğini de gösteriyor. Treni yanında götürmesine izin vermememin asıl nedeni, ağlamasına fırsat vermekti; zaten büyük olasılıkla ağlamasının asıl nedeni de treni götürememesi değildi. Gözyaşları, okulda yaşadıkları nedeniyle stresten arınmasına yardım ediyor olabilirdi. Çocukların oyun seansları öncesi ya da sonrası ağlamalarını, sağlıklı arınma yöntemi olarak değerlendiriyorum; aynen kahkaha atmaları gibi.

Aşağıdaki örnek, öfkesi bastırılan çocuklarla oynanan gücün çocukta olduğu oyunlar ve sembolik oyunları ayrıntılarıyla ortaya koyuyor.

Bir anne, 4 yaşındaki oğlu Fred'i saldırgan davranışlarından dolayı oyun seansına getirmişti. Fred'in, yoğun ilgiye ihtiyacı olan 6 yaşında engelli bir ablası vardı. Anne, kızının ihtiyaçlarının yanı sıra Fred'in saldırgan davranışlarının da oğluyla arasındaki duygusal bağı zayıflattığını düşünüyordu. Bu Fred'in kendini daha da güvensiz hissetmesine ve öfkelenmesine neden oluyordu. Anne, Fred'in ona "Seni parçalayacağım. Başka bir aileyle yaşayacağım. Sen kötü bir annesin" demesinden özellikle rahatsız olmuştu. Fred'in annesini plastik örümcek, yılan ve canavarlarla korkutup bir yandan da kahkahalar attığı, gücün çocukta olduğu oyunlar oynamasını sağladım. Annesi kanepenin üzerine her düştüğünde, Fred de garip bir şekilde ona daha yakın olmak için üstüne atlıyordu. Anneyi her seferinde oğlu üzerine düştüğünde ona sevgiyle sarılması için cesaretlendirdim. Daha sonra bir ayı ailesini sembolize ederek, küçük erkek ayıcığın kız kardeşine ait olan bir şeyi ne kadar çok istediğiyle ilgili bir hikâye anlattım. O da büyük bir hevesle hikâyeye katılıp erkek ayıcığın kız kardeşinden daha büyük olduğunu belirtti. Sonra erkek ayıcığı alıp etraflarında uçan arı numarası yapmaya başladı. Büyük bir keyifle saldırıya geçip ayı ailesinin diğer fertlerini soktu.

Dört gün sonra gerçekleştirdiğimiz takip seansında annesi, Fred'le uyguladığımız oyun seansının oğluyla arasındaki bağı güçlendirdiğini ve oğlunun saldırgan davranışlarını azalttığını söyledi. Bu oyunları oynamaya evde devam etmeyi planlıyordu.

Bu örnek, önemli bir konuyu ortaya koyuyor. Çocuk annesiyle fiziksel bir bağ kurmak istemişti ve bu isteğini de üstüne atlayarak göstermişti. Çocuklar yakınlık kurmak istediklerinde aynı zamanda büyük bir öfke de duyuyorlarsa, bu anne babaya vurma, itekleme ya da hücum etme gibi saldırgan davranışlar biçiminde ortaya çıkabilir. Bu çocukların sağlıklı bir bağ kurmadan önce öfkeden arınmak için gücün çocukta olduğu aktif oyunlar oynamaya ihtiyacı olabilir.

Çocuklarının silah ve diğer savaş aletleriyle oynamalarına izin verip vermemek konusunda kararsız kalan pek çok anne baba bana savaş oyunları hakkında sorular sorar. Genellikle çocuklar kitap, televizyon, film ya da internet aracılığıyla şiddet ya da savaşla ilgili herhangi bir şey duyar duymaz savaş oyunları oynamaya başlarlar. Ebeveynlerinden ya da ailesinden biri orduda olan çocuklar, çoğunlukla savaş oyunlarına büyük ilgi gösterirler. Medyada bu konuda yer alan görüntülerin çoğunda da kadınlardan çok erkekler yer aldığından, oğlanlar savaş oyunlarıyla kızlardan daha fazla özdeşleşirler. Bu tür görüntülerle karşılaşmayan oğlanlar bile zaman içinde savaş ve şiddet hakkında bilgi edinirler. O zaman da meraklanır ve korkarlar, kafaları karışır. Gün gelir bu duygular açığa çıkar; gördüklerini ve duyduklarını taklit etmeye başlarlar.

Çocuğunuza oyuncak silah ya da herhangi bir oyuncak savaş aleti vermeniz gerekmez. Oğlunuzun evde oyuncak silahları olmasa da, büyük bir olasılıkla o kendi silahını bir çomak ya da oyuncaktan yapacaktır zaten. Çocuklar savaş oyunları oynama ihtiyacı duyarlar; bu nedenle birbirlerinin canını acıtmadıkça bunu yasaklamak çok da işe yaramaz.

Savaş oyunları oynamayı yasaklamak yerine, çocuğunuzu gücün çocukta olduğu oyunlara yönlendirerek duyguları üzerine yoğunlaşmasına yardımcı olabilirsiniz. Küçük oğlunuz parmağını size doğrultup "Bam bam; öldün sen" diyorsa, sizin verebileceğiniz en doğru yanıt çarpıcı bir biçimde ölmüş numarası yapmaktır. Burada amaç, oğlunuzun kahkahalarla ve mümkün olduğunca uzun süre gülmesini sağlamaktır. Bu kahkahalar onun kaygı ve gerginliğinin azalmasına yardımcı olacaktır. Üstelik eğlenceli tavrınız onun saldırganlığından korkmadığınızı bilmesini sağlayacak; dolayısıyla, en korkutucu duyguların bile aranızdaki ilişkiyi yıpratamayacağını kanıtlayacaktır. Bu yaklaşımınız, oğlunuzu saldırgan olmaya ya da başkalarına zarar vermeye teşvik etmeyecektir. Aksine, büyük bir olasılıkla saldırma dürtüsünü azaltacaktır.

Çocuğunuz saldırgan davranış sergilediğinde uygulanabilecek eğlenceli aktiviteler

- Yönlendirilmemiş çocuk merkezli oyunlar
- Gücün çocukta olduğu aktif oyunlar (örneğin, yastık savaşı)
- Saçma oyunlar (duyguların anlamsızca abartılması)
- Saldırgan davranışlarının altında yatan stres kaynağıyla ilişkili sembolik oyunlar

7. bölüm Kardeş rekabeti

Bu bölümde anne babaların yaşadığı en önemli sıkıntılardan biri olan kardeş rekabetiyle baş etmekte kullanabileceğiniz eğlenceli öneriler yer alıyor. 3. Kısım'da ise, çocukların kardeş doğumuyla başa çıkmalarına –ki bu son derece önemli bir stres kaynağı olabilir– yardımcı olacak farklı fikirler bulacaksınız. Kıskançlık, bir çocuğun kardeşinin dünyaya gelmesinin hemen ardından ya da sonraki yıllarda, küçük çocuğun büyüğün oyununa karışması ya da sizin ilginizi çekmek için büyükle rekabet etmesi sonucu doğabilir.

Önerim; çocuklarınızın her birine ayrı zaman ayırıp onlarla yönlendirilmemiş çocuk merkezli oyunlar oynamanız. Ona yapı malzemeleri, oyuncak bebekler, küçük arabalar ve sanat malzemeleri verin. Oyunu onun yönlendirmesine izin verirken, tüm alakanızı da ona verin. Oyun seansları sırasında isteklerinin tümünü yaptığınıza emin olun. Onunla oynamanızı da isteyebilir, o oyuncaklarıyla bir şeyler yaparken sadece izlemenizi de.

İdeali, bu tür oyunları her bir çocuğunuzla günde bir saat oynamanızdır. Çocuklarınızdan her birine o kadar zaman ayıramıyorsanız, ayırabildiğiniz kadarını ayırın. Haftada yarım saat kadar az bir zaman dilimi bile çocuğun sevildiğini ve özel olduğunu hissetmesine yardımcı olacaktır. Bu zaman diliminde tümüyle bir çocuğunuza odaklanabilmeniz için, diğer çocuklarınıza oyalanacakları başka şeyler bulun. Özel oyun seansları sırasında telefonunuzdan uzak durup gelen çağrıları yanıtlamamanızı öneririm. Hatta alarm kurup çocuğunuza onunla alarm çalana kadar oynayacağınızı da söyleyebilirsiniz.

Bazı anne babalar çocuklarıyla birlikte yemeğe, alışverişe ya da sinemaya gitmekten büyük keyif alırlar. Bunlar her ne kadar keyifli aktiviteler olsalar da, çocukların ilgi ihtiyacını evde basitçe oyun oynamak kadar karşılayamayabilirler. Çocuğunuzun kendine ayrılan bu özel zamanı nasıl geçireceğine onun karar vermesine izin verirseniz, evde kalıp birlikte oyun oynamak istediğini söyleyerek sizi şaşırtabilir.

Bu tarz yönlendirilmemiş çocuk merkezli oyunların iki avantajı vardır: Birincisi, sadece onunla ilgilenmeniz onaylandığını ve sevildiğini hissetmesini sağlayacak; dolayısıyla kardeş kıskançlığını önleyecektir. İkincisi de, bu oyun seansları sırasında sizin ilginiz sayesinde duygularını ifade edebilecektir. Aşağıdaki örnek, benim ebeveyn-çocuk oyun koçluğu seanslarımdan birinde yaşandı.

> 4 yaşındaki Maria 3 yaşındaki erkek kardeşini inanılmaz kıskanıyordu; iki kardeş sürekli kavga ediyordu. Maria ve annesiyle uyguladığımız bu seanslar sırasında Maria, insan ve hayvanları temsil eden küçük plastik oyuncaklarla oynamayı tercih etti. Annesiyle birlikte onu dikkatle izliyorduk; iki çocuklu –bir kız çocuğu ve bir bebek– bir aile mizanseni kurdu. Kız çocuğunu temsil eden figür anne ve baba figürleriyle birlikte oyun oynarken, bebek figürünü de oyuncak inekle birlikte odanın diğer ucuna yerleştirdi. Oyununu bize anlatmasını istediğimde, "Bebek orada; ayrıca ona süt vermesi için yanında inek de var. Küçük kız ise anne ve babasıyla oyun oynuyor" diye açıkladı. "Küçük kız, bebeğin de ailenin bir parçası olmasını istiyor mu?" diye sordum. "Aslında anneye ihtiyacı yok; onun ineği var" diye yanıtladı.

Maria, anne babasını paylaşmak istemediğini oynadığı oyun aracılığıyla ifade etmişti. Biz annesiyle birlikte, kurguladığı sembolik aile oyununu kabullenerek onu anladığımızı göstermiştik. Çocuklar, bu tür oyunları kendi duygularını ifade etme fırsatı verdiği ve kabullenildiklerini hissettikleri için severler. Kendi ailenizi yansıtır nitelikte oyuncak bebek ailesi ya da ayıcık ailesi kullanarak, onları sembolik oyunlar oynamaya teşvik edebilirsiniz. Bu oyunların ardında yatan anlamı sözle ifade etmek gerekmez. İlginiz ve onun oyununu kabulünüz yeterlidir.

Çocuğunuz küçük kardeşine saldırgan davranıyorsa, küçüğü

koruyabilmek için bu davranışını durdurmanız gerekir. Bunu da, onun saldırganlığını kardeşi yerine size yöneltmesini sağlayan, gücün çocukta olduğu oyunlar oynamayı önererek başarabilirsiniz. Kardeşine saldırmaya devam ederse, diğer çocuğunuzu korumak amacıyla onu sıkıca ama sevecen bir biçimde tutup durdurmanız gerekebilir. Ardından da gücün çocukta olduğu bir oyun oynama önerinizi tekrar edebilirsiniz.

Aşağıdaki örnekte, bir danışanımın kıskanç bir çocukla oynadığı gücün çocukta olduğu oyunlardan biri anlatılıyor.

3 yaşındaki Gwen gitgide daha öfkeli ve saldırgan olmuştu. Sık sık 7 aylık küçük erkek kardeşini hırpalıyordu. Ya sert ya da aşırı sevecen davranıyor veya kardeşinin istemediği şeyleri ona zorla yaptırmaya çalışıyordu. Gwen'in annesiyle yaptığımız bir telefon görüşmesinde önerilerimden biri, yastık savaşı gibi Gwen'in onu yere düşürmesine izin vereceği, gücün çocukta olduğu oyunlar oynamasıydı. Anneye dramatik bir biçimde yere düşmesini ve kızını mümkün olduğunca çok kahkaha atmaya teşvik etmesini söyledim. İki hafta sonra, konuyla ilgili son durumu bildiren bir e-posta göndermişti: "Yastık savaşı mucizeler yarattı!"

Bu örnekte de başka bir anne, kardeşini kıskanan 3 yaşındaki kızıyla oynadığı, gücün çocukta olduğu oyunu anlatıyor.

Aline doğduğunda Melissa daha 2 yaşındaydı. Kardeşini gördüğü ilk günden beri onu çimdikliyor, kolunu çekiştiriyor ya da yataktan atıyordu. Şimdi 3 yaşında ama hâlâ kız kardeşini kıskanıyor; sık sık da canını acıtmaya çalışıyor. Onunla eğlenceli oyunlar oynamaya başladım. Beni itmesine, çekiştirmesine ve düşürmesine izin verdim. Uygun olduğunda bu tür oyunlar oynuyoruz. Melissa bu oyuna "devirme oyunu" diyor. Beni gıdıklamasına da izin veriyorum. Bu oyunlara bayılıyor ve kahkahalarla gülüyor; ayrıca bu oyunları oynamaya başladığımızdan beri kız kardeşine de daha iyi davranıyor.

Kronikleşen kardeş rekabeti için de, her iki çocuğunuzun sizi yastıkla devirmeye çalışacağı gücün çocukta olduğu oyunlar oynayabilirsiniz. Tabii ki onlar güç gösterisi yaparken, sizin de güçsüz ve korkmuş numarası yapmanız gerekiyor. Eğer bu oyunlar beraberinde kahkaha da getiriyorsa, doğru yoldasınız demektir. Bir anne aşağıda, iki oğlunun babalarıyla oynadığı ve gücün çocukta olduğu oyunlardan birini anlatıyor.

> Oğullarımdan biri 2, diğeri 6 yaşındayken babaları kanepeye uzandığında onu yere itmeye bayılırlardı. Tabii ki yumuşak düşüş yapması için yere yastık koyardık. İki oğlum babalarını kanepeden aşağı birlikte iterdi; böylece kanepe onlara kalırdı. Çocuklar da babaları da bu oyun sırasında kahkahalarla gülerdi. Her seferinde babalarını yere yuvarlamayı başardıklarında, kendilerini güçlü ve kudretli hissederlerdi. Bu oyun, hem babalarıyla harika zaman geçirmelerini hem de birbirlerine bağlanmalarını sağlardı.

Çocuklarınız oyuncak için kavga ettiğinde, onları ayırmak ya da cezalandırmak dışında (ben bunları önermiyorum) iki farklı tepki gösterebilirsiniz. Ya arabuluculuk yaparsınız ya da onları belirli oyunlar oynamaya yönlendirirsiniz. Arabuluculuk, kavga etmelerini kesmeleri için oyuncağı bir süreliğine ortadan kaldırdıktan sonra, her ikisinin de olayı ve hislerini anlatmasıyla başlar. Taraf tutmadan ve fikrinizi dayatmadan, onları kendi sorunları hakkında düşünüp çözüm yolu bulmaya teşvik edebilirsiniz. Çocuklar genellikle kendi çekişmelerine yaratıcı ve orijinal çözümler getirebilirler. Ne var ki yaşı küçük çocuklar onlara sırayla oynamaları, paylaşmaları ya da başka bir oyuncakla oynamaları gibi olası çözüm yollarını önerecek bir arabulucu yetişkine ihtiyaç duyarlar.

Çocukların gelişim düzeylerindeki farklılık arabuluculuk yaparak çözüme ulaşmayı zorlaştırabilir. Örneğin küçük çocuklar, isteklerine hemen ulaşamamakta –sırasının gelmesini beklemek gibi– ya da başkalarının bakış açısını algılamakta zorluk çekerler. Kavrama düzeyleri sınırlı olduğu için davranışları, inatçı ve benmerkezci görünebilir. Yukarıda anlatılan arabuluculuk yaklaşımı, her ne kadar küçük çocuklarda anında işe yaramasa da, çatışmalara çözüm getirme becerisi kazandırırken, gelişimleri adına da son derece önemli bir dönüm noktasıdır.

Olaya eğlenceli bir biçimde yaklaşmak, hem küçük çocukların bu tür kavramları algılayabilmesini kolaylaştırır hem de yoğun duyguları nedeniyle orta yolu bulmak için yeteri kadar düşünemedikleri durumlarda etkili olur. Böyle zamanlarda gücün çocukta olduğu oyunlar oynamak genellikle faydalıdır. Bir oyuncak kapıp koşmaya başlayın ve onların da birbirleriyle işbirliği yaparak oyuncağı almak için peşinizden koşup sizi yakalamaya çalışmalarını sağlayın. Sizi kovalarlarken, bir süreliğine de olsa "takım" olmak zorunda kalırlar. Daha sonra yavaşlayabilirsiniz ya da sendelemiş numarası yapıp sizi yakalamalarına ve oyuncağı almalarına izin verebilirsiniz. Eğer koşmak için enerjiniz yoksa ya da yer uygun değilse, oyuncağı görünür bir yere saklayıp kaldırdığınızı söylersiniz. Onlar bulduğunda da şaşırmış numarası yaparsınız ya da oyuncağı saklamalarına izin verir, büyük bir çaba göstermenize rağmen bulamıyormuş gibi davranırsınız.

Bu tür eğlenceli aktiviteler kardeşleriyle aynı tarafta mücadele ettikleri, işbirliği gerektiren oyunlara dönüştüğünden, öfke ve rekabet duyguları kısa zamanda yok olur. Bu yaklaşım olası bir kavgayı keyifli bir oyuna dönüştürür, atılan kahkahalarsa gerilimi azaltır. Bu tür oyunlardan sonra oyuncak için daha az kavga edeceklerdir.

Bazı durumlarda, kardeş rekabetinin çözüme ulaşmasında saçma oyunlar da etkili olabilir. Birinin gerginlikten kurtulmasına, olayı eğlenceli bir biçimde abartıp kahkaha atmasını sağlayarak yardımcı olabilirsiniz. Kendi çocuklarımla yaşadığım aşağıdaki olay bu yaklaşıma bir örnek.

11 yaşındaki Nicky ve 6 yaşındaki Sarah kavga ediyorlardı. Sonunda Sarah Nicky'yi tekmeledi; Nicky de gelip onu bana şikâyet etti. Aramızda şöyle bir konuşma geçti:

Ben: Neler oluyor?
Nicky: Sarah bana tekme attı.
Sarah: Oyuncağı bana vermiyordu.
Nicky: O da dün arabada elindeki şekerlerden vermedi bana.
Sarah: O da sıra bende olduğu halde ön koltukta oturmama engel oldu.

Ben (Nicky'ye): Ödeşmek için Sarah'ya ne yapmak istersin şimdi?

Nicky: Onun üstüne oturmak isterim. (Kız kardeşinin üstüne oturuyormuş gibi yaparken kahkahalarla gülüyorlardı.)

Ben (Sarah'ya): Sarah şimdi sıra sende. Sen Nicky'ye ne yapmak istersin? Bunu burada bırakamayız. Onun yaptığına karşılık bir şey yapman gerekiyor.

Sarah: Kafasına bir tane patlatmak istiyorum. (Erkek kardeşinin kafasına vuruyormuş gibi yaparken yine kahkahalarla gülüyorlardı.)

Neşe içinde birbirleriyle nasıl "ödeşeceklerini" planlamaya devam ediyor, içten kahkahalar atarken de çok eğleniyorlardı. Büyük bir mutlulukla oyun oynamayı sürdürdüler.

Aşağıdaki örnekte bir babanın anlattıkları da, çocuklar arasındaki rekabeti çözmek için kullanılan eğlenerek abartma –saçma oyunlar– yöntemini gösteriyor bizlere.

Altı kişi masada oturuyorduk; 4 yaşındaki ikizlerin her ikisi de aynı sandalyeye oturmak istiyor, birbirlerine "Git buradan" diye bağırıyorlardı. Ağlamak üzereydiler ama inatla vazgeçmiyorlardı. "Haydi hepimiz sağ tarafımızda oturana 'Git buradan' diyelim" dedim. Altımız da aynı şeyi yaptık ve çocuklar gülmeye başladılar. Sonra solumuzdakine "Git buradan" dedik. Bu kez masanın altındaki ya da tepemizdeki hayali insanlara "Git buradan" demeye başladık. Kahkahalar atıp bir yığın saçmalık yaptıktan sonra, ikizlerden biri başka bir sandalyeye geçti ve sorun da böylece çözülmüş oldu. Ben, ne başka bir sandalyeye oturmasını önermiştim ne de sandalye lafını ağzıma almıştım; bunu kendi isteğiyle yapmıştı.

Bu örnekteki kahkahalar, çocukların aynı iskemle için mücadele etme ihtiyaçlarını azaltarak hayal kırıklığı ve öfkeden kurtulmalarını sağlamıştı.

İşbirliğiyle gerçekleştirilen aktiviteler kardeş rekabetini de azaltabilir. Hep beraber oyun bloklarıyla bir kule yapın, ortak bir hikâye anlatın, şarkı söyleyin, kurabiye yapın ya da sanatsal bir aktivite üzerinde çalışın.

Çoğu çocuk kendisinin hemşire ya da doktor olup anne babasının da hasta olduğu, birlikte oynanan oyunlara bayılır. Bu oyunların doğası gereği çocuğunuz sizinle ilgilenir ve işbirliği yapar.

Bildiğimiz spor aktivitelerini ya da oyunları kimsenin kazanıp kaybetmediği oyunlara dönüştürebilirsiniz. Çocuğunuzla tenis ya da satranç gibi rekabete dayalı bir oyun oynuyorsanız, kazanmanın önemini azaltarak, eğlenirken kişisel yeteneklerinizi de geliştirdiğinizi vurgulamaya çalışın. Hatta kendinizi dezavantajlı duruma düşürüp -normalde sağ elle oynuyorsanız– sol elinizle tenis oynayabilirsiniz ya da veziriniz olmadan satranç oynayabilirsiniz. Çocuklarınızın yapabilecekleri şeyler konusunda kendilerine güvenmelerini sağlarsanız, kardeşleriyle ya da başka çocuklarla delicesine rekabete girme ihtiyacı duymazlar.

İşte kendi torunumla ilgili bir gözlemim.

> 7 yaşındaki torunum, küçük kız kardeşine satranç öğretiyordu, ben de onları izliyordum. 3 yaşında kız kardeşinin bu oyunu öğrenebilmek için yaşı biraz küçüktü, ama o, bir yandan kız kardeşine nasıl hamle yapacağını gösterirken bir yandan da sabırla kuralları tekrarlıyordu. Kız kardeşinin kazanmasına göz yumuyordu, hatta kız kardeşinin şahı almasına bile izin vermişti. Torunumun bu yaptığını çok olumlu bulduğumu babasına -oğluma– söylediğimde, "Benim ona satranç öğretme biçimimi kopyalıyor. Ben veziri hareket ettirmem ve çoğunlukla da oyunu onun kazanmasına izin veririm" dedi. Torunumun babasıyla böyle bir öğrenme deneyimi olduğu için, kız kardeşiyle yarışma ya da onu yenerek muhteşem olduğunu gösterme ihtiyacı duymuyordu.

Kardeş rekabetiyle başa çıkmak için bu tür uygulamaları gerçekleştirmekte zorlanıyorsanız, nedeni büyük olasılıkla önünüzde örnek alacağınız bir ebeveynin olmamasıdır. Muhtemelen çocuklarınız birbirleriyle kavga ettiklerinde, anne babanız da aynısını size yaptığı için ilk tepkiniz, bağırmak ya da ceza vermek oluyordur. Ancak arada bir bunu eğlenceli hale getirmeyi başarırsanız, altta yatan asıl sorunu sert sözler söyleyip ceza vermekten çok daha etkili bir biçimde irdelemiş olursunuz. Bu çalışmalar sırasında yükselen kahkahalar, kardeş rekabetinin altında yatan engellenmişlik, öfke, güvensizlik, endişe ve güçsüzlük de dahil olmak üzere acı veren duyguların temizlenmesine yardımcı olacaktır. Ayrıca bu oyunlar, ailenize neşe katarken çocuklarınızla bağınızı da güçlendirecektir.

Kardeş rekabeti için uygulanabilecek eğlenceli aktiviteler

- Çocukların her biriyle ayrı ayrı oynanan yönlendirilmemiş, çocuk merkezli oyunlar
- Oyuncak bebek ya da herhangi bir hayvan ailesiyle oynanan sembolik oyunlar
- Her bir çocuğun tek tek ve kardeşiyle "birlikte" size karşı mücadele ettiği gücün çocukta olduğu oyunlar
- Aralarındaki rekabetin anlamsızca abartıldığı saçma oyunlar
- İşbirliğine dayanan oyun ve aktiviteler

8. bölüm

Yalan söylemek, hile ya da hırsızlık yapmak

Anne babalar çocukları yalan söylediğinde, hile ya da hırsızlık yaptığında doğal olarak üzülür ve ne yapacaklarını bilemezler. Bu tür davranışların olası pek çok nedeni vardır.

Çocukların söyledikleri bazı yalanların altında gerçekleşmesini istedikleri şeyler yatar. Çocuğunuzun ata binmediğini bildiğiniz halde arkadaşının evinde ata bindiğini söylüyorsa, söylediğini kabullenerek bunun hoşuna gidip gitmediğini sorun. Yalan söylediği için onu suçlamanız gerekmez. Ayrıca, "Bir atın olsun ister miydin?" diye sorarak altında yatan arzuyu da öğrenebilirsiniz.

Çocuğunuz hayali bir hikâye oluşturmuşsa, "Harika bir hikâye bu. Bir yere yazalım mı?" diyebilirsiniz. Yaratıcılığın oluşmasındaki en önemli etkenlerden biri de, insanın gerçekleşmesini arzu ettiği şeyleri düşlemesidir; çocuğunuzun hayal gücünün gelişimini engellemek istemeyeceğinizden eminim.

Ceza; endişe, güvensizlik ve intikam alma hissi yarattığından ceza içeren disiplin uygulamak yalana, hileye ve hırsızlığa neden olabilir. Anne babasından ceza gören çocuk, doğal olarak "yakalanmamak" için yalan söyleme eğilimindedir. Çocuk için "Halının üzerindeki kırıntıları ben dökmedim" demek, hoşuna gitmeyecek bir cezaya katlanmaktan çok daha kolaydır. Üstelik sık sık cezalandırılan çocuk, oyun oynarken ya da istediği bir şeyi alırken hile yaptığında kendini iyi hissedip özsaygısını güçlendirebilir. Daha sonra, ceza verilmesinden korktuğu için yaptığını inkâr eder.

Eğer çocuğunuz bu tür antisosyal davranışlardan birini sergiliyorsa, disipline girmesi adına ilk yapılacak olan, otoriter tutum içermeyen bir yaklaşım benimsemektir. Bu tür davranışlar, çocukların ileride mutlaka suç işleyen bireyler olacağını göstermez. Ama çocuğunuza ceza içeren disiplin uygulamaya devam ederseniz, yaşı ilerledikçe antisosyal davranışları da artar.

Ceza içermeyen disiplinle büyüyen çocuklar bile yanlış yaptıklarını düşünmüyorlarsa, yapılan yanlış yüzünden suçlanmayı zaman zaman reddederler. Örneğin, kızınızın kendi ilacından başka bir arkadaşına verdiğini keşfettiğinizde, en iyisi bunu doğrudan ona sormamaktır. ("İlacından arkadaşına da mı verdin?") Yanlış yaptığını ima eden suçlayıcı ses tonunuzu algılayıp bu soruyu "Hayır" diye yanıtlayabilir. Bu durumda uygulanacak doğru yaklaşım az önce öğrendiğinizi söylemektir; arkadaşının kendini iyi hissetmesine yardımcı olmaya mı çalıştığını sorun. Sonra da, başkalarıyla ilaç paylaşmanın riskleri hakkında onu bilgilendirin. Bunu yaparken arkadaşına yardım etme isteğini onayladığınızı da belirtin.

Yalan söylemek, hile ya da hırsızlık yapmak, problemli kardeş ya da arkadaş ilişkisi gibi daha karışık sorunların da belirtisi olabilir. Örneğin, arkadaşları ya da kardeşleri tarafından dalga geçilen, eleştirilen ya da rahatsız edilen bir çocuk, özgüvenini tekrar kazanmak için hile ya da hırsızlık yapabilir. Oyunlarda sürekli kardeşleri ya da arkadaşları kazanıyorsa veya başka şeylerde de her zaman diğerleri üstün geliyorsa ya da bir çeşit engeli varsa, çocuğun özsaygısı düşük olabilir; diğer çocuklarla rekabet edebilmek için de hile yapmaya başlayabilir. Öte yandan, hasta ya da engelli kardeşi olan bir çocuk, kardeşine özel bakım ve ilgi gösterildiği için güvende olduğunu ve sevildiğini hissetmeyebilir. Güvensizlik hissi; bir kardeşin doğumu, anne babanın boşanması ya da hastalığı sonrası veya aile içi stres durumlarında ortaya çıkabilir. Dolayısıyla, eğer çocuğunuz ceza içermeyen disiplin uygulamanıza rağmen hile ya da hırsızlık yapmaya başladıysa, sıkıntılı bir arkadaş veya kardeş ilişkisi ya da stres yaşıyor olabilir.

Bu gibi durumlarda, hile ya da hırsızlık yapmak, ihtiyaçlarının karşılanmasını ve kendilerini iyi hissetmenin sembolik ancak uygunsuz bir yoludur. Bir çocuk oyunu kazandığında, anlık bir güven ve gurur patlaması yaşar.

Başkasına ait olan bir eşyayı almak, duygusal yoksunluk çeken çocuğa değerli bir şey elde ettiğini hissettirir. Bu tür uygunsuz davranışlar, çocukların hayatlarında eksik olan faktörleri sembolik olarak telafi etmelerini ya da içinde bulundukları kronik stresle başa çıkmalarını sağlar.

Çocuğunuzla oyun oynarken hile yaptığında ya da taş çaldığında net bir tavır takınmanız gerektiğini düşünebilirsiniz. Ancak onu sert sözcükler kullanarak düzeltmek ya da cezalandırmak, bu davranışının altında yatan nedene ulaşmayacağından işe yaramayacaktır. Aslına bakarsanız, bu tür ifadeler çocuğun kendini daha da kötü hissetmesine ve ileride de daha fazla antisosyal davranış sergilemesine neden olabilir.

Hile konusunu eğlenceli bir biçimde ele almak, uzun vadede, çocuğunuzu düzeltmekten çok daha etkili olacaktır. Dama oynadığınızda sizin bakmadığınızı sanarak kendi tarafına taş koyuyorsa; oyunu sonlandırmak da isteyebilirsiniz, olması gerektiği gibi dürüstçe oynamaya devam da edebilirsiniz. Aslında en iyisi, çocuğunuzun sizinle başka bir oyun oynama isteğini fark etmektir. Belli ki çocuğunuz o an normal bir dama oyunu oynamak istemiyor. Duygularından arınmak, güven kazanmak, geçmiş başarısızlıklarıyla mücadele etmek ve kendini daha iyi hissetmek için terapi niteliğinde bir oyun oynamak istiyor.

"Kuralları değiştirdiğini görüyorum. Benim de mi taş çalmamam gerekiyor şimdi?" diyerek, onun hile yaptığının farkında olduğunuzu ve bunu kabul ettiğinizi belirtebilirsiniz. "Hayır" derse, onun kurallarını kabul edersiniz, ama o kazanmaya başladığında da bu duruma canınız sıkılmış gibi yaparak, oyunu gücün çocukta olduğu oyuna dönüştürebilirsiniz. ("Aa hayır, kaybediyorum!") Burada amaç, çocuğun hile yaptığını ortaya çıkarmak ve çocuğu gülmeye teşvik etmektir. Siz de kızgın bir oyuncu ve yenilgiyi kabullenemeyen bir mağlup rolünü oynar ve böylece çocuğunuzun oyunu kaybettiğinde hissettiklerine ayna tutmuş olursunuz. Aşağıdaki örnek, hile yapmanın nasıl eğlenceli bir biçimde ele alındığını gösteriyor.

4 yaşında bir çocukla bir masa oyunu oynuyordum. Oyunda kaç hamle yapıp ileri gidebileceğimizi belirlemek için çevrilen bir ok vardı. Oyun tahtasının sonuna ilk ulaşan kazanıyordu. Küçük kız bu oyunu daha önce hiç oynamamıştı, dolayısıyla kuralları anlattım ona. İlk oy-

nadığımızda, benim taşlarım onunkilerden önce oyun tahtasının sonuna ulaştı. Kazanma ve kaybetme konusunda hiçbir yorum yapmadığım halde bu durumdan hiç hoşlanmamıştı. İkinci kez oynarken, sırası geldiğinde oku döndürdü ve her seferinde istediği sayıda durdurdu. Şaşırmış gibi yapıp "Nasıl oluyor da hep beni geçiyorsun?" diyerek çığlıklar atıyordum. Kıkırdayarak gülüyordu. Onun taşı benimkinden önce oyun tahtasının sonuna ulaştığında, büyük bir keyifle son noktayı koydu. Ben de "Hiçbir zaman senin hızına yetişemeyeceğim, hüüüü" diyerek ağlıyor numarası yaptım. İçten kahkahalar atıyordu.

Duyguları abartarak canlandırmalar yapmak, çocuğunuzun kahkahalar yoluyla gerginliğinden arınmasını sağlar. Çocuğa, yıkıcı rekabet, aşağılık duygusu ve güvensizlik gibi zorlu duygularla baş edebilmesi için yardıma hazır olduğunuzu bildirir. O an oynamaya ihtiyaç duyduğu *esas* oyunda ona katılarak, acı veren duygularla başa çıkmasına yardımcı olur, böylece özgüveninin güçlenmesini ve ileride daha az hile yapmasını sağlarsınız. Üstelik aranızdaki bağı güçlendirirken, her ikinizin de keyif alacağı bir aktivite gerçekleştirmiş olursunuz. Sonunda oynadığınız oyunun asıl oyunun kurallarıyla alakası kalmayabilir!

Oyunun kurallarını değiştirdiklerinde, kendilerini güvensiz hissettiklerini ya da özsaygılarının azaldığını varsaymadan önce, yaşlarını da göz önüne almak gerekir. Küçük çocukların kural kavramı büyük çocuklarınkiyle aynı değildir. Yukarıda örneğini verdiğim 4 yaşındaki kız çocuğu, oyunun kurallarını hemen öğrenmişti, ancak istediği doğrultuda değiştirmekte herhangi bir sakınca görmedi. Onun için bu da oyunun bir parçasıydı. Çocuklar, oyunun kurallarına uyulması gerektiğini 6-7 yaşından sonra öğrenirler. 10 yaşındaki bir çocuğun aynı şekilde davranması, özellikle gizli kapaklı hile yapmaya çalışması daha endişe vericidir. Ancak konunun, gücün çocukta olduğu oyunlarla eğlenceli bir biçimde ele alınması her yaştaki çocukta işe yarayacaktır.

Hırsızlıkla başa çıkmakta daha fazla zorlanabilirsiniz. Eğer çocuğunuz sizden bir şeyler çalıyorsa, bu davranışı özgüven eksikliği ya da bastırılan öfke gibi karşılanmayan ihtiyaçlara dair bir yardım isteği olarak değerlendirebilirsiniz. Bu davranışın altında yatan nedeni irdelemeye çalışın.

Çocuğunuz cüzdanınızdan gizlice para alıyorsa ya da izniniz olmadan doğum günü çikolatalarınızdan birini yiyorsa ilk yapacağınız, onun duygularını anladığınızı belirtmek ("O çikolatayı yemeği çok istemiştin"), ancak paranın ve çikolatanın daha derin anlam ifade ettiğini algılamasını da sağlamaktır.

Çocuğunuz başkasına ait bir şey alırsa, çaldığını geri vermesi için ısrarcı olun. Bunu, sevecen bir tavırla, çaldığı kişinin duygularını da açıklayarak yapmaya gayret edin. Yaşa bağlı olarak, davranışının altında yatan nedeni, tatlılıkla, hafif hafif irdeleyebilirsiniz. ("Dennis'in seninle daha fazla oynamasını mı isterdin?", "Arkadaşından aldığın oyuncağın aynısının sende de olmasını mı isterdin?", "Arkadaşın sana kötü mü davranıyor?", "Onun senden daha mı fazla arkadaşı var?" gibi.) Daha sonra da onun ihtiyaçlarını karşılamanın daha uygun yolları hakkında konuşun ya da canlandırma yapın.

Özellikle çocuğunuz, çaldığını inkâr ediyorsa konuya eğlenceli bir biçimde yaklaşmak etkili olabilir. İtiraf etmeye zorlamayın. Bunun yerine, pelüş bir hayvancığı suçlayın: "Ayıcık, çikolatayı sen mi aldın?" Daha sonra da çok ciddi gibi görünüp ayıcığı azarlayın: "Ayıcık, başkalarına ait olan şeyleri almamalısın!" Büyük olasılıkla bu esnada çocuğunuz kıkırdayarak gülmeye başlayacaktır. Bu eğlenceli oyuna, ayıcığın başka bir şey daha "çalmasıyla" öfkelenmiş gibi yaparak devam edebilirsiniz. Hatta çocuk ayıcığın anne ayıcıktan bir şeyler çaldığı ve tüm bu çalınanlarla odanın ortasında büyük bir yığın oluşturduğunu anlatan bir hikâye de oluşturabilirsiniz. Anne ayı, gözünün önünde durmasına rağmen çılgıncasına çalınan eşyaları arar. Bu esnada çocuğunuzu da oyunun içinde yer almaya teşvik edebilirsiniz.

Hırsızlık ve yalan söyleme konularını oyuncak hayvancıklarla oynadığınız sembolik oyunlara dahil ederek çocuğunuzun bu davranışının altında yatan duyguları anlamasına yardımcı olursunuz. Eğlenerek yapılan abartılı ve saçma hareketler, terapi niteliğinde kahkahalara yol açarak çocuğunuzun endişe ve güvensizlik duygusundan arınmasını sağlar. Ayrıca çocuğunuz oyuna bazı konuları dahil edebilir; bu onu derinden etkileyen nedenlerin ve ihtiyaçların ortaya çıkmasına, böylece sizin de çocuğunuzu daha iyi anlamanıza yardımcı olabilir.

Yalan söyleyen, hile ya da hırsızlık yapan çocuklara kazanan ve kaybedenin olmadığı, işbirliğiyle oynanan oyun ve aktivitelerin faydası olur. En sevdiğiniz masa oyunu ya da spor aktivitesini, işbirliğine dayanan bir oyuna dönüştürerek birlikte yeniden yaratabilirsiniz. Böylece çocuğunuz rahatlar, rekabet baskısı altında kalmadan oyun oynamanın keyfini sürer.

6 ila 12 yaş arasındaki çocuklarla işbirliğine dayalı pek çok grup oyunu oynadım.

Bu oyunlar sırasında özsaygısı düşük ve davranış sorunu olan çocukların, rekabet içermeyen oyunlarda dahi kendilerini diğer çocuklarla kıyasladıklarını fark ettim. "Benim takımım daha iyiydi" ya da "Ben kazandım" gibi ifadeler kullanıyorlardı. Bunun bir yarış olmadığını ve kazanan ve kaybedenin bulunmadığını söylediğimde, çoğu zaman rahatlıyor, oyundan zevk almaya başlıyorlardı.

Unutmayın, yalan söyleyen, hile ya da hırsızlık yapan çocuklar, genellikle içlerinde acı veren duygular barındırır. Sözlü uyarılar ya da cezanın bir faydası olmaz, sadece durumu daha da zorlaştırır. Bu tür davranışların altında yatan duyguları gidermeleri için fırsat yaratmak daha yararlıdır. Eğlenceli aktiviteler aracılığıyla, özgüvenini güçlendirip sizinle bağını güçlendirirken, güvensizlik duygusundan arınmasına da yardımcı olursunuz.

Çocuğunuz yalan söylediğinde, hile ya da hırsızlık yaptığında uygulanabilecek eğlenceli aktiviteler

- Çocuğunuz hile yaptığında ya da kuralları değiştirdiğinde oynayabileceğiniz gücün çocukta olduğu oyunlar
- Oyuncak hayvancıklar kullanılarak yalan söyleme ve çalmanın konu edildiği, abartılı ve saçma hareketlerle canlandırmalar yaptığınız sembolik/saçma oyunlar
- İşbirliğine dayanan oyun ve aktiviteler

Ev ödevi

Ev ödevi, anne babalar ve çocuklar için önemli bir stres kaynağıdır. Araştırmalar ev ödevinin çok da gerekli olmadığını, ayrıca fazla verilen ödevin aslında çocuk için önemli olan oyun zamanından çaldığını ve bu yüzden ters tepebileceğini gösteriyor. Buna rağmen ne yazık ki pek çok okul, ev ödevi vermeye devam ediyor.

Pek çok çocuk ev ödevini sıkıcı ve anlamsız bulur; anne babalarsa ev ödevleri için kural koymaları ve uygulamaları gerektiğini düşünürler. Bu durum çocukların giderek daha çok karşı koyduğu, anne babaların ise giderek daha otoriterleştiği bir kısır döngüye dönüşebilir. Bu güç mücadelesi sonunda karşılıklı gerilime ve öfkeye yol açabilir.

Sizin göreviniz çocuğunuzun ödev yapmasını sağlamak değil, ona yardımcı olup desteklemektir. Kendinizi bir diktatör değil, onun hayatını kolaylaştıran biri olarak görebilirseniz, her şey daha kolay olur. Anne babaların bu konuda çocuklarıyla çatışma yaşamalarına neden olan üç yanlış şudur: Çocukların okuldan gelir gelmez hemen ev ödevlerini yapmalarını beklemek, ev ödevlerini kendi başlarına yapmalarını ummak ve ev ödevi meselesini fazlasıyla ciddiye almak.

Bütün gün okulda olan çocuğunuzun, okul sonrası rahatlamaya ve günün stresinden kurtulmaya ihtiyacı vardır. Çocuğunuzun rahatlamasına fırsat verirseniz, ev ödevlerine de daha iyi odaklanır.

Çoğu çocuk ödevini yalnız yapmaktan hoşlanmaz. Ona ev ödevini yaparken yardım etmeyi önerebilirsiniz. Ancak çocuklar, istekleri dışında bir şeyler öğretilmesine karşı koyarlar; dolayısıyla izinleri haricinde bilgi vermekten ya da hatalarını düzeltmekten kaçının. Talep edilmeden bilgi vermektense soru sormasını beklerseniz, açıklamalarınızdan daha fazla yararlanacaktır.

Ödev, her zaman çok ciddi olmak zorunda değildir. Çocuğunuzun en iyi oynayarak öğrendiğini unutmayın. Eğer ev ödevini, oynamak ve bağ kurmak adına her ikinizin de keyif alacağı muhteşem bir fırsat olarak görürseniz, çocuğunuz daha çabuk ve daha iyi öğrenir.

Bazı anne babalar, eğlenerek ev ödevi yapmanın çocuklarını "şımartacağından" korkarlar. Hayatta başarılı olup çalışma etiği edinmelerine yardımcı olacağından, çocuklarının istemedikleri bir şeyi yapmalarının –sıkıcı ev ödevleri gibi–, onlar için iyi olacağını düşünürler. Bu varsayım doğru değildir. Tatsız ve zor işler karakter geliştirmez; anlamlı öğrenme ya da olumlu alışkanlıklara yol açmaz. Bunun yerine, kırgınlık, öfke, engellenmişlik ya da can sıkıntısı gibi öğrenme sürecini engelleyecek duygulara yol açabilir. Üstelik çocuklarınızı ev ödevi yapmaya zorlamanız ilişkinize de zarar verebilir.

Çocuklar kendi becerilerini geliştirmeye istekli doğarlar ve daha iyi olmak için de çaba harcarlar. Eğer öğrenme süreci can sıkıcı ve istemedikleri bir biçimde olsaydı, yürümeyi ya da konuşmayı asla öğrenemezlerdi. Bu işleri becermek zor olduğu halde, çocuklar bariz bir zevkle üstesinden gelirler. Ara sıra, başarmak için çabalarken zorlansalar da, kimse yapmalarını söylemediği halde büyük bir kararlılıkla çabalamaya devam ederler. Bunun nedeni, küçük çocuklar için konuşmayı ve yürümeyi öğrenme sürecinin doğal olarak zevkli oluşudur. Bu becerileri edinmeye çok isteklidirler; motive olmaları için kontrol, ceza ya da ödül gibi dışsal faktörlere ihtiyaçları yoktur.

İnsan kaç yaşında olursa olsun, en iyi kendi ilgi alanına giren konuları öğrenir. Çocuğunuz dinozorlara, kalelere, kayalara ya da gizli şifrelere ilgi duyuyorsa, büyük olasılıkla bu konulardaki kitaplardan hoşlanacaktır. Ayrıca bu konularla ilgili koleksiyon oluşturmak, bir şeyler yaratmak ve inşa etmek gibi aktivitelere katılmaya da can atacaktır. Bu tarz eğlenceli aktivite sayesinde, keyifle ve çok da fazla çaba harcamadan Ortaçağ, jeoloji ya da kriptografi hakkında bilgi edinebilir.

Çocuğunuzun ev ödevine karşı direnme nedenlerinden biri, seçilen konuları belirlenen zaman dilimi içinde ve belirtildiği biçimde öğrenmenin, kendi seçimi olmamasıdır. Onun ödev yapmasına, zorlayarak değil; motive edecek eğlenceli yöntemler bularak ve kendi ilgi alanını oluşturmasını sağlayarak yardımcı olabilirsiniz. Aşağıda ev ödevlerini eğlenceli hale getirmekle ilgili bazı örnekler bulacaksınız.

Eğer çocuğunuz okuma ödevini yapmakta zorlanıyorsa, farklı karakterleri komik sesler çıkartarak okuyabilirsiniz ya da onu, hikâyenin sonuyla ilgili varsayımlarda bulunmaya teşvik edebilirsiniz. Kitabı okuduktan sonra, birlikte hikâyeye uygun kostümler giyerek sahneleyebilir ya da alternatif sonlar yaratabilirsiniz.

Matematik ödevi için, somut materyaller ya da gerçek hayattan örneklerle çalışmak her zaman daha etkilidir. Bunlar işi daha eğlenceli kılar, ayrıca altta yatan kavramı anlamasına da yardımcı olur. Eğer çocuğunuz yazılı matematik sorusunu cevaplamakta sıkıntı çekiyorsa, bunu plastik dinozorlar, küçük oyuncak arabalar ya da minik kurabiyeler gibi ilgi duyduğu oyuncaklarla ya da nesnelerle anlayabileceği hale getirebilirsiniz. Mümkünse, çalışabileceği gerçek objeler bulup soruyu bir hikâyeye ya da oyuna dönüştürün.

Bir baba aşağıda kendi yaşadıklarını anlatıyor.

12 yaşındaki kızımın, oranlarla ilgili matematik ödevine yardım ediyordum. Verilen örnek, piyanonun üzerindeki siyah tuşların beyaz tuşlara oranıyla ilgiliydi. Kızım, konuyu algılamakta sorun yaşıyor; ayrıca piyanolar da hiç ilgisini çekmiyordu. Ancak ben, bu örneği ona ve küçük erkek kardeşine alınan kurabiyeler hakkında hayal ürünü bir hikâyeye dönüştürünce derhal anladı. Hikâyemde, her çocuk, yaşı kadar kurabiye alıyordu (12 ve 8). Dolayısıyla kızıma 12, kardeşine ise 8 kurabiye düşüyordu. Sonra ona, “Eğer 40 kurabiye olsaydı kişi başına kaç kurabiye düşerdi?” diye sordum. Kendisinin 24, kardeşinin ise 16 kurabiye alabileceğini şipşak hesapladı! Fazla söze gerek yok ama kurabiyelerin yaşa göre dağıtılması fikrine bayılmıştı.

Matematik konusunda bu örnekteki baba kadar donanımlı olmasanız bile, çocuğunuzun matematik ödevini zevkli ve eğlenceli hale getirip onun için önem taşıyan nesnelerle ilişkilendirmenin farklı yollarını bulabilirsiniz. Hatta siz bile matematiği daha iyi anlamaya başlayabilirsiniz.

Aşağıdaki örnekte bir anne, kızının dilbilgisi ödevini yapmasına yardım ederken saçma oyunları nasıl kullandığını anlatıyor.

Vanessa'nın (9 yaşında), belli bir cümle dizisinde yer alan sıfat tamlamalarını işaretlemesi gerekiyordu. Çalışma kâğıdındaki ilk cümle şuydu: "Kırmızı kapaklı kitabı, yığının ortasına koydum." Bu cümlede sıfat tamlaması, "kırmızı kapaklı kitap" idi. Bunu ona açıklamaya çalıştığımda, inanılmaz sıkıldı; masadan kalktı ve suratını asarak kanepeye oturdu. Sayfadaki açıklamalar, sıfatlar olmasa da cümlenin anlaşılacağını belirtiyordu. Bu bilgiler bana eğlenceli bir oyun fikri verdi. Yanına oturdum ve aynı cümleyi, bazı kısımlarını çıkartarak farklı biçimlerde okudum. Onu güldürmek için mahsustan birtakım saçma sapan ifadeler kullandım; "Yığının ortasını koydum" gibi. Bu tür saçma ve anlamsız ifadelerden sonra, sıfat hariç cümledeki kelimelerin tümünü okudum. ("Kitabı yığının ortasına koydum.") "Kırmızı kapaklı" ifadesinin sıfat olduğunu hemen anladı; çünkü cümle hâlâ bir anlam ifade ediyordu. Hemen kanepeden aşağı atlayıp gülerek masaya geri döndü ve ödevini, yardıma gerek duymadan hemen tamamladı.

Çocuğunuzun olguları ya da kavramları ezberlemesi gerektiğinde, onu en güçlü öğrenme biçimini kullanmaya teşvik edebilirsiniz. Görsel algısı yüksekse, resim çizmek öğrenmesine yardımcı olur ya da kafasında yarattığı imajı hatırlamasını sağlar. Organizasyon yeteneği varsa listeler, küçük hatırlatma kartları ya da özet çizelgeler yapmasını önerin. Onun için en iyi öğrenme biçimi sosyal etkileşimse, birbirinize sorular sorduğunuz bir oyun yaratın. Dokunsal ya da temas yoluyla öğrenebilen biri, en kolay uygulamalı aktiviteler ve hareketler yardımıyla öğrenebilir. Çocuğunuzun yapı malzemeleri kullanmasını ya da kavramları vücuduyla canlandırmasını sağlayın. Müziğe yeteneği varsa gerçeklerle ve kavramlarla ilgili bir şarkı bestelemesine yardımcı olun.

Aşağıda, farklı öğrenme biçimlerine göre oluşturulmuş iki eğlenceli aktivite örneği bulunuyor.

Julie, 9 yaşındaki kızına ve onun arkadaşına, karekökü tamsayı olan sayıların çarpımlarını ezberlemelerine yardım ediyormuş (4, 9,

16, 25, 36, 49 gibi). Bunu eğlenceli hale getirmek için, kızların her bir sayıyı vücutlarını kullanarak oluşturmalarını istemiş. 16 sayısını oluşturmak için kızlardan biri 1 rakamını yapmak için halının üzerinde dümdüz yatarken diğeri de 6 rakamını yapmak için yüzü ters tarafa dönük, kolları kendi vücuduna dolanmış halde, onun yanına uzanmış. Jimnastik yapmaya bayılan iki kız da çok eğlenmiş ve karekökü tamsayı olan sayıları hemen ezberlemişler.

Yaratıcı ve müziğe yetenekli bir çocuk olan 11 yaşındaki Sally, ABD'deki eyaletlerin başkentlerinin isimlerini ezberlemekte zorlanıyormuş; ta ki içinde bu başkentlerin yer aldığı bir şarkı besteleyene kadar...

Gücün çocukta olduğu oyunlar, zor ödevlerle başa çıkmaya çalışırken morali bozulan çocuklara faydalı olabilir. Pelüş hayvancığı –mesela minik bir ayıcık–, hiçbir şeyden haberi olmayan, doğru düzgün ödev yapamayan, ödev kâğıdını veya kitabını ters tutan, saçma sapan hatalar yapan, sürekli doğru cevabı unutan bir çocuk rolüne sokabilirsiniz. Hayvancık ödevini yapmaya çalışırken şikâyet edip ıstırap çekiyormuş gibi yapın. Küçük hayvancığa oynattığınız bu rolü kendiniz de oynayabilirsiniz. Amaç, çocuğunuzun gülmesini ve gerginlikten kurtulmasını sağlamaktır. Çocuğunuz bu tür eğlenceli aktivitelerden sonra ödevlerini daha kolay yapıp sizi şaşırtabilir de.

Gücün çocukta olduğu aktif oyunlar, iyi odaklanamayan ve stresten arınma ihtiyacı duyan çocuklara da yardımcı olabilir. İşte bir annenin anlattığı örnek.

Oğlum Tommy 8 yaşındayken ev ödevlerini yaparken asık suratlı ve huysuz olurdu. Böyle zamanlarda, şimdi anlatacağım oyunu oynamayı teklif ederdim ona. Yatağıma oturup bir yastığı koltuğunun altında sıkıca kavrardı; ben de bir dakika içinde yastığı onun elinden almaya çalışırdım. Ne kadar güç sarf ettiğini görmek beni hayrete düşürürdü. Yastığı kolunun altında tutmak için büyük bir enerji harcar ve tam ben almak üzereyken her seferinde kahkahalarla gülerdi. Ancak son dakikada geri almayı başarır, daha da sıkı tutmaya başlardı. Benim zayıf görünmem ve yastığı ondan "çalamamam", her zaman çok hoşuna gidiyordu. Bu oyun, onun duygularını gülerek dışa vurmasını ve fazla enerjisini harcamasını sağlıyordu. Oyundan sonra rahatlıyor, ödevlerine de daha iyi odaklanabiliyor ve verimli çalışabiliyordu. Tommy şimdi 11 yaşında ve arada sırada da olsa aynı oyunu oynuyoruz. Ancak şimdi sahte zayıflık gösterisine gerek kalmadı; rahatlıkla beni yeniyor ve buna bayılıyor!

Çocuğunuz bazen ev ödevinden usanıp gözyaşlarına boğulabilir. Bu sırada onu eğlenceli bir aktiviteye yönlendirmeniz doğru olmaz. Bu durumda verilecek en iyi tepki, ona empatiyle yaklaşıp krizin geçmesini beklemektir. Ağlaması bittikten sonra, daha fazla destek ve yardıma ihtiyacı olmaması sizi şaşırtabilir. Hâlâ ödevini yapmakta zorlanıyorsa, eğlenceli bir aktiviteye ya da farklı bir yardıma hazır demektir.

Aynısını çocukların müzik eğitimi için de öneriyorum. Sizin işiniz onlara pratik yaptırmak değildir. Çocuğunuz bir müzik aletini çalmaya heves ettiğinde, gitgide ustalaşmak hoşuna gideceğinden bu enstrümanı çalmak isteyecektir. Ancak bilin ki, çocuğunuzun kendi çalışma programı ile müzik öğretmenin önerisi aynı olmayabilir. Pek çok çocuk için en iyi öğrenme, günler hatta haftalar boyu hiçbir şey yapmayıp ardından gelen yoğun çalışma temposu olabilir.

Çocuğunuzun müzik eğitimini, onun enstrüman çalmasını dinleyerek; eğer siz de bir müzik aleti çalıyorsanız ona katılarak destekleyebilirsiniz. "Pratik yap" demek yerine "Çal" demeye çalışın. Çocuğunuz, hoşunuza gittiği için sizin bir müzik aleti çaldığınızı gördüğünde, doğal olarak sizi taklit edecektir. Aynı oyun oynamak gibi, enstrüman çalmak da keyif için olmalıdır. Çocuğunuzu, enstrümanıyla istediği sesleri çıkarıp kendi bestesini yapması için özgürce çalmaya teşvik edin. Hatta bunları kaydedebilir ya da biliyorsanız, notaya dökebilirsiniz. Unutmayın, yaratıcılık oyunlarla ortaya çıkar.

Çocuklar, 7-8 yaşına kadar herhangi bir konuda sistematik gelişim göstermezler. Dolayısıyla, küçük bir çocuktan düzenli uygulanacak bir programa uymasını, hatta böyle bir kavramı algılamasını bekleyemezsiniz. Bu nedenle kendiliğinden gelişen eğlenceli oyunlar, erken çocukluk döneminde çok önemlidir. Çocuğunuz, 7 yaşından sonra kendi programını uygularken birdenbire daha sistemli olabilecek; hatta enstrüman çalmak için ayırdığı süreyi ya da daha iyi çaldığı parçaların sayısını tutmak hoşuna bile gidecektir.

Ona katıldığınız ve olayı eğlenceli hale getirdiğiniz halde hâlâ enstrüman çalmak istemiyorsa, zorlamanın anlamı yoktur. Zaten fazla bir ilerleme kaydetmeyecek; sonuç olarak ikinizin de morali bozulacaktır. Belki de başka bir müzik aleti çalmayı ya da başka bir aktiviteyle ilgilenmeyi tercih ediyordur. Ders almayı bırakıp bir süre sonra devam etmek de isteyebilir. Unutmayın, öğrenmek için kocaman bir hayat var önlerinde. Ünlü eğitimci John Holt, viyolonsel çalmayı öğrenmeye kırklı yaşlarında başlamış ve yaylı çalgılarda ustalaşmıştır. *Never Too Late: My Musical Life Story* adlı kitapta ise kendi tecrübelerini anlatmaktadır.

Not: 3. Kısım'da, çocuğunuzun okulda yaşadığı stres ve zorlu olaylarla –sınav ya da herhangi bir konuda başarı sergilemek gibi– baş etmesine yardımcı olacak ipuçlarını bulabilirsiniz.

Ev ödevi yaparken uygulanabilecek eğlenceli aktiviteler

- Çocuğunuz okuldan eve geldiğinde özgürce oynayabileceği oyunlar
- Ev ödevlerinin keyifli ve eğlenceli hale getirilip hayatındaki gerçeklerle ilişkilendirildiği aktiviteler
- Saçma oyunlar (ev ödevlerini komikleştirmek gibi)
- Zor ödevlerde yaşanan hayal kırıklığı ya da konsantrasyon eksikliği için oynanabilecek gücün çocukta olduğu oyunlar

Yatma zamanı

Yatma zamanı da aileler için büyük bir stres kaynağı olabilir. Bu esnada yaşanan sorunların en önemli nedeni, küçük çocukların sık sık korkuya kapılmalarıdır; bu da kendi başlarına uyumaktan korkmalarına neden olur. Çocuklar, uyumaktan çok anne babalarından uzak kalmamak için direnirler. Çocuklarınızın da memeli hayvanlar olduklarını ve karada yaşayan memelilerin yavrularının sıcaklık, korunma ve beslenme amacıyla annelerinin yanında uyuduğunu unutmayın. Belki de çocuklar, yatma zamanında gerçekleşen bu ayrılığa direnmek için genetik olarak programlanmışlardır.

Bazı anne babalar çocuklarının kendileriyle birlikte uyumasının yatma zamanı mücadelesini azalttığını görür. Anne babayla birlikte uyuma, geleneksel kültürlerde çok yaygındır; ayrıca Avrupa ve Kuzey Amerika'nın endüstriyel toplumlarında da yaygınlaşmaya başlamıştır. Birlikte uyuma, aynı yatağı paylaşma ya da aynı odada farklı yataklarda yatma biçiminde olabilir. Kimi ebeveynler de çocuklarıyla ayrı odalarda yatmakla beraber, çocuklarının yakınlık ihtiyacını çocukları uyuyuncaya kadar onların yanında kalarak karşılarlar.

Yatma zamanı korkuları travma sonucu da oluşabilir. Eğer çocuğunuz travmatik bir olaydan sonra kendi başına uyumaktan korkmaya başladıysa, –yanınızda uyumasına izin vermenin yanı sıra– travmayla baş etmesine yardım edecek sembolik oyunlar kullanabilirsiniz. İşte danışanlarımdan birinin yaşadığı bir örnek.

3 yaşındaki Fiona ailesiyle yaz tatilindeyken evlerine hırsız girmiş; o da bu olaydan sonra birdenbire tek başına uyumaktan korkmaya başlamış. Fiona, o zamana kadar odasında yalnız uyuyormuş. As-

lında anne babası da olayın şokunu yaşıyor, kendi korku ve endişelerinin kızlarına geçtiğini düşünüyordu. Anneye her birinin endişesi geçene kadar Fiona'nın onlarla aynı odada yatmasına izin vermesini önerdim. Ayrıca, pofuduk hayvancık ailesiyle hırsızlık konulu bir oyun oynamalarını da tavsiye ettim. Fiona'nın bu hayal ürünü hikâyede liderliği ele almasına izin vermesini ve kızını gülmeye teşvik etmesini söyledim. Zaman içinde Fiona'nın korkuları yavaş yavaş yok oldu.

Yatma zamanı korkularından biri de çocuğunuzun kendi hayal gücüdür. Bu tür korku ve endişeler, 3 ila 8 yaş çocukları arasında oldukça yaygındır. Aşağıdaki örnekteki gibi, benim kendi kızımla oynadığım korkuları hedefleyen sembolik oyunlar oynayabilirsiniz.

> Sarah 4 yaşındayken, yatağının altında timsahlar olduğuna dair bir korku geliştirmişti. Bu korku, ben onun yatağında yanında olsam da uyumasına engel oluyordu. Korkunun üstesinden gelmesine oyuncak bir bebek timsah kullanarak yardım ettim. Bebek timsahı, vahşi hayvanlardan korkan ve korunmaya muhtaç biriymiş gibi canlandırdım. Ne zaman timsah korkusundan bahsetse, bu oyunu oynamayı sürdürdüm. Sarah her seferinde oyun esnasında kahkahalar atıyor, sonra da rahatlayıp uykuya dalıyordu.

Bu eğlenceli aktivite, kızımın özellikle hassas ve kolay incinir olduğu zamanlarda gerginliklerinden arınmasına, korkusuyla başa çıkmasına ve aramızdaki bağı hissetmesine yardım ediyordu.

Yatma zamanı yaşadığınız sıkıntılarda, çocuğunuzun gün içinde yaşadığı stresin de payı olabilir; çocuklar bazı olaylarla ilgili öfke ve üzüntü duyduklarında uykuya dalamazlar. Yatma zamanında yapılacak en faydalı şeylerden biri, sadece çocuğunuzu dinlemektir. O gün yaşadığı bazı sıkıntılardan bahsetmek isteyebilir. Belki okulda bir çocuk ona kötü davranmış olabilir ya da herhangi bir şey onu korkutmuş olabilir. Gün içinde onu öfkelendiren, üzen, korkutan ve mutlu eden şeyleri paylaşmasını istediğiniz bir yatma zamanı ritüeli oluşturabilirsiniz.

Bazen çocukların uyumak için yeteri kadar rahatlamadan önce, ağlamaya ihtiyacı olabilir ve bunun için herhangi bir bahane bulabilirler; en sevdikleri pijamalarının yıkanmak üzere kirli sepetinde olması gibi. Çocuğunuzun baskı altında tuttuğu gerginliklerinden iyileştirici gözyaşları aracılığıyla arınma ihtiyacını sükûnetle kabullendiğinizde, büyük olasılıkla hıçkıra hıçkıra ağlayacak, ancak ağlamasını önlemeye çalışmanızdan çok daha kolay uykuya dalacaktır.

Yatma zamanı oynanan aktif oyunlar bazı çocuklara iyi gelebilir. Bununla birlikte, çocuğunuz bu esnada zaten hareketli ve enerjik değilse, uyku zamanında enerjik oyunlar oynanmasını önermem. Bilin ki, bu tür yoğun aktiviteler çocuğunuzun kalp atışlarını hızlandırır; bu da sakinleşmesini daha da zorlaştırır. Ancak çocuğunuz zaten hiperaktif ve heyecanlı davranışlar sergiliyorsa, kahkahalar eşliğinde oynanacak gücün çocukta olduğu yastık savaşı gibi bir oyun, bu enerjiyi sağlıklı bir biçimde boşaltmasını sağlayarak stresten kurtulmasına yardımcı olabilir. Daha sonra da onu, daha sessiz ve sakince oynanabilecek bir aktiviteye yönlendirebilirsiniz.

Eğer çocuğunuz yatağa gitmek üzere hazırlanmayı reddediyorsa, birkaç dakika oynayacağınız saçma oyunların da faydası olabilir. Örneğin, pijamalarını ters giymesine izin verebilir ya da dişleri yerine ayak parmaklarını fırçalama zamanı geldiğini söyleyebilirsiniz. Çocuğunuzun kahkahalarla gülmesi, stresini azaltır ve işbirliği yapma isteğini artırır.

Farklı oyun formları, yatma zamanı geldiğinde çocuğunuzun kendini güvende ve yatağa gitme konusunda daha rahat hissetmesine yardımcı olabilir. Sırt ya da ayak masajı gibi bedensel olarak uygulanabilecek bir aktivite, çocuğunuzun sizinle olan bağını hissedip rahatlamasını sağlayabilir. Stresli bir gün geçiren çocuğa, daha küçük yaştakilerle oynanan oyunlar da faydalı olabilir. Onu kollarınızda bebek gibi sallayabilir, ce-ee oyunu oynayabilir ya da ayak parmaklarını gıdıklayabilirsiniz.

Ninnilerin sadece bebekler için olduğunu sanmayın. Büyük çocuğunuz da yatma zamanı ninni dinlemekten hoşlanabilir. Her kültürün kendi ninnisi vardır. Sizin ve çocuğunuzun bildiği ve en sevdiği ninnileri söyleyin. Hiç ninni bilmiyorsanız, bildiğiniz herhangi bir şarkıyı söyleyin. İsterse, onun da size katılabileceğini söyleyin.

En bilinen yatma zamanı etkinliği hikâye okumaktır. Seçtiğiniz hikâyelerde korku sahnelerinin olmadığına emin olun. Işığı kapatıp karanlıkta bilinen bir hikâye anlatın ya da çocuğunuzla ortaklaşa yeni bir hikâye yaratın.

Yatma zamanı geldiğinde bitmek bilmeyen bir mücadele yaşıyorsanız, bu konuyu çözmek amacıyla onunla konuşup –bir aile toplantısı esnasında– karşılıklı anlaşmaya varmayı deneyebilirsiniz. Belki uyuyuncaya kadar sizin de onunla kalmanızı istiyor olabilir. Çocuğunuzun bu ihtiyacını karşılamanın ve çocuğunuz bunu yıllarca istese de o uyuyuncaya kadar yanında kalmanızın hiçbir zararı yoktur. Yatakta bir süre kitap okumak isteyebilir, ancak daha sonra sizin gelip ona sarılmanıza ve ışığını kapatmanıza da ihtiyaç duyuyor olabilir. Ya da yatağına gitme zamanını sizin söylemenize içerleyip, bu konuda onun kararına güvenmenizi istiyor olabilir. Çocuklar, yatma zamanları ile sorumluluk almayı 6 ila 12 yaş arasında öğrenebilirler. Nasıl bir çözüm yolu bulursanız bulun, esnek olmayı ve yeni yollar denemeyi unutmayın. Çocuğunuz yatağa gitmekle ilgili birkaç hafta belli bir alışkanlık edinebilir, ancak daha sonra bu rutini değiştirerek farklı bir uygulamaya geçmeyi de tercih edebilir.

Özetlersek, yatma zamanı konusunda başarıya ulaşmanın en önemli unsurları; çocuğunuzun yakınlık ve bağlanma ihtiyacını karşılamak, konuşarak, ağlayarak, oynayarak ve kahkaha atarak stresten arınmasına yardımcı olmak ve yatağa gitmesi konusunda özgür iradesinin gelişmesine fırsat tanımaktır.

Uyku zamanı uygulanabilecek eğlenceli aktiviteler

- Uyku zamanı çocuğun korkularına yönelik sembolik oyunlar Çocuğun aşırı heyecanlı davrandığı durumlarda, oynanabilecek gücün çocukta olduğu hareketli oyunlar (örneğin, yastık savaşı)
- Çocuğunuzun saçma sapan davranışlar sergilemesine izin verdiğiniz saçma oyunlar (örneğin, dişleri yerine ayak parmaklarını fırçalaması)
- Fiziksel temas gerektiren aktiviteler (örneğin, sırt ya da ayak masajı)
- Çocuğun yaşça geriye gittiği oyunlar
- Ninni söylemek
- Hikâye kitapları okumak ve birlikte hikâyeler yaratmak

3. KISIM

Bağlanma oyunlarının çocuğunuzun yaşadığı zorlukları aşmasına yardım etmek için kullanılması

Çocukların zorlayıcı davranışları, genellikle stres ya da iyileşmemiş travmalar nedeniyle ortaya çıkar. Dolayısıyla ceza içermeyen disiplinin en önemli özelliği, stresle başa çıkıp geçmiş travmaların iyileşmesine yardımcı olmasıdır. Bu bölümde, iyileştirilmediği takdirde daha sonra davranış sorunları yaratan belirli stres ve travma kaynakları anlatılıyor. Burada, çocuğunuzun stresten arınıp duygusal dengesini yeniden kazanmasına yardımcı olacak farklı oyun formatlarını kullanmayı öğreneceksiniz.

Çocuklarınızın yaşadığı zorlukların nedeni siz olmayabilirsiniz; lütfen bu bilinçle hareket edin. Hayat zaten stresli ve çocuklar, anne babaları ne kadar sevecen olursa olsun büyürken pek çok zorluk yaşıyorlar. Doğum travmasının ya da erken gelen tıbbi müdahalelerin oluşturduğu duygusal sarsıntıyı unutmayın. Ayrıca, gelişim bozukluğu olan ya da hassas mizaçlı çocuklar diğer çocuklara nazaran daha çabuk hüsrana uğrar ve ambale olurlar; bu da zorlayıcı davranışlara neden olur. Her ne kadar çocuklarınızın yaşadığı zorluklar sizin yüzünüzden olmasa da, hayatın getirdiği zorluklarla baş etmelerine yardım ederek çözümün bir parçası olabilirsiniz.

Doğum travması

Bir çocuğun hayatında yaşadığı ilk önemli travma doğumdur. İnanmak zor olsa da, 2 ila 4 yaş arasındaki küçük çocukların çoğu kendi doğumunu hatırladığı gibi, doğarken yaşadıkları korku ve güçsüzlük duygularını da hatırlayabilirler.

Doğum, doğası gereği travmatik bir olay değildir ama ne yazık ki, çoğu doğum gerek anne gerekse bebek için travmatik ve zor olabilir. Erken doğum, fazlasıyla uzun süren doğum süreci, bebeğin ters gelmesi, oksijen eksikliği ve göbek kordonunun dolanması gibi durumlar bebek için olası travma kaynaklarıdır. Ayrıca, anne karnından zorlukla ayrılmanın yanı sıra forseps ve vakum ekstraktör kullanımı gibi tıbbi uygulamalar da bebeğin travma yaşamasına neden olabilir. Sezaryen de bebek için travmatik olabilir; özellikle de acil olarak yapılması gerektiğinde.

Araştırmalar, travmatik doğan bebeklerin kolay doğan bebeklere göre daha çok ağladığını gösteriyor. Özellikle travmatik doğan bebekler, aylarca ağlama nöbetleri geçirebiliyorlar. Bu tür ağlama nöbetleri, travmanın duygusal etkisini iyileştirme çabası da olabiliyor.

Oyun temelli yaklaşım, doğum travması yaşamış çok ağlayan bebekler için ilk birkaç ay çok uygun olmayabilir. Eğer bebeğiniz nedensiz ağlıyorsa –ve acil ihtiyaçları ve tıbbi durumu kontrol edilmişse–, belki de sadece ağlamaya ihtiyacı vardır.

Oyun oynayarak ağlamasına engel olmaya çalışmak yerine onu sevecen biçimde kollarınıza alıp tedavi niteliğindeki gözyaşları sayesinde gerginliklerinden arınırken sevgi, huzur ve güven hissetmesini sağlayabilirsiniz.

Bazen doğum travması yaşayan bebekler büyüdükçe stres, korku, uyurgezerlik, öfke ya da işbirliğine kapalı davranışlar sergilerler. Uzun süren doğum esnasında doğum kanalı içinde kapalı kalmaları sonucu yaşananlar, tünel korkusu ya da tişörtlerinin başından aşağıya geçirilerek giydirilmesine karşı koyma gibi sonuçlar doğurabilir. Göbek kordonunun dolanması, araba koltuğunda bağlanmaya karşı koymalarına neden olabilir. Eğer bebeğiniz ilk yıl kollarınızda ağlayıp tam anlamıyla iyileşmemişse, bu tür belirtilerin ortaya çıkma olasılığı daha yüksektir.

Doğum travması yaşayan bebeğinize, ağlama ihtiyacını kabullenerek –huysuzluk ve öfke nöbetleri de dahil– yardımcı olabilirsiniz. Ağlamadığında, eğlenceli oyunlarla ona yaklaşmayı da deneyebilirsiniz. Faydasını göreceğiniz oyunlardan biri de, farklı objelerle oynayacağınız, özellikle yaşadığı travmayla ilintili sembolik oyunlardır. Buna doğum simülasyonu (doğum sürecini canlandırma) oyunu denir. Aşağıda, danışanlarımdan birinin sezaryenle doğan çocuğuyla oynadığı doğum simülasyonu oyunlarına güzel bir örnek yer alıyor.

Jenny'nin annesi, on saat boyunca gösterilen tüm gayrete rağmen acil olarak sezaryene alınmıştı. Jenny doğduktan sonraki birkaç ay çok fazla ağlamıştı. Annesi, kollarında ağlamasının iyileştirici etkisinin farkına varmaksızın, onu sallayarak ağlamasına engel olmaya çalışıyordu. Jenny 15 aylıkken bastırılmış stres belirtileri göstermeye başlamıştı. Akşamları uyuma zorluğu çekiyor, geceleri uykusundan uyanıyor ve bazen de annesini yumrukluyordu. Jenny'yle iki farklı oyun oynamasını önerdim. İlkinde, Jenny'nin üzerini birkaç yastıkla örtüyor ve "Jenny nerede?" diye soruyordu. Jenny yastıkların altından çıktığında da şaşırmış numarası yapıp, "İşte burada!" diyordu. İkinci oyunda ise, anne kanepede oturuyorken Jenny de önünde ayakta duruyordu. Jenny'yi dizlerinin arasında sıkıştırırken, "Buradan kurtulabilir misin?" diye soruyor; dizlerini gevşetmeden önce biraz çabalamasına izin veriyordu. Jenny kaçtığı zaman da, çok şaşırmış gibi yaparak, "Kaçtın!" diyerek feryat ediyordu. Anne, her iki oyunda da kızının kahkahalarla gülmesini sağlıyor ve Jenny istediği sürece oyunu tekrarlıyordu. Anne bu oyunları oynamaya başladıktan sonra Jenny'nin uykusu düzene girdi, saldırgan tavırları azaldı.

Jenny'nin ilk oyunda yastıkların altından kendi isteği ve kararıyla fırlaması, acil olarak gerçekleşen sezaryen doğumunun yarattığı güçsüzlük ve kontrol edememe hislerinden arınmasını sağlamıştı. İkincide ise, büyük bir çabayla uğraştıktan sonra özgürleşmenin verdiği başarı, arzu edilen sonuca ulaşamayan doğum sürecinin neden olduğu hayal kırıklığı ve korkuyu yok etmişti.

Aşağıda ise, başka bir annenin sezaryenle doğan çocuklarla oynanabilecek doğum simülasyonu oyunlarına verdiği farklı bir örnek bulunuyor.

> Oğlum önceden planlanmamış sezaryenle dünyaya geldi. Oğlum 18 aylıkken, bebekken kullandığımız tepesinde oyuncaklar sallanan oyun halısının üstünü battaniyeyle örterek anne karnına benzettim; bir iskemleyi de kırmızı battaniyelerle kapladım ve oyun halısının ucuna ekleyerek dışarı çıkabileceği bir tünel oluşturdum. "Mağarasında" emeklemeye bayılıyordu. İlk bir hafta boyunca, tünelden dışarı çıkmak yerine mağaranın kenarından fırlayıp çıkıyordu. Ancak sonunda, tüneli de kullanıp emekleyerek çıkmaya başladı.

Çocukların bu tür oyun ve aktivitelere gülmeleri, bastırılmış gerginlik, korku ve hayal kırıklıklarından arındıklarını gösterir.

Zor ve uzun süren bir doğum süreci yaşadıysanız, çocuğunuz yeni yürümeye başladığında tünelden emekleyerek geçmek konusunda biraz tedirgin olabilir. Böylesi bir durumda, tüneli daha kısa ve daha aydınlık hale getirebilirsiniz. Belki de tünelin içinden önce oyuncak hayvancıkları geçirebilirsiniz. Siz onu tünelin içinden geçmeye teşvik ederken, onun da sizi tünelin diğer ucunda görebilmesi son derece önemlidir. Oyunu mümkün olduğunca komik hale getirmeyi de unutmayın.

Doğum sonrası anneden ayrılma eylemi de sarsıcı olabilir. Oyun koçluğu seansında bir anne, kızına doğumunu birbirlerinden ayrılış hikâyeleri de dahil canlandırma yaparak anlatırken, sembolik bebekler kullanıyor.

> Bir anne 4 yaşındaki kızı Emily'yi ebeveyn-çocuk oyun seansına getirmişti. Emily, doğumdan sonra uzun saatler boyunca annesin-

den ayrı kalmıştı; annesi, bu olayın her ikisini de çok sarstığını düşünüyordu. Anne, oyun seansı sırasında Emily'ye doğumunu canlandırma yaparak anlatmak amacıyla, anneyi ve yeni doğan bebeği simgeleyecek oyuncak bebekler kullandı. Küçük oyuncak bebeği, "doğduktan" sonra anne bebeğin uzağına koydu ve "Anne bebeği elinden alındığı için çok üzgün; ayrıca bebek de çok üzgün" dedi. Daha sonra da kendi yaşadıklarıyla ilişkilendirip "Hastanede seni de benim elimden aldıkları zaman, ben de çok üzülüp sinirlenmiştim" diye devam etti. Emily bu oyunu ilgiyle seyretti ve büyük bir hevesle de katılmak istedi. Defalarca onun doğumunu canlandırdılar ve bu hikâyeyi de anne bebeğin, hayali doğum sonrası bebeğine sarılmasına dönüştürdüler. Daha sonra, Emily küçük bebek gibi davranmaya başladı. Ben de annesine, onu bir battaniyeye sarıp bebek gibi kucaklamasını ve biberondan su içirtmesini söyledim. Emily annesinin gözlerinin içine bakıyor, yüzü mutluluktan ışıl ışıl parlıyordu.

Bu örnekte de görüldüğü gibi çocuğun yaşça geri gittiği oyunlar, doğum sonrasında anneyle arasındaki bağı oluşturma sürecini yaşayamayan çocuklar için faydalı olabilir.

Çocuğun doğum sonrası kuvözde tutulması da, anne ile çocuğun ayrı kalma sürecini uzatıp daha fazla travma yaşamalarına neden olabilir. İşte, travmatik bir kuvöz süreci yaşayan kızına yardım etmek için doğum anını, canlandırma ve ayrılık oyunuyla (ce-e) birleştiren danışanımın yaşadığı bir örnek.

Debbie 12 aylıkken her gece uyanıyor ve bir iki saat uyumuyordu. Normal zamanından üç hafta kadar önce epidural anesteziyle doğmuştu. Doğumdan birkaç gün sonra kuvöze alınmış ve iki gün ışın tedavisi görmüştü. Annesi bana geldiğinde, Debbie'nin bu travmatik olayların etkisinden kurtulmasına yardımcı olması için yatma zamanı geldiğinde, hatta gecele boyunca kızının kucağında ağlamasına izin vermesini önerdim. Ayrıca, gün içinde kuvözü simgeleyen büyük bir karton kutuyla doğumunu canlandıracakları oyunlar oynamalarını da tavsiye ettim. Annesi Debbie'yi, büyük bir karton kutuya emekleyerek girip çıkması için teşvik etti. Kutunun içinde birlikte ce-e oynayıp kahkahalarla güldüler. Anne bunları uyguladıktan sonra, Debbie çok daha iyi uyumaya başlamıştı.

Doğum süreci travmatik geçen çocuklar için eğlenceli aktiviteler

- Doğum travmasıyla ilintili sembolik oyunlar (doğum simülasyonu oyunu)
- Çocuğun yaşça geriye gittiği oyunlar
- Doğum sonrası anneden ayrı kalan bebeklerle oynanabilecek ayrılık oyunları

Kardeşin doğumu

Bir çocuğun yaşamına giren yeni bir kardeş hayatındaki en stresli olaylardan biri olabilir. Çocuğunuzu kardeş fikrine ne kadar iyi hazırlamış olursanız olun, evdeki yeni bebeğin varlığı gerginlik yaratabilir, hatta travmatik bir durum haline gelebilir. Çocuk gerginliğini, saldırgan ve uygunsuz davranışlarla, inatlaşma, gerileme ya da işbirliğine yanaşmama olarak gösterebilir. Neyse ki, bazı oyun formatları çocuğunuzun sevildiğini hissetmesine, olumsuz duygulardan arınmasına ve kardeşini kabullenmesine yardım eder.

Büyük çocuğunuzun hâlâ sevildiğinden emin olmaya ihtiyacı vardır. Sevginizi gösterip aranızdaki bağlanmanın devamlılığını sağlamanın en etkin yolu, yönlendirilmemiş çocuk temelli oyunlar oynamaya zaman yaratmaktır. Bebek uyuduğunda ya da bebekle ilgilenecek biri olduğunda, bunun için zaman ayırabilirsiniz. Araştırmacılar, çocukların zorlayıcı davranışlarının değişiminde bu tür oyunların haftada bir, yarım saat gibi az bir süre bile oynanmasının etkili olacağını söylüyorlar. Günlük oyun seanslarının ise daha da iyi sonuçlar vereceğini belirtiyorlar. Yönlendirilmemiş çocuk merkezli oyunlara ek olarak, ailenizi temsil edecek oyuncak hayvancık ya da bebeklerle sembolik oyunlar da oynayabilirsiniz. Benim çoğu zaman yeni kardeşi olan çocuklarla oynanmasını önerdiğim aktivite budur. İşte, 4 yaşındaki bir çocukla, anne babası bizi seyrederken oynadığım oyunlara bir örnek.

4 yaşındaki Andy'de kız kardeşinin doğumundan sonra, kıskançlık ve davranış sorunları oluşmuştu. Andy'nin önüne dört oyuncak hayvancıktan oluşan bir ayı ailesi koydum: İki büyük, bir küçük, bir

de bebek ayı. Bebek ayı olup, ağlıyormuş gibi yaptım; o da bebek ayının bezini değiştirmeye başladı. Herkesin duyacağı biçimde yüksek sesle, bebeğin altını hep ıslattığını söylerken içten kahkahalar atıyordu. Her nedense, bunu çok komik ve eğlenceli bulmuştu. Daha sonra, bebek ayıcık evde kalıp küçük erkek ayıcığın ise anne babasıyla birlikte uçak yolculuğuna çıktığı uzun bir hikâye yaratıp oynamaya başladı.

Andy gülmenin yolunu bulmaya başlamış; sonra da küçük kız kardeşinin olmadığı, sadece anne babasıyla çıktığı bir seyahat hikâyesi yaratıp duygularını ifade etmişti. Çocukların bu tür oyunlar esnasında kahkahalarla gülmesi, öfke ve kıskançlık duygularından arınmalarını sağlar; kullanılan sembolik öğeler ise duygularını daha derinlemesine irdelemelerine yardımcı olur.

Eğer çocuğunuz oyuncak hayvancıklar ya da bebeklerle oynamaktan hoşlanmıyorsa, başka oyuncaklarla da sembolik aileler oluşturabilirsiniz.

Bir anne, küçük erkek kardeşini kıskanan 3 yaşındaki oğluyla ilgili bana danışmıştı. Ayıcık ailesi oyununu önerdiğimde, oğlunun oyuncak hayvancıklarla oynamaktan hoşlanmadığını söyledi. Oğlunun ne tür oyunlardan hoşlandığını sorduğumda, trenlerle oynamayı tercih ettiğini belirtti. Bu durumda, lokomotifleri aile fertlerini temsilen kullanıp oğluyla tren ailesi oyunu oynamasını önerdim. Daha sonra anne bana, oğlunun büyük bir keyifle bu oyunu oynadığını ve içten kahkahalarla güldüğünü anlattı.

Bu tür oyunları, kardeşi doğduktan sonra çocuğunuzla mümkünse günde en az bir kez oynamanızı öneririm. Genellikle anne babalar çocuklarının bu tür oyunlar oynadıkça daha olumlu davrandığını bildiriyorlar.

Büyük çocuğunuz saldırgan davranıyorsa, gücün çocukta olduğu oyunlar da bu konuda size yardımcı olabilir. Çoğu çocuk öfkesini bebekten çıkarabilir. Danışanlarımdan birinin yaşadığı aşağıdaki örnekte, kardeş doğumundan sonra oynanabilecek gücün çocukta olduğu oyunların kullanılma biçimi anlatılıyor.

Bir anne, erkek kardeşi doğduktan sonra saldırgan davranmaya başlayan 2 yaşındaki oğluyla ilgili olarak bana danışmıştı. Oğlunun sıkıntı yaratan bu davranışı son zamanlarda artmış; anne de ne yapacağını bilememişti. Seans sırasında, bebeğe karşı saldırgan davrandığında onunla oynayabileceği gücün çocukta olduğu oyunlar da dahil pek çok yöntem önerdim. Daha sonra anne, bana teşekkür ederek son durumlarını anlatan bir e-posta gönderdi. Oğullarının bebeğin yerine, anne ve babasını iteklemekten büyük keyif aldığını söylüyordu. Oyun sırasında herkes kahkahalarla gülüyordu. Böylece ailedeki herkesin morali de düzelmişti. Ailece yeni bir çözüm yöntemi öğrendikleri için teşekkür ediyor ve bu oyunlara devam etmeyi planladıklarını söylüyordu.

Gücün çocukta olduğu hareketli oyunlar oynamaya enerjiniz yoksa aşağıdaki örneğe benzer, sembolik oyunlar oynayabilirsiniz.

Hamileliğim sırasında ve kızım doğduktan sonra vücudum çok hassastı. Dolayısıyla, 5 yaşındaki oğlumla sinirli olduğunda, itme-kakma oyunları oynamam hiç de kolay değildi. Yatakta yatıp sohbet ederken, tiz sesler çıkartarak "Hayır, vurma bana, üstüme basma" demenin bazen işe yaradığını keşfetmiştik. Bir kez doğumdan sonra, yastıklardan birinin bebek yastığı olduğunu söyledi. Ben de yine tiz bir ses tonuyla "Bebek yastığına vurma! Dur vurma! Vurma!" dedim. Bu oyuna bayıldı ve bir yandan yastığa vururken bir yandan da kahkahalarla güldü.

Bebeği temsilen resim ya da oyun çamurundan figürler de kullanabilirsiniz. Çocuğunuzun yeni doğan bebeği temsil eden herhangi bir objeye vurmasını sağlamak, onun kardeşine karşı saldırgan davranışlarını arttırmaz. Aksine bu tarz oyunlar, onun büyükleri tarafından anlaşıldığını hissetmesini sağlayacak, öfke ve endişeden kurtulmasına olanak verecek ve gerçek hayatta saldırgan davranışlarının azalmasını yardımcı olacaktır.

Bazı çocukların saldırganlığı doğrudan anne babasına yöneliktir. Küçük bir çocuk için eve yeni bir bebeğin gelmesi, sizin yani anne babanın suçudur; dolayısıyla size kızgın olması da son derece doğaldır. Ancak size kızgınlığını fazlasıyla gösterdiğinde, sevginizi kaybedeceğinden de korkar. Bu tür çatışmalı duygular da yoğun stres yaşamasına neden olabilir.

Çocuğunuz size bağırıyor ya da vuruyorsa, öfkeyle karşılık vermemeye çalışın. Eğer siz de ona bağırır ya da –mola yöntemiyle– yalnız bırakarak cezalandırırsanız, sizinle bağının her an kopabileceği duygusunu pekiştirmiş olursunuz. Bunun yerine onu, yukarıdaki örnekte olduğu gibi keyifle, eğlenerek oynayacağınız yastık savaşı yapmaya yönlendirin. Çocuğunuz, bu tür oyunlar sırasında kahkahalar atarak öfkesinden arınır ve bu öfkenin sizinle arasındaki bağı zedelemeyeceğini anlar.

Kardeş doğumu sonrasında, çocuğun yaşça geriye gittiği oyunlar oynamak da faydalı olur. Bazı çocuklar, kardeşleri doğduktan sonra bebek gibi davranmaya başlarlar; çocuğun yaşça geriye gittiği oyunlar bu çocuklar için faydalı olur. Eğer çocuğunuza bebekmiş gibi davranırsanız, belki de endişeli olduğu ve sevilmediğini hissettiğinde duygusal olarak onu besleyip sevildiğini hissetmesine yardımcı olursunuz. Aşağıda, çocuğun yaşça geriye gittiği ve gücün çocukta olduğu oyunların her ikisini de içeren bir örnek bulunuyor.

7 yaşındaki Caroline'ın babası, kızının davranışıyla ilgili endişelendiği için bana danıştığında, Caroline'ın küçük kız kardeşi üç aylıktı. Baba, Caroline'ın kendini ifade etmekte güçlük çektiği için kendisini duygusal olarak kapattığından bahsetti. Ayrıca kızının sık sık bebek gibi davrandığını da söyledi. Babası tekrar evlenmişti ve bebeğin annesi Caroline'ın annesi değildi; dolayısıyla kendi annesini özlediği için de daha çok stres yaşıyor olabilirdi. Babaya, kızına büyük bir kız çocuğu gibi değil de bebekmiş gibi davranmasını önerdim. Birlikte eğlenecekleri bir oyun yaratmasını, kızını bir battaniyeye sarıp kucağında sallamasını, ninniler söylemesini ve yemeğini yedirmesini söyledim. Ayrıca kızının yastıklarla vurup babasını yere devireceği, gücün Caroline'da olduğu oyunlar oynamasını da önerdim. Caroline'ın öfkesini, güvenli bir biçimde dışa vurmaya ihtiyacı olduğunu ifade ettim; bu oyunlar esnasında atacağı kahkahalar, onun için son derece önemli olan duygulardan arınma şekliydi.

Faydalı olacak bir başka oyun da, anne babanın büyük çocuklarıyla oynamak için birbirleriyle kavga ediyormuş gibi yaptığı, saçma oyunlardır. Bu oyun, 4 yaşını geçen çocuklarda işe yarar. Çocuklar bu oyuna bayılır ve anne babaları bu ayrıcalığa sahip olmak için mücadele ederken, onlar da içten kahkahalar atarlar. Bu oyunu sonlandırmanın en faydalı yolu, anne babanın işbirliği içinde çocuklarıyla oynamasıdır. Örneğin, battaniyenin iki köşesini siz, diğer iki köşesini de eşiniz tutup salıncak yaparsınız, öne ve arkaya doğru sallarken de birlikte şarkı söylersiniz. Evde yeni doğmuş bir bebek varken, bunu anne babanın birlikte yapabilmesi zor olabilir; ancak büyük çocuğunuzla bu aktiviteyi arada bir de yapsanız, emekleriniz karşılığını bulacaktır.

Not: Bu sıkıntı yeni doğum süreci geçtikten sonra da devam ediyorsa, 2. Kısım, 7. Bölüm'deki kardeş rekabetiyle başa çıkmanın eğlenceli yollarına bakın.

Yeni kardeşi doğan çocuklar için eğlenceli aktiviteler

- Yönlendirilmemiş çocuk merkezli oyunlar
- Ayıcık ailesiyle oynanabilecek sembolik oyunlar
- Gücün çocukta olduğu oyunlar
- Çocuğun yaşça geriye gittiği oyunlar
- Saçma oyunlar (örneğin, anne babanın çocukla oynayabilme ayrıcalığını elde etmek amacıyla "kavga" ediyormuş gibi yaptığı oyunlar)

Anne babanın boşanması

Çocuklar, anne babaları boşandığında üzüntü, endişe, öfke, suçluluk, karmaşa, güçsüzlük, utanç ve sadakat çatışması gibi acı veren farklı duygular yaşarlar. Bu duygular, saldırganlık, işbirliğine yanaşmama, okula gitmekte zorlanma ya da okulda derslere odaklanamama gibi davranış sorunlarına neden olabilir.

Anne babası boşanan çocukların yoğun sevgiye, istikrarlı bir ortama, güvene ve bağlanmaya ihtiyacı vardır. 1. Kısım'da irdelenen oyun ve eğlence temelli aktivitelerin çoğu, anne babası boşanan çocuklar için faydalıdır; özellikle de sembolik oyunlar –boşanmayı konu alan– saçma oyunlar, çocuğun yaşça geriye gittiği oyunlar, vücut temasıyla oynanan oyunlar ve işbirliği gerektiren oyunlar gibi.

Çocuğunuz oyuncak hayvancıklar ya da bebeklerle oynamaktan keyif alıyorsa, herhangi bir hayvan ailesini kendi ailenize benzeterek sembolik oyunlar oynayabilirsiniz. Kendi ailenize ait hikâyeyi anlatıp bunu oyuncak ayıcıklarla canlandırabilirsiniz. Örneğin, "Anne ve baba ayıcık artık çok iyi anlaşamıyorlarmış; bu nedenle de ayrı yerlerde yaşamaya karar vermişler. Baba buradaki evde yaşamaya başlamış, anne de şurada başka bir evde. Ama her ikisi de bebek ayıcığı çok seviyormuş ve onunla beraber oturmak istiyormuş. Sonunda, bebek ayıcığın haftanın yarısını annesinin evinde, yarısını da babasının evinde geçirmesine karar vermişler. Anne ve babası, her ne kadar bundan sonra birbirleriyle yaşamak istemeler de, bebeklerini çok seviyorlarmış ve sonsuza kadar da sevmeye devam edeceklermiş."

Çocuğunuz da bu oyuna katılıyorsa, beraberinde duygularını da irdeleyebilirsiniz. Örneğin, "Baba ayı başka bir eve taşınınca bebek ayı neler hissetmiştir sence? Babası evden ayrıldığı için ona kızmış mıdır?" diyebilirsiniz. Eğer çocuğunuz da bebek ayının babasına kızdığını düşünüyorsa, onu baba ayıyı tekmelemeye teşvik edebilirsiniz. Siz de tekmeliyormuşsunuz gibi yapabilirsiniz ya da ayıcıkları kullanarak onun yapmasını sağlayabilirsiniz. Eğer bu tür sembolik oyunlar, çocuğunuzu kahkahalarla gülmesini sağlayabiliyorsa, doğru yoldasınız demektir. Çocuğunuz liderliği ele alıp hikâyeye eklemeler yapıyorsa, bırakın yapsın. Çocuğunuzla oynadığınız bu tür sembolik oyunlar sayesinde, onun duygularını anladığınızı ve kabullendiğinizi göstermiş oluyorsunuz. Aynı zamanda, ona doğru bilgi veren ve asla onu terk etmeyeceğinize emin olmasını sağlayan bir hikâye de anlatmış oluyorsunuz.

Bazen çocuklar, sembolik objelerle kendi kendilerini iyileştirici nitelikte oyunlar da yaratırlar. İşte eşinden boşanmış bir annenin anlattığı bir örnek.

Danielle 3 yaşındayken babası, başka bir ilişkisi olduğu için evi terk etti. Bizden gizlediği bir yerde ev tutup taşındı. Belli aralıklarla Danielle'e merhaba demek için evimize geliyor, bazı eşyalarını alıp gidiyordu. Kızım onunla birlikte gidip gidemeyeceğini sorduğunda ise, daima "Hayır" diyordu. Tuttuğu dairenin nerede olduğunu sorduğunda da söylemeyi reddediyordu. Bu da gerek kızımı gerekse beni duygusal olarak çok yıpratıyordu. Bu düzen birkaç hafta boyunca devam ettikten sonra, kızım yine babasıyla birlikte gitmek istedi, ama o her zamanki gibi "Hayır" dedi. Sokak kapısını kapattı ve Danielle'i evin içindeki merdivenlerde öfkeyle ağlarken bırakıp gitti. Ağlaması durana kadar bekleyip bu duygusal boşalımına yardımcı olmaya çalıştım. Ertesi gün alışverişe gitmek için evden çıkarken Danielle sokak kapısında durdu ve benim dışarı çıkmamı istedi; ben de çıktım. Daha sonra da, kendi içerdeyken kapıyı hızla çarpıp kapattı. Kapıyı yavaşça açtım, çılgınca kahkahalar attı. Sonra dışarı çıkmamı işaret etti ve tekrar kapıyı çarpıp kapattı. Gizlice içeri baktığımda, çılgınca kahkahalar atmaya devam ediyordu. Daha sonra içeri girmemi ve merdivenlerde yanında oturmamı istedi. Merdivende otururken başını örttü ve ağlıyor numarası yapıp ara sıra da bana bakıp güldü. Daha sonra ayağa kalktı, sokak kapısından dışarı çıkıp hızla kapıyı kapattı. Kapıyı açtığında, ben de ağlıyormuş gibi yapıp ellerimle merdivenleri yumrukladım, buna kahkahalarla gülmeye başladı. Yaklaşık bir saat oynadık bu oyunu. O günden sonra, Danielle babasının gidişiyle ilgili hiçbir sıkıntı yaşamadı. Ayrıca, babasından tamamen ayrılmamın ve daha sonra başka bir eyalete taşınmamızın da üstesinden kolaylıkla geldi. Sonraki yıllarda, birlikte sokak kapısında oynadığımız bu oyunu bana belli aralıklarla hatırlatıyordu; bu olaya her zaman kahkahalarla gülüyorduk.

Bu örnekte çocuk (sokak kapısını çarpıp kapatarak), doğaçlama olarak babasının aileyi terk etmesi konulu tedavi edici sembolik bir oyun yaratıyor. Anne ise, kızının oyunu oynamaya devam etmesini teşvik edip oyunu yönlendirmesine izin verirken gücün çocukta olmasını sağlayarak ona yardımcı oluyor.

Yukarıdaki örnekte ayrılık konusu (bir kişi evde, diğeri ise ev dışında olmak üzere) ele alınıyor. Saklambaç gibi diğer ayrılık oyunları, çocuğunuzun terk edilme korkusuyla baş etmesine yardımcı olur; dolayısıyla bu tür oyunları mümkün olduğunca çok oynadığınıza emin olun.

Çocuğunuz olayların seyrini değiştirme gücünü kendinde bulamadığında, davranışı doğrultusunda oynanan oyunlar, kontrol algısını yeniden kazanmasına yardımcı olabilir. Örneğin, onu sırtınıza alıp hangi yöne gideceğinizi göstermesine izin verin. Bu oyun, çocuğunuzla fiziksel olarak temas kurmanızı da sağlayacaktır.

–Büyük olasılıkla da size yönelik– öfkesinden arınmasına yardımcı olmak için, sık sık gücün çocukta olduğu oyunlar oynamasını sağlayın; örneğin, sizi yastıkla devireceği, yine herhangi bir yastıkla üzerinizi örteceği, hayali bir kafese kilitleyeceği ya da plastik bir örümcekle üzerinize saldıracağı oyunlar. Siz de korkak ve âciz biri gibi davranın. Eğer çocuğunuz, yanında bulunmayan ebeveynine kızgınsa, kızgın olduğu ebeveyninin resmini çizmesini ya da oyun hamurundan temsili heykelini yapmasını isteyin. Daha sonra da çizdiği resmi karalamasını ya da oyun hamurundan yaptığı heykeli yumruğuyla devirmesini söyleyin. O resmi ya da oyun hamurundan yaptığı heykeli imha ederken, siz de yanında olmayan ebeveynmişsiniz gibi saldırıya uğrama anını canlandırın ve acı çeker gibi dramatik sesler çıkarın. Ne kadar çok kahkaha atarsa, öfkesinden o kadar çok arınacaktır. Eğer siz de eski eşinize hâlâ öfkeliyseniz, bu uygulama sizin için de iyileştirici olabilir!

Saçma oyunlar ise olayı komikleştirebilir; aksi takdirde konu iyice ciddi görünüp daha fazla sıkıntı yaratabilir. Aşağıda danışanlarımdan birinin yaşadığı örnekte, anne babası boşanan bir çocuğa yardım etmek amacıyla gücün çocukta olduğu oyunların ve saçma oyunların kullanılma biçimi anlatılıyor.

> 5 yaşındaki Billy, anne babası ayrılıp annesi ve küçük erkek kardeşiyle şehrin diğer ucunda oturan teyzesinin evine taşınınca işbirliğine yanaşmayan, saldırgan bir çocuğa dönüşmüştü. Sık sık erkek kardeşine, annesine ve teyzesine vurmaya çalışıyordu. Annesine, Billy'nin babasından ayrıldığı için onu suçladığını ve bu öfkesinden de sağlıklı bir biçimde arınması gerektiğini anlattım. Kahkahalarla güleceği, gücün çocukta olduğu iki farklı oyun oynamalarını önerdim: Billy'nin annesine yastıkla vurduğu, annenin de güçsüz numarası yaparak yere düşeceği ya da annesini zincirden yapılmış hayali bir kafese kilitleyeceği oyunlar. Gerçekten de bu oyunlar, Billy'nin kahkaha atıp eğlenerek öfkesinden kurtulmasına yardımcı oldu. Bir buçuk yıl sonra, resmi olarak boşanmalarının ardından annesi başka biriyle nişanlandı; Billy ise yeniden hırçınlaşmaya başladı. Anne danışmak için yine bana geldi; gerek ona gerekse nişanlısına Billy'yle gücün çocukta olduğu oyunlar oynamalarını önerdim. Ayrıca, Billy ile annesinin saçma bir oyun yaratarak, "boşanma" sözcüğünü anlamsızca telaffuz edip birlikte kahkahalar atmalarını da tavsiye ettim.

Bazı anne babalar, saldırgan davranışın teşvik edilmek yerine durdurulması gerektiğini düşünürler. Halbuki çocuğunuzun yastık savaşı yaparken size vurması, babasının –ya da annesinin– resmini tahrip etmesi onun daha saldırgan olmasına yol açmaz. Aksine, kahkahalar aracılığıyla öfkesinden arınmasına yardımcı olacak; şiddet eğilimi ya da intikam alma isteğini de azaltacaktır.

Anne babası boşanan çocuklar için en iyi ilaç, işbirliğine dayanan oyunlardır. Anne babanın sürekli kavga ettiği, karşılıklı gerilimin yaşandığı bir ev ortamında, işbirliğiyle oynanan bir oyun, çocuğunuzun kendini güvende hissetmesini sağlayarak keyifli bir alternatif sunabilir. Rekabete değil işbirliğine dayanan oyunlar sayesinde çocuğunuz birlikte ortak bir amaç uğruna çalıştığınızı hissederek size yeniden güvenecektir.

Çocuğunuz bebek gibi davranmak isterse, ona yardıma muhtaç minik değerli bebeğinizmiş gibi davranmaktan çekinmeyin. Belki de bu yaşça geriye gitme oyunu, onun için ailenizin mutlu olduğu zamanlardaki hatıraları geri getirmenin bir yolu olabilir. Bir süre bebek gibi davranmasına izin verirseniz sizden bolca ilgi görecek ve bu da yeni aile düzeninizi kabullenmesi için ona güç verecektir.

Çocuğunuzla bu tür oyunlar oynayarak, boşanmanın ailenizde yarattığı travmayı aşmasına yardımcı olabilirsiniz. Bu bölümde sözü edilen oyun temelli aktivitelere ek olarak, grup ya da bireysel tedaviler de anne babası boşanan çocuklar için faydalı olacaktır. Grup tedavilerinin avantajı, anne babası boşanmış çocukların aynı durumda olan diğer çocuklarla ortak bağ kurabilmesidir. Bu bağ, diğer çocuklardan farklı olma ve ötekileştirilme duygularını hafifletebilir. Destekleyici ve iyileştirici niteliğe sahip bu tür kaynaklar, boşanmanın hemen öncesinde ya da sonrasında, duygusal olarak herkesin en hassas olduğu dönemde ve sizin çocuklarınızla oyun temelli etkileşim kurmak için zamanınız ya da duygusal gücünüz olmadığında faydalı olacaktır.

Ebeveynleri boşanan çocukların, bu durumla başa çıkmalarına yardımcı olacak eğlenceli aktiviteler

- Boşanma konulu sembolik oyunlar (örneğin, ailesi boşanan ayıcık oyunu)
- Ayrılık oyunları (örneğin, saklambaç)
- Çocuğun davranışı doğrultusunda gelişen oyunlar (örneğin, çocuğu sırtta taşıma, atçılık oyunu)
- Gücün çocukta olduğu oyunlar (örneğin, çocuğunuzun yastıkla vurarak sizi yere düşürmesine ya da yanında bulunmayan ebe-

veyninin resmini ya da oyun hamurundan yaptığı heykelciğini harap etmesine izin verdiğiniz oyunlar)

- Saçma oyunlar (örneğin, "boşanma" sözcüğünün saçma biçimde kullanılması)
- İşbirliğine dayanan oyun ve aktiviteler
- Çocuğun yaşça geriye gittiği oyunlar

4. bölüm

Doğal afet ve terör

Yangın, sel, deprem, kasırga, hortum ya da bir terör saldırısının ne zaman gerçekleşeceğini bilemeyiz. Bu tür dehşet saçan olayların ne zaman gerçekleşeceği tahmin edilemediğinden, çocukları bu olaylara karşı hazırlamak da mümkün değildir. Yaşanan travmanın en önemli nedeni, ani ve beklenmedik olmasıdır ki bu da çocukların –ve yetişkinlerin– kendilerini güçsüz ve savunmasız hissetmelerine neden olur. Çocukların –ve yetişkinlerin– vereceği doğal tepki, olayın tekrarlanabileceğini düşünerek her an tetikte beklemektir. Bu zihinsel alarm haline genellikle bir fizyolojik bir aşırı uyarılma hali eşlik eder.

Bu tür beklenmeyen travmaların ardından, anne babaya sımsıkı yapışma hali, yatağa ya da okula gitmeyi reddetme, uyuma zorluğu ve erken gelişme dönemine geri dönüş gibi belli başlı davranış zorlukları yaşanabilir.

Her ne kadar çocuğunuzu bu tür olaylara hazırlayamasanız da, olay yaşandıktan sonra travmayı atlatmasında en önemli rol sizindir. Ağlamaların ve hırçınlıkların düzelmesine yardım eden mekanizmalar olduğunu unutmayın. 11 Eylül'de New York'ta yaşanan terör saldırısından sonra bu trajik olaya tanık olan küçük çocukların anne babaları çocuklarının olaydan sonra uzunca bir süre eskisinden daha fazla öfke nöbeti geçirdiklerini bildirmişlerdi. Büyük olasılıkla bu nöbetler, çocukların yaşadıkları travmanın etkisinden kurtulmak için öfkelerinden arınmaya ihtiyaçları olduğunu gösteriyordu.

Bazen çocuklar, daha önce yaşadıkları bir travmayı tetikleyen çok küçük bir olayda bile çığlık atmaya başlayabilirler. Örneğin, büyük bir yangından kurtulan bir çocuk, biri kibrit yaktığında bile ağlamaya başlayabilir. Ancak öfke nöbetini tetikleyen bazı olayların, gerçekten yaşanmış olan travmayla hiçbir ilgisi olmayabilir de. Kasırga felaketinden kurtulan bir çocuk, her sabah kahvaltıda yediğinden farklı bir şey verdiğiniz için ortalığı ayağa kaldırabilir ("kırık kurabiye" fenomeni). Bir çocuk fazlasıyla stresliyse ve ağlama ihtiyacı duyuyorsa, hemen hemen her şey boşalıp ağlaması için bahane olacaktır. Bu durumda, öfke nöbetinin geçmesini beklerken sergileyeceğiniz sevecen ve destekleyici tavır son derece önemlidir. Ağlamayla ilgili daha fazla bilgi için *Tears and Tantrums* adlı kitabıma bakabilirsiniz.

Oyun oynamak da, çocukların travmatik olayların etkisinden arınıp iyileşmelerine yardımcı olabilir. Çocuklar, kendilerinde travmaya neden olan olayı kendiliğinden oyunlarının içine katabilirler. Aşağıdaki olayı bana bir anne anlatmıştı.

> Yaşadığım şehirde çıkan bir yangında 300'den fazla ev hasar görmüştü. Biz evimizi boşaltmak zorunda kalmadık, ama alevler anne babamın evine kadar ulaştığı için, onlar bize gelmek zorunda kaldılar. Evlerinden geriye ne kaldığını günlerce öğrenemediler. Bu sırada bir gün 5 yaşındaki kızımın oyuncak bebeğiyle hayal ürünü bir oyun oynadığını fark ettim; bebek yangından korkuyordu, kızım ise bebeğin kendini güvende hissetmesine yardımcı oluyordu.

Çocuğunuz herhangi bir doğal afetten korkuyorsa, gözlem yapın ve onun seçtiği tarz oyun oynamasını destekleyen yönlendirilmemiş yaklaşım içinde olun. Kendini oyun ortamında yeteri kadar güvende hisseden çocuk, çoğu zaman travma konusunu kendiliğinden oyun içinde dile getirir, sizin sevecen yaklaşımınız yardımıyla da travmadan arınma yolunu bulur.

Eğer çocuğunuzun, doğrudan konuya yönelik yaklaşımı kaldırabileceğini düşünüyorsanız, ona özellikle travma konusuyla ilgili sembolik oyunlar oynamayı önerebilirsiniz. Örneğin, bulunduğunuz civarda bir yangın felaketi geçirdiyseniz, itfaiye arabasıyla oynamayı teklif edip yangınla ilgili bir oyun oynamayı önerin. Güvenli ve eğlenceli bir ortam yaratıp kahkahalar yoluyla duygusal arınmasını da teşvik ettiğinizde, bu yaklaşım son derece etkin olacaktır. Çocuğunuz oyun sayesinde, travmatik olayların etkisinden adım adım kurtulacaktır.

Kahkaha içeren eğlenceli yaklaşımlar, çocukta doğal afetler nedeniyle oluşan travmanın iyileşmesine yardımcı olur. İşte deprem sonrası, kendi kızıma oyunla destek olduğum bir örnek.

> Sarah 12 yaşındayken bir sabah erkenden depremle sarsıldık. Güvende olduğunu hissetmesi için hemen onun odasına koştum; gözyaşları içinde, tir tir titreyerek bana yapıştı. Ancak ben de artçı sarsıntı olasılığından korkuyordum; bu nedenle de onunla tam anlamıyla ilgilenemedim. Bu olaydan sonra, kendi odasında tek başına yatmaktan korkmaya başladı; dolayısıyla benimle birlikte yatmasına izin verdim. Durumunda hiçbir değişiklik olmayınca, tekrar kendi odasında yatmaya alışması için bu kez ben onun odasında yerde yatmaya başladım. Ayrıca yatma zamanı geldiğinde onunla deprem oyunları oynamaya da başladım. Oyunu ona açıklıyor, sonra da oynamak için onayını alıyordum. Oyuna başlamak için karanlıkta yatağının kenarında birkaç dakika sessizce bekliyor, sonra yatağını hızla sallayarak "Deprem!" diye çığlıklar atıyordum. Bunu yapar yapmaz Sarah kahkahalarla gülmeye başlıyordu. Ben odasında kalmaya devam ettiğim sürece, her gece bu oyunu oynuyorduk. Bir akşam, yine bu her zamanki deprem oyununu kahkahalarla oynarken, "Korkuyorum" diye ağlamaya başladı ve bu durum dakikalarca sürdü. Sonunda, yatağına uzanıp uykuya daldı. Bir sonraki akşam bana, "Sen bu gece kendi odanda uyuyabilirsin. Ben artık korkmuyorum" dedi. Bu olay yaşandığında depremin üzerinden dört hafta geçmişti.

Kızım travmayı yaşadığı sırada ağlamıştı ancak bu ağlama, travma sonrasında korkunun gelişmesine engel olamamıştı. Depremi yeniden eğlenceli bir biçimde canlandırmak, şifa niteliğindeki kahkahalar aracılığıyla korkusundan kurtulmasına yardımcı olup derinde yatan duygularının yüzeye çıkmasına yol açmıştı. Aynı oyunu pek çok kez oynadıktan sonra yeniden ağlamış ve buradaki duygusal arınma da iyileşme sürecini tamamlaması için ihtiyacı olan son noktayı koymuştu.

Çocuğun davranışı doğrultusunda oluşturulan oyunlar, travma

yaratan bir olayın ardından gelen güçsüzlük ve âcizlik duygularından kurtulmasına fırsat verir. Örneğin, çocuğunuzu sırtınıza ata biner gibi bindirin, ondan sağ ya da sol omzunuza vurarak sizi yönlendirmesini isteyin. Çocuğunuzun yaşına göre bir dolu karmaşık kural oluşturabilirsiniz. Çocuğunuz, verdiği komutlar sayesinde kendi hayatının kontrolünü yeniden ele aldığını hissedecektir. Bu tür oyunlar, fiziksel temas içerdiği için travma yaşamış çocukların daha da rahatlamasını sağlar. Çocukların onlara dehşet veren bir deneyimin ardından, kendilerini seven birileriyle fiziksel temas kurarak rahatlatılması son derece faydalıdır. Fiziksel temas gerektiren farklı eğlenceli aktiviteler bulun ve ona istediği kadar kucaklayıp sarılın.

Çocuğunuz, doğal afet, terör saldırısı ya da savaş gibi olaylar nedeniyle fiziksel olarak zarar gördüyse, ailenin herhangi bir üyesi yaralandı veya öldüyse, normal davranmıyorsa –örneğin yemek yemeyi, uyumayı, sizden ayrılmayı ya da okula gitmeyi reddediyorsa– ya da travma sonrası belirtiler bir aydan fazla sürdüyse, profesyonel yardım alarak tedavi görmesini öneririm. Bu bölümde yer alan öneriler size yardımcı olabilir ancak yeterli gelmeyebilir. Üstelik yaşanan olaydan dolayı siz de travma yaşadıysanız duygusal olarak çocuğunuza gereken desteği veremeyebilirsiniz.

Doğal afet ve terörden etkilenen çocukların iyileşmesine yardımcı olacak eğlenceli aktiviteler

- Yönlendirilmemiş çocuk merkezli oyunlar
- Travmaya neden olan olayla ilgili konu ya da temayı içeren sembolik oyunlar (örneğin, itfaiye aracı, deprem oyunu gibi)
- Çocuğun davranışı doğrultusunda geliştirilen oyunlar (örneğin, çocuğunuzu sırtınızda taşıyacağınız, onun komutlarıyla yönlendirilen atçılık oyunu gibi)
- Fiziksel temas gerektiren oyunlar

Hastalık, kaza ve hastanede tedavi

Bu bölümde hasta olan ya da herhangi bir kaza, hastalık geçirmiş veya hastanede tedavi görmüş çocuklar için ipuçları yer alıyor. Kaza geçirmek çocukluk döneminde sık yaşanan bir şeydir. Pek çok çocuk vücutlarının çeşitli yerlerini çarpar, yara bere içinde kalır, bazı yerleri kesilir, dizleri sıyrılır hatta bazen kemikleri kırılır. Bir çocuğun bu tür kazalara tepkisi ağlamaktır ve bu da iyileşme sürecinin önemli bir parçasıdır. Yaşanan kazalar fiziksel travmanın yanı sıra duygusal travmaya da yol açar. Acı veren duygular karmaşa, korku, hüsran ve öfke barındırır. Bazen acı fiziksel olarak geçse bile çocukların ağlamaya devam etmelerinin nedeni de budur.

Fiziksel zarar gören ya da yaralanan çocuğunuza yardımcı olacak en iyi yaklaşım, sevecen olmak ve rahatlayıncaya kadar ağlamasına izin vermektir. Bazen ağlaması bittikten sonra eğlenceli aktivitelerle ilgilenmek de işe yarayabilir. Bu tür eğlenceli aktivitelerin, kendini ağlamak için yeteri kadar güvende hissetmeyen veya zor ağlayabilen ya da ağlarken acı çeken çocuklara faydası olabilir.

Yaşanan kazayla ilgili temalara sahip sembolik oyunlar da faydalı olabilir. Yaşadıkları kaza kendilerini güvende hissettikleri zaman hatırlatıldığında, çoğu zaman gülecekler ve bu da kazanın neden olduğu korku ve öfkeden arınmalarını sağlayacaktır.

Bebeklik döneminden itibaren bu tür oyunlar oynamaya başlayabilirsiniz. Aşağıdaki örneği bana bir anne anlatmıştı.

Kızım yaklaşık 5 aylıkken hiç durmadan yuvarlanmayı öğrenmişti. Bunu ilk kez gündüz uykusundan uyandıktan sonra yaptığında, iki kişilik büyük yataktan aşağı düşmüştü. Neyse ki yerde koruyucu bir yatak vardı; dolayısıyla çok da yüksekten düşmemiş oldu. Çığlık sesini duyunca hemen odaya koştum. Onu kucağıma alır almaz hemen sakinleşti, ama birkaç dakika sonra, yatağın kenarına yanaştığımızda tekrar ağlamaya başladı. Ağlaması biter bitmez "Yataktan düştün ve çok korktun. Bununla ilgili konuşalım mı?" dedim. Onu yüzüstü yatağa yatırdım, sonra da "Yuvarlandın ve düştün, buum!'" dedim. "Buum" derken onu yavaşça sırtüstü çevirdim ve sanki ben de yere düşmüşüm gibi şaşkın bir ifade takındım. Bu arada ağlayan bebek taklidi de yaptım. Gözlerini dikip yüzüme baktı ve kahkahalarla gülmeye başladı. Ben aynı şeyi birkaç kez tekrarladım, o da her seferinde kahkaha atmaya devam etti. Beş-altı kez yaptıktan sonra oyuna ilgisini kaybetti. Bu kadar küçük bir bebekle bile "sorun" hakkında konuşup (ağlamaya ilaveten) oyun ve kahkaha aracılığıyla iyileşme sağlanabileceğini keşfetmek, benim için muhteşem bir deneyimdi. Bu olaydan sonra kızım, ne yataktan düşmekten ne de yuvarlanmaktan asla korkmadı.

Bir çocuğun hastalığı ya da hastanede tedavi görmesi tüm aile için başlı başına bir stres kaynağıdır. Endişeli ve şaşkın olabilirsiniz ancak oyun oynamak, durumun ciddiyeti karşısında etkili bir panzehir gibidir. Oyun oynamak tıbbi yardım ve tedavinin yerini tutamasa da, çocuğunuzun ağrı, hastalık ve hastanede tedavi nedeniyle oluşan duygularla başa çıkmasına yardımcı olabilir. Oyun ve kahkaha daha çabuk iyileşmesini bile sağlayabilir.

Hastanede tedavi görmüş çocuklara faydası olacak yaklaşım, doktor, hastane ve tıbbi oluşumlar konulu sembolik oyunlardır. Çocuğunuza oyuncak doktor seti verip onunla istediği gibi oynamasına izin verin. Hastaneye yatan çocuklar, genelde bu tür oyuncaklarla oynamaya bayılırlar. Çocuğunuz isterse, belki siz de oyuna hasta rolünü yaparak katılabilirsiniz. Oyunu, korkmuş ya da üzgün gibi görünerek gücün çocukta olduğu oyuna dönüştürebilirsiniz. Kahkahayla gülüyorsa, doğru yoldasınız demektir. Hastanede tedavi gördükten sonra, haftalar hatta aylarca doktorculuk oynamak istemesine hiç de şaşırmayın.

Çocuğunuzun yaşadığı travmanın asıl nedeni, tahmin ettiğinizden farklı olabilir. Fiziksel rahatsızlık nedeniyle travma yaşadığını düşünebilirsiniz ancak en çok sizden ayrı kaldığı, hareket edemediği ya da –gözleri bandajlıysa görememesi gibi– başka herhangi bir şeyden mahrum kaldığı için sarsılmış olabilir. Belki de bu deneyimin en zor yanı, başına geleceklere dair yeterince bilgi sahibi olmaması olabilir. Doktor setiyle hastane konulu oyunlar oynaması, bu süreç sırasında zorlandığı hususların ortaya çıkmasını sağlayacaktır.

Küçük bir kaza ya da basit bir tıbbi müdahale bile çocuklarda ruhsal gerilim yaratabilir; korkmalarına, kendilerini zayıf ve savunmasız hissetmelerine neden olabilir. Aşağıda bir anne yaşadığı deneyimi anlatıyor.

> 7 yaşındaki kızımı bir akşam mide ağrısı nedeniyle hastanenin acil servisine götürdüm. Çok ciddi bir sorun olmadığı için, bir süre sonra bizi eve geri gönderdiler. Ancak o günden beri gene hastaneye gitmek zorunda kalmaktan çok korkuyor. Bana korku ve endişelerinden bahsedip ağlıyor; ben de onu dinliyorum. Doktorculuk oynamayı teklif ettim, ama ilk zamanlar bu oyunu çok da istemedi. Sonunda, birkaç gün önce teklifimi kabul etti; oynarken de çok güldü. Ben midemde timsah varmış numarası yapıp ne kadar acı çektiğimi yüksek sesle haykırıp şikâyet ediyordum. Kızım ise kahkahayla gülüyor, beni uzun süre hastanede tutacağını, sonra eve geri götüreceğini söylüyordu. Daha sonra bebeğini bana getirip onun yanlışlıkla mideme kendi gözlerini düşüren bir hemşire olduğunu, şimdi de bu gözlerin midemden çıkartılması için hastanede kalmam gerektiğini söyledi! Her ikimiz de çok güldük. Bu oyundan sonra kendini çok daha iyi hissettiğini görebiliyordum.

Çocuğunuzun kronik bir hastalığı varsa, büyük olasılıkla bu durum tüm aileyi strese sokar. Çocuğunuzun oyun oynayacak kadar enerjisi varsa, onun öncülüğünde ve sizin de onun isteği doğrultusunda söylediklerini uygulayarak oynayacağınız yönlendirilmemiş oyunlar işe yarar. Bu oyun seansları, aranızdaki ilişkiyi güçlendirirken çocuğunuzun da kendisini rahatsız eden duyguları dışa vurmasına fırsat verir. Bu tür oyunları, çocuğunuz yataktayken minik oyuncaklarla da oynayabilirsiniz. Bu aktivitelerin hepsinde onu kahkahalarla gülmeye teşvik edin. Kahkahayla gülmenin bağışıklık sistemini güçlendirdiğini, endişeyi ve fiziksel rahatsızlığı azalttığını da unutmayın.

Farklı oyun biçimleri hastalık geçiren daha büyük çocuklar için de faydalı olabilir. Aşağıdaki örnekte bir anne, oğluna konulan korkutucu teşhisle, sembolik oyunlar ve gücün çocukta olduğu oyunlar sayesinde nasıl başa çıktığını anlatıyor.

> Sam 8 yaşındayken, kalbinin üst kulakçığında delik olduğu teşhis edildi (atrial septal defekt). Belirtilerden biri, hareket ederken ya da oyun oynarken çok çabuk yorulmasıydı. Ayrıca bu hastalığın anlamı, normal bir insana göre daha kısa ömrü olacağıydı (ortalamadan yaklaşık 15 yıl daha az). Sonraki üç yıl boyunca, tetkikler yaptırmak ve farklı görüşler almak için pek çok çocuk kardiyoloğuna gittik; bazı doktorlar bu teşhisin tersini savunuyordu. Şans eseri, delik zaman içinde kendi kendine kapandı; böylelikle Sam'in ameliyat olması da gerekmedi. Üç yıllık süreçte yaşadığı tüm duygu ve düşüncelerinin düzelmesine yardımcı olan terapi niteliğinde oyunlar oynadık. İlk konulan teşhis son derece korkutucuydu; daha sonraki doktor ziyaretleri ise duygusal iniş çıkışlarla doluydu. İlk teşhisten kısa bir süre sonra, kalbinde delik olan biri olarak hislerini çizerek ifade etmesini istedim ondan. İlk başlarda çizimleri karalamalardan ibaretti. Zaman içinde bunlar kalbinde delik olan insanlara dönüşmüştü. Eline bir yastık verip duygularını yastığı kullanarak da ifade edebileceğini söylüyordum. Bana yastıkla vurduğu zaman mahsustan aşırı tepki gösteriyordum ve bu oyun seansları çoğu zaman, yastık savaşıyla sonlanıyordu. Baştaki öfkesi kahkahalara dönüşüyor, ama bazen de ağlıyordu. Eline oyun hamuru verip duygularını şekillendirmesini istiyordum. Genelde kalbinde delik olan insan ya da hayvan figürü yapıyordu. Bazen de bu heykelcikleri bana hediye ediyordu; etmediklerini de odasında özel bir yerde tutuyor, beklenmedik bir anda ortaya çıkarıyordu. Sağlık durumundan bahsetmek için en uygun zamanın, bu küçük heykelcikleri ortaya çıkarttığı an olduğunu öğrenmiştim.

Eğer çocuğunuz zor bir tıbbi tedavi sürecinden geçmek zorundaysa, bu süreci eğlenceli kılacak ve çocuğunuzun işbirliğine açık olmasını sağlayacak oyunlar oynayabilirsiniz. Bu tür oyunlar sayesinde çektiği acıya veya duyduğu korkuya odaklanmaz, yaşadığı sıkıntılardan *uzaklaşır.* Kahkahayla gülmek, rahatlamasını ve işbirliğine istekli olmasını sağlar. Bir avantajı da, çocuğunuzun daha ileride bu süreçle ilgili güzel hatıralara sahip olmasıdır.

Aşağıdaki örnekte bir anne, zorlu bir tıbbi tedavi süreci geçiren kızına yardımcı olmak amacıyla oyun ve kahkahayı kullanma biçimini anlatıyor.

Sally 3 yaşına kadar tüple beslendi. Bu yıllarda bazen günde beş kez kusuyor, kilo almakta zorlanıyordu. O dönemde pek çok şeyi oyun malzemesi olarak kullanıp içinde bulunduğumuz durumu mümkün olduğunca eğlenceli hale getirdik. Saatlerce tüple beslenirken, kitaplar okuyorduk ya da ona küçük espriler yapıyorduk ve o da ellerini çırpıp kahkahayla gülüyordu. Ayrıca kukla oynatıyordum, müzik çalıyordum hatta o mama pompasını ayaklarının arasında tutarken ben ona amigo gösterileri bile sergiliyordum. Doktor ve hastane ziyaretlerimizi mümkün olduğunca eğlenceli hale getiriyorduk. Sally bebek arabasında, hastane koridorlarında lunaparkta kayıyormuşuz gibi yaptığımız koşuşturmalarımızı hatırlıyorum. Sally şimdi 5 yaşında; mutlu ve kendine güvenli bir çocuk.

Çocuğunuz güçsüz ya da hastaysa, onu duygusal olarak güçlendirecek ve ilgisini hastalıktan uzaklaştıracak, sizin yönlendireceğiniz kurgusal oyunlar oynayabilirsiniz. Yukarıdaki örnekte olduğu gibi amaç, kaygı ve acı gibi duygulara odaklanmasını engellemek ve kendini güçlü hissedeceği, keyifli duygular edinmesine yardımcı olmaktır. Bu da, kendini güçlü hissetmesini sağlayacak hikâyeler yaratmakla gerçekleşir. Çocuğunuzun yaşadıklarıyla ilgili, onun kahramanlaştırıldığı hikâyeler en etkili olanlardır. Özellikle mizah, macera, sürpriz ve büyüleyici unsurlar barındıran hikâyeler son derece faydalıdır. İlerde çocuğunuz sağlığına kavuştuğunda, doktor ve hastane konulu oyunlar oynayarak onun duygusal olarak iyileşmesine de yardımcı olabilirsiniz.

Sizin yönlendirdiğiniz kurgusal oyunlar, özellikle hayal gücü güçlü olan çocuklar için çok yararlıdır. Aşağıdaki örnek, bunu kendi kızımda uygulama biçimimi anlatıyor.

Sarah, 8 ila 12 yaşları arasındayken, ateşi çıktığında ya da başı ağrıdığında onunla benim yönlendirdiğim kurgusal oyunlar oynardım. Elimde ıslak bir havluyla yatağının kenarına oturur, ormanda patika yoldan geçilerek gidilen sihirli göletin hikâyesini anlatırdım ona. Göletin üzeri nilüfer yapraklarıyla kaplıydı; kurbağalar da bu nilüfer yapraklarının üzerinde oturup göleti koruyorlardı. Patikadan nasıl yürüdüğümü ve elimdeki havluyu göletin şifalı suyuna nasıl batırdığımı anlatıyordum. Kurbağalara Sarah'nın kendini iyi hissetmediğini söylediğimi, onların da ona geçmiş olsun dileklerini ilettiklerini söylüyor sonra da elimdeki ıslak havluyu alnına koyuyordum. Bu hikâyeyi anlattıktan sonra çoğu zaman daha iyi görünüyor ve güçleniyordu. Buna "Sihirli gölet" diyorduk.

Çocuğunuz herhangi bir hastalık ya da ameliyattan sonra eski gücüne kavuştuğunda, ağlama hatta öfke nöbeti geçirmeye başlarsa şaşırmayın. Bu tür duygusal dışavurumlar, yaşadığı tıbbi travmanın iyileşmekte olduğunun göstergesidir. Ağır hastalık geçiren çocukların ağlamak için enerjisi olmaz; dolayısıyla aslında ağlamak, –fiziksel olarak acı duymadığını varsayarsak– çocuğunuzun yeniden sağlığına kavuştuğuna dair bir işaret olabilir.

Bu tür patlamalar sırasında onu durdurmaya çalışmadan sadece yanında olun. Öfke ve ağlama nöbetleri bittikten sonra, büyük olasılıkla kendini daha dingin, rahat ve mutlu hissedecektir. Bir başka bölümde de açıklandığı gibi çocuklar, çoğu zaman ufak tefek şeyleri duygusal öfke nöbetlerini tetikleyen bahaneler olarak kullanırlar ("kırık kurabiye" fenomeni).

Tıbbi ya da daha başka bir büyük travma yaşamış çocukların bazıları gelişimlerinin daha erken bir dönemine geri dönebilirler. Çocuğunuz bebek gibi davranmaya başladıysa, yeniden rahatlamak ve bebekliğindeki sıcaklığı duymak istiyor olabilir. Ona sarılıp hoplatmanın, şarkılar söyleyip bebek oyunları oynamanın, yani ona bebekmiş gibi davranmanın hiçbir sakıncası yoktur.

Not: Bu kısmın 9. Bölümü'nde yer alan, çocukları tıbbi müdahaleye hazırlamanın yollarıyla ilgili önerilere göz atın.

Kaza, hastalık ya da hastanede belli bir tedavi süreci geçiren çocuklar için eğlenceli aktiviteler

- Sembolik oyunlar (örneğin, bir kazayı konu alan oyunlar oynamak, çocuğa oyuncak doktor muayene seti ya da oyun hamuru vermek gibi)
- Yönlendirilmemiş çocuk merkezli oyunlar
- Gücün çocukta olduğu oyunlar
- Tıbbi müdahale sürecinden daha kolay geçmesine yardımcı olacak, gülüp kahkaha atacağı saçma oyunlar
- Hasta çocuklarla oynanan sizin yönlendireceğiniz kurgusal oyunlar: Komik, maceranın, sürprizlerin ve büyüleyici unsurların yer aldığı hikâyeler
- Çocuğun yaşça geriye gittiği oyunlar

Ayrılık travması

Küçük çocukların çoğu, aşağı yukarı 8 aylıkken başlayıp birkaç yıl süren ayrılık kaygısı yaşarlar. Bebekler ve küçük çocuklar, bu dönemde anne babalarına (ya da aşina oldukları bakıcılarına) adeta yapışır, ayrı kaldıklarında ağlar, geri döndüklerinde de onları büyük bir sevinçle karşılarlar. Bu yaştaki çocuklar yeni bakıcılarına çabuk alışırlar, ancak kendilerini güvende hissetmeden önce onları birkaç kez görmeleri gerekebilir. Çocukların ayrılık kaygısını aşmalarına, aşağıdaki örnekteki gibi ce-e oyunu oynayarak yardımcı olabilirsiniz.

> Oğlum 12 ile 24 ay arasındayken bazen doktora ya da diş hekimine gitmem gerektiğinde, onu evde bakıcıyla bırakırdım. Bakıcısını tanıdığı, çok da sevdiği halde benden güçlükle ayrılır; çoğu zaman da ağlardı. Gitmeden önce ce-e oyunu oynarsam bu ayrılıkla daha kolay baş edebildiğini keşfetmiştim. Dışarı çıkıp açık olan pencereden ona el sallar, yere eğilip saklanır, sonra da birdenbire ortaya çıkardım; bu oyun çok hoşuna giderdi. Her yaptığımda içten kahkahalar atarak gülerdi. Bu oyunu birkaç dakika oynadıktan sonra tekrar eve girer, ayrılmadan önce hoşça kal dercesine onu kucaklardım. Ce-e oyunu oynamaya başladıktan sonra hiç ağlamadı; sadece el sallayıp beni yolcu etti.

Bebekler ve küçük yaşlardaki çocukların anne babalarından ya da onlara bakan kişilerden uzun süre ayrı kalmaları, ciddi bir stres unsurudur. Çocuklar ne kadar uzun ayrı kalırlarsa, o kadar fazla travma yaşarlar. –Ayrılık ya da ölüm nedeniyle– anne babalarından kalıcı olarak ayrılmak zorunda kalan çocuklar, kaç yaşında olurlarsa olsunlar şiddetli travma yaşarlar ve bu çocukların kayıp, kafa karışıklığı, dehşet ve öfke duygularıyla baş etmek için tedavi görmeleri gerekebilir. Ayrılık travması fiziksel ayrılığın olmadığı durumlarda da yaşanabilir. Son derece stresli, sıkıntılı, endişeli, öfkeli, dalgın ve kaygılıysanız, büyük olasılıkla çocuğunuza yeteri kadar zaman ayırıp ilgi gösteremezsiniz. Belki de doğum sonrası depresyonu yaşıyor, çocuğunuzla ilk yıl kuracağınız güvenli bağlanmayı oluşturamıyorsunuz. Aranızdaki duygusal kopukluğun nedeni ne olursa olsun, ilişkiniz zedelendiğinde çocuk kendini terk edilmiş hissedecektir.

İster fiziksel ayrılık, ister duygusal uzaklaşma olsun, herhangi bir biçimde ayrılık travması yaşayan çocuklar genellikle saldırganlık, sıkı sıkıya yapışma ya da işbirliğine yanaşmama gibi anne babalarını zorlayan davranışlar sergilerler. Ayrıca sürekli ilgi isteyebilirler.

Çocuğunuz ayrılık travması yaşadığında, çocuk ile anne babanın ayrı kalmak zorunda olduğu mola benzeri ceza uygulamalarından uzak durmanız son derece önemlidir. Çünkü böyle bir çocuğu ayrı kalmaktan daha fazla ürkütecek başka hiçbir şey yoktur. Benim önerim, travma yaşasın ya da yaşamasın tüm çocuklara ceza içermeyen disiplin uygulanmasıdır.

Fiziksel ya da duygusal ayrılıklar nedeniyle ayrılık travması yaşayan çocukların iyileşmesinde, oyun oynamak son derece faydalı olabilir. Bu çocuklarla da, aynen ayrılık kaygısında olduğu gibi terapi etkisi oluşturan ce-e ve saklambaç gibi ayrılık oyunları oynanabilir. Bu konuyla ilgili bir örneği aşağıda bulabilirsiniz.

3 yaşındaki Ellen, annesi apandisit ameliyatı nedeniyle hastanede yatmak zorunda kaldığında ayrılık travması yaşamıştı. Annesi eve döndüğünde, Ellen geceleri sık sık "Anne, anne!" diye çığlık atarak uyanıyordu. Annesi bana danıştığında, Ellen'ın ağlama nöbetlerini kabullenmesini, onu susturmaya çalışmamasını önerdim. Ayrıca onunla saklambaç oynayıp kahkahalarla gülmesi için teşvik etmesini de söyledim. Annesi önerilerimi uyguladıktan sonra Ellen'ın kaygı duygusu ve gördüğü kâbuslar azaldı.

Ayrılık travması yaşamış çocuklar için fiziksel temas da çok önemlidir. Sizinle kurdukları yakın fiziksel temas, güvende olma ve bağlanma duygularını yeniden kazanmalarına yardımcı olacaktır. Çocuklar yakınlaşma yollarını bulmakta yeteneklidirler; ancak çocuklarınızın bu konudaki gayreti bazen sizin için rahatsız edici olabilir. Fiziksel ya da duygusal herhangi bir ayrılık sonrası, bu tür davranışlarının sizinle tekrar bağlanma çabaları olduğunu algılayabilirseniz, belki bunu bir oyuna bile dönüştürebilirsiniz.

Örneğin, 3 yaşındaki oğlunuz önünüzde durup bacaklarınıza sarılmışsa, onu görmemiş gibi yapıp yürümeye çalışın; oflayıf puflayarak yürümenin ne kadar zor bir iş olduğundan şikâyet edin. Büyük olasılıkla kıkırdayarak gülmeye başlayacaktır. Ya da, birbirinize yapışmış numarası yapın. Eğer 5 yaşındaki kızınız rahatsız edici bir biçimde durmaksızın yüzünüzü yalıyorsa, siz de onun yüzünü yalayıp, "Hıımm çok nefis! Külahta çikolatalı dondurma gibisin!" deyin. Bu tür eğlenceli yaklaşımlar, çocuğunuzun yakınlaşma ve kendini güvende hissetme ihtiyacına yöneliktir.

Travmatik bir ayrılık yaşayan çocuklar, kendilerini yeniden bağlanmaktan (ve acı çekmekten) korumak için insanlarla temasa direnç gösterebilirler. Çocuğunuz fiziksel temasa direniyorsa, onun sınırlarına saygılı olmanız son derece önemlidir; sadece eğlenceli oyunlar sayesinde bu sorunla başa çıkmanın yollarını arayın. En tedirgin çocuklar bile el el üstünde oyununa ya da bilek güreşine dayanamazlar, ki siz bunu gücün çocukta olduğu oyunlara dönüştürebilirsiniz. Büyük olasılıkla doktorculuk oyunu sırasında tansiyonunu ölçmenize ya da cildine krem sürmenize izin verecektir ya da elbisenizin koluna veya gömleğinizin içine saklayacağınız bir oyuncağını bulmasını isteyebilirsiniz ondan. Belki de kovalamaca oynadıktan sonra onu yakalayıp kısacık da olsa kucaklamanıza ya da ellerinin üzerinde yürüyorken bileklerinden tutmanıza izin verecektir. Yaşadığı travmadan arınıp yeniden güven duygusunu kazanırken, zaman içinde sizinle daha fazla fiziksel temas kuracaktır.

Evlat edinilen çocukların tümü onları dünyaya getiren annelerinden ayrılmışlardır. Evlat edinilmeden önce koruyucu aile yanında ya da yetiştirme yurdunda kalan bu çocuklar, ayrılık travmaları yaşarlar. Aşağıda danışanlarımdan birinin anlattığı örnek, ayrılık oyunlarının evlat edinilen çocuklar için ne kadar faydalı olduğunu gösteriyor.

Romanya'dan gelen küçük David, annesi ölünce, daha iki günlükken yetiştirme yurduna verilmişti. Amerikalı anne babası onu evlat edindiklerinde ise 10 aylıktı ve ilk günden itibaren davranış sorunları sergilemeye başlamıştı. David 3 yaşındayken davranış terapisti, mola sistemini kullanmalarını önermiş, ama bu davranışlarının daha da kötüleşmesine yol açmıştı. 4 yaşına geldiğinde, anne babası benim çalışmalarımı keşfetmiş, mola yöntemini kullanmayı bırakıp bana danışmaya gelmişlerdi. David'i inatçı, tepkisel, kolay heyecanlanan, kural tanımayan, saldırgan ve kıskanç bir çocuk olarak tanımlamışlardı. David okulda daima birinci gelmek istiyor, arkadaşlarına vuruyor, canları yandığında kahkahalarla gülüyordu. Gerek okulda gerekse evde, özellikle anne babası bir şey yapmasını istediğinde kaçıp saklanıyordu. Bir psikolog, dikkat eksikliği, hiperaktivite ve (saldırganlık gibi) dışsallaştırılan davranış riski taşıdığını belirtmişti. Anneye ceza içermeyen disiplinle ilgili bazı ipuçları verdim ve oğullarının ağlama nöbetlerini ve öfkesini tamamen kabullenmelerini önerdim. David'in sık sık kaçması bana, iyileştirilmemiş ayrılık travmasından dolayı sorun yaşadığını gösteriyordu; dolayısıyla annesine, her gün oğluyla birlikte saklambaç ya da kovalamaca oynamasını önerdim. Ne kadar çok gülerse o kadar kısa zamanda iyileşeceğini ve davranışlarının da düzeleceğini anlattım. Sekiz hafta sonra takip seansı yaptık ve anne, oğlunun davranışlarında gözle görünür gelişmeler olduğunu söyledi. Okulda ve evdeki saldırganlığı azalmış, kaçmayı bırakmış ve işbirliği yapmaya başlamıştı.

Oyun oynarken konsantrasyonu çok daha iyiydi ve okulda sessiz ve sakin ortamlarda uygulanan –resim gibi– aktiviteleri de denemeye başlamıştı. Hatta büyük bir özen ve dikkatle bir çiçek resmi yapmıştı, ki böyle bir şey daha önce hiç olmamıştı.

Bu çocuk, ilk olarak biyolojik annesinden ayrıldığı, sonra da yetiştirme yurdunda kaldığı için iki önemli ayrılık travmasıyla mücadele ediyordu. Anne babası saklambaç oynamanın yanı sıra ona ceza içermeyen disiplin uygulamaya da başladılar. Oğullarının iyileşme sürecinde, ağlama ve öfke nöbetlerini kabullenmeleri de büyük olasılıkla önemli bir rol oynamıştı.

Küçük çocuklar ayrılık travmasıyla baş etmeye çalışırken, onlara evlat edinildiklerini anlatmanın en etkin yolu, bebek ya da oyuncak hayvancıklarla sembolik oyunlar oynamaktır. Danışanlarımdan başka birinin anlattığı aşağıdaki örnek, sembolik oyunları kullanma biçimiyle ilgili bilgi veriyor.

> 2 yaşındaki Trevor, 7 aylıkken Çin'deki bir yetimhaneden evlat edinilmişti. Anne babası ona evlat edinilme hikâyesini anlatırken, diğer oyun temelli aktivitelerin arasında –ayrılık oyunları da dahil– ayıcık ailesini kullanmalarını önerdim. Annesi, takip seansımız sırasında Trevor'ın ayıcık ailesi hikâyesine bayıldığını söyledi. Oyun esnasında yetimhanedeki olayları hatırlamaya ve bunlar hakkında konuşmaya başlamıştı! Anne, Trevor'ın yetimhanedeki günlerini hatırladığına ikna olmuştu; ayıcık ailesinin yardımıyla bununla ilgili konuşmak ve oyun oynamak, geçmişte yaşadıklarını algılamasına ve duyguları üzerinde yoğunlaşmasına yardımcı olmuştu.

Evlat edinilmeden önce yetimhanede yaşayıp sevgi ve ilgiden mahrum kalmış çocuklarla, çocuğun yaşça geri döndüğü oyunlar oynanmasını da çoğu zaman öneriyorum. Çocuğunuza sarılıp kollarınızda sallarken, bırakın o da bebek gibi davransın.

Ayrılık travması yaşayan çocuklar için eğlenceli aktiviteler

- Ayrılık oyunları (örneğin, ce-e, saklambaç, kovalamaca)
- Fiziksel temas gerektiren aktiviteler
- Ayıcık ailesi kullanılarak, yaşanan olayın canlandırıldığı sembolik oyunlar
- Çocuğun yaşça geriye gittiği oyunlar

7. bölüm

Okul stresi

Okul da çocuklar için büyük bir stres kaynağı olabilir. Çocuklar uzun süre aynı yerde oturmaktan ve kendi seçimleri dışında bir şeyler yapmaktan strese girebilirler. Ayrıca uygun olmayan eğitim yöntemleri de çocuklarda stres ve endişeyi artırabilir. Sınav başarısının siz ya da öğretmeni için büyük önem taşıması, çocuğunuzda sınav kaygısı oluşturabilir. Aşırı hassas çocuklar, yüksek sesle konuşulmasından ya da parlak ışıklardan son derece etkilenirler. İşleri çabucak tamamlamak zorunda olmak da onları şaşkına çevirebilir.

Stres kaynağı bazen daha ciddi bir neden de olabilir. Kuşkusuz katı disiplin, oyun parkında uğradıkları zorbalık ya da öğretmen tarafından uygulanan cinsel istismar çocuklar için dehşet vericidir. Korkular ve okula gitmekte isteksizlik daima geçerli bir sebepten ortaya çıkar; sizin de bu konudaki endişelerinizi okul yönetimiyle konuşmanız son derece önemlidir.

Okula gitme konusunda stres yaşayan çocuklar, sorun hakkında açıkça konuşmayabilirler. Bunun yerine kardeşleriyle tartışabilir, uyumakta zorlanabilir, başlarının ağrıdığından şikâyet edebilir, okula gitmek ve ev ödevlerini yapmak istemeyebilirler ya da ailece yaptığınız aktivitelere katılmak istemeyebilir, sadece bilgisayar oyunları oynamak isteyebilirler. Ayrıca daha fazla öfke nöbetleri geçirmeye de başlayabilirler.

Okul stresinin bu tür davranışların oluşmasına katkısı olduğunu düşünüyorsanız, stres kaynağının asıl nedenini bulmaya çalışın. Çocuğunuza sıkıntı veren bu sorunu çözümlemek adına öğretmeniyle ya da okul müdürüyle görüşmekten çekinmeyin.

Bu tür zorlayıcı duyguların okulla alakası olmayabilir de; bunun farkına varmak önemlidir. Aile fertlerinden birinin hasta, depresyonda ya da alkolik olması gibi faktörler de çocuğun stres yaşamasına neden olabilir; dolayısıyla strese okulun neden olduğunu düşünmeden önce, diğer stres kaynaklarının tümünü iyice gözden geçirin.

Çocuğunuzun yaşadığı okul stresinin üstesinden gelmesine, onunla oyunlar oynayarak yardımcı olabilirsiniz. Aşağıda okul kaynaklı stres yaşayan çocukların bunlarla başa çıkmalarına yardımcı olmak için kullanılan oyun temelli üç tip yaklaşım anlatılıyor; okuldaki kurallarla ilgi kaygı ve endişe; akran zorbalığı ve "kötü davranan" öğretmenler.

Okuldaki kurallarla ilgi kaygı ve endişe

Bazen çocuklar, öğretmenleri sert bir disiplin uygulamasa da kural çiğneme kaygısı yaşarlar. Genellikle bu durum, evde hiçbir zaman cezalandırılmamış çocuklarda görülür. Hangi tür olursa olsun cezalandırılma fikri, bu çocukları dehşete düşürebilir.

Böyle durumlarda, oyun aracılığıyla soruna yönelik çalışmalar yapabilirsiniz. Bu durumda en etkin yaklaşım, abartılı ve saçma hareketler (saçma oyunlar) sayesinde kahkahalarla gülmelerini sağlamaktır; aşağıda oğlumla yaşadığım örnekte görüldüğü gibi.

Nicky 10 yaşına kadar öğretmeninin hiçbir şekilde ceza uygulamadığı bir okula gitti. 10 yaşındayken disiplin konusunda daha geleneksel yaklaşım sergileyen başka bir okula devam etmeye başladı. İlk günün sonunda, elinde okulun kurallarını ve bu kurallar uygulanmadığı takdirde katlanılacak sonuçları içeren bir dosyayla eve geldi; bunları anne ya da babasıyla birlikte okuması gerekiyordu. Kurallarla ilgili listeyi okuduktan sonra, bunları hatırlayıp hatırlamayacağına dair kaygılandığını, hatırlamazsa da sonunda olacaklardan korktuğunu söyledi. Okula gitmeyi istemediğini anlattı. Ona bu kaygısı konusunda yardımcı olmak için, sırf eğlence olsun diye bazı saçma kurallar oluşturdum. İşte bunlardan örnekler: 1- Okulu yakmak yasaktır. 2- Öğrenciler okulda araba kullanamazlar. 3- Hiçbir çocuk okula çıplak gelemez. 4- Okulda kitap yemek yasaktır. Ben bu kuralları mahsustan büyük bir ciddiyetle söylerken, Nicky de içten kahkahalar atarak gülüyordu. Sonra, daha da rahatladı ve güvenle yeni okuluna gitmeye başladı, hiçbir kuralı da çiğnemedi.

Bu örnekte oğlumun kuralları bozma kaygısından arınmasını sağlayan asıl unsur, kahkahalarıydı.

Akran zorbalığı

Pek çok çocuk okul arkadaşları tarafından alay konusu olup zorbalığa uğramıştır. Okul yönetimiyle konuşmanın yanı sıra, bu konuda evde de çocuğunuza yardımcı olabilirsiniz. İşte oğlumla yaşadığım bir örnek.

> 6 yaşındaki Nicky, okulda oyun bloklarından yaptığı kaleyi acımasız, kötü niyetli bir çocuğun kasten devirdiğini söylemişti. Ona yaşadığı bu olayla ilgili yardım etmek için sembolik oyunlardan birini kullandım. Küçük oyuncak bloklarla minyatür bir kale inşa ettim ve kalesini bozan çocuğu temsilen de canavara benzeyen bir kukla kullandım. Nicky oyuna, kahkahalarla gülerek büyük bir hevesle katıldı ve o acımasız, kötü çocuk olmak istedi. Bu oyunu defalarca oynadıktan sonra okula gitme konusunda kendini daha güvende hissetmeye başladı.

Akranları tarafından hor görülen daha büyük yaştaki bir çocuğa yardım etmek için, ondan kötü davranan çocuğun resmini ya da oyun hamurundan temsili figürünü yapmasını isteyebilir; sonra da, o resmi ya da minik heykelciği imha etmesine fırsat verebilirsiniz. Ancak bu eylemin çok ciddi boyutta olmasına müsaade etmeyin. Çocuğunuz temsili objeleri yok ederken, siz de zorbalık yapan çocuğu temsil edip yüksek sesle acı çektiğinizi ima ederek onu kahkahalarla gülmeye teşvik edin. Bunu yaptığınızda büyük olasılıkla kahkahalarla gülecek ve bu kahkahalar da onun öfke ve gerginlikten kurtulmasına yardımcı olacaktır.

"Kötü davranan" öğretmenler

Çocuğunuz okul ortamını stresli bulabilir; her ne kadar son derece nitelikli ve sevecen olsalar da öğretmenlerini suçlayabilir. Okul ortamı çocuğunuza can sıkıcı ve bunaltıcı gelebilir. Belki de aynı yerde uzun süre oturmakta zorlanıyor, sıkılıyordur ya da uygulanan sistem onun öğrenme biçimiyle örtüşmüyordur. Çocuğunuz parmağını kaldırdığında öğretmeni ona söz vermemiş, o da önemsenmediğini hissetmiş olabilir. Belki de öğretmeni onun, içinde yakın arkadaşlarının olmadığı başka bir gruba katılmasını istemiştir. Çocuğunuz bu tür durumlarda, "Öğretmenimden nefret ediyorum" ya da "Öğretmenim çok kötü biri" diyebilir.

Onun ihtiyacı, sizin onun yanında olmanızdır; öğretmeninin yaptığını savunursanız ya da –gerçekten öyle olsa bile– harika bir öğretmen olduğunu söylerseniz, sizin onu desteklediğinizi ve anladığınızı hissetmeyecektir. Eğer o öğretmeninin kötü biri olduğunu düşünüyorsa, duygularını yargılamadan kabullenmek önemlidir. Öğretmeninden hoşlanmamasının nedeni ne olursa olsun, okul temalı sembolik oyunlar oynamasını sağlayarak ona yardımcı olabilirsiniz. Çoğu çocuk kendiliğinden arkadaşları ya da kardeşleriyle, okulla ilgili oyunlar oynar ve bu oyunlarda da okulda yaşadıkları deneyimler üzerine yoğunlaşırlar. Çocuğunuzun duygularını kabullenmeniz ve oyununa katılımınız, onun iyileşme sürecini hızlandırır.

Çocuğunuzla okulla ilgili oyunlar oynadığınızda, –öğretmen ya da öğrenci– hangi karakteri canlandırmak istediğine bırakın o karar versin; ayrıca oyunu da o yönlendirsin. Sizin göreviniz, oyunun aşırı ciddileşmesine engel olmak. Eğer çocuğunuz öğrenci rolünü oynuyorsa, siz de açık seçik bir yığın hatalar yapan beceriksiz öğretmen ya da sert disiplin uygulayan haşin öğretmen canlandırması yaparak, bu oyunu gücün çocukta olduğu oyunlara dönüştürebilirsiniz. Çocuğunuz öğretmen rolünü oynamak isterse, siz de öğretmeni onu düzelttiğinde ya da cezalandırdığında, –abartılı bir biçimde– yetişkin otoritesine boyun eğen asi çocuğu canlandırabilirsiniz. Oyunu komik ve eğlenceli hale getirdiğinizde kahkahalar yardımıyla gerginlikten kurtulacaktır.

Eğer çocuğunuz bu tür oyunlar oynama yaşını geçtiyse, öğretmeninin resmini ya da kilden heykelciğini yapmaya teşvik edin; daha sonra da, siz işkence gören biri gibi sesler çıkartırken onun da yaptığını bozmasına izin verin. Burada da yukarıda anlatılan zorbalık konusuna benzer bir yaklaşım sergileniyor.

Aslında burada, temsili öğretmen figürüne karşı saldırgan davranmasına izin vererek ya da beceriksiz veya kötü davranan öğretmen rolü oynayarak, öğretmeni eleştirmiş ya da otoritesini küçümsemiş olmazsınız. Çocuğunuzun onu kabullenip duygularını tümüyle anladığınızı bilmeye ihtiyacı vardır. Evde öğretmenine sembolik olarak saldırması öfke ve gerginlikten arınmasına yardımcı olacaksa, buna ihtiyaç duyuyor demektir. Çocuğunuz bu yaklaşım sayesinde, öğretmen kaynaklı olsun ya da olmasın okulda yaşayacağı her tür stresle başa çıkabilecektir. Anlaşıldığını hissederek daha güvenli bir biçimde okuluna dönecektir. Hatta daha sonraları öğretmeninin o kadar da kötü olmadığını söyleyerek sizi şaşırtabilir bile!

Not: Çocuklarınıza ev ödevi stresi konusunda yardım etmekle ilgili ipuçları için 2. Kısım 9. Bölüm'e bakın. Çocuklarınızı yeni bir okula ya da yaklaşan sınava hazırlamakla ilgili ipuçları için de 3. Kısım 9. Bölüm'e bakın.

Çocukların okulda yaşadıkları stresle başa çıkmalarına yardımcı olacak eğlenceli aktiviteler

- Saçma oyunlar (örneğin, saçma kurallar uydurun)
- Gücün çocukta olduğu oyunlar (örneğin, anne babanın beceriksiz kötü öğretmen rolü oynadığı, okulla ilgili oyunlar)
- Oyuncaklarla oynanan ve okulda yaşadıkları stresle ilgili tema içeren sembolik oyunlar (örneğin, çocuğun zorbalık yapan çocuk rolünü oynadığı ya da zorbalık yapan çocuğu ya da öğretmenini temsil eden figürü yok ettiği oyunlar)

Fobi ve kaygılar (anksiyete)

Çocuklar korktukları zaman aşırı ilgi ister, mızmızlanır, inat eder ve işbirliğine yanaşmazlar. Ayrıca yakınlarından ayrı kalmak istemezler, uyku düzenleri bozulur ve saldırgan davranırlar. Öğrenme, büyüme ve diğer insanlarla sevecen bir bağ oluşturma yetileri de gelişmeyebilir. Korkularının üstesinden gelmelerine yardımcı olmaya çalışırsanız, davranışları düzelir; böylece aile içindeki stres de hafifler.

Çocukların korkuları iki temel nedene dayanır. Travmatik korkular, yaşanan herhangi bir sarsıcı olay nedeniyle oluşurken, çocukluk dönemi korkuları çocuğun hayal gücünü canlı tutarak ölüm farkındalığı geliştirmesi nedeniyle oluşabilir. Belirli oyunlar oynayarak, çocuğunuzun her iki korkuyla da başa çıkmasına yardımcı olabilirsiniz.

Çocukluk dönemi korkuları

Çoğu çocuk 3 yaş civarında ölümün –kendisinin ya da anne babasının ölümü– farkına varmaya başlar. Ölüm farkındalığı, çocuğun kendini savunmasız hissetmesine ve yeni korkular edinmesine yol açabilir. Karanlıktan, banyo musluğundan, tuvaletten, hayvanlardan ve hayali canavardan korkmak gibi bilinen korkular. Bu tür erken çocukluk dönemi korkuları 8 yaşına kadar, hatta bazen daha da fazla sürebilir.

Bu durumda çocukların korkularıyla ilintili tema içeren sembolik oyunlar oynamak son derece faydalıdır. Aşağıdaki örnekte bir anne, yılan korkusu olan 3 yaşındaki oğluyla oynadığı sembolik oyunu anlatıyor.

Eric 3. yaş gününden hemen önce suçiçeği oldu. İşte o günlerde yılan korkusu da oluşmaya başladı. Belki de suçiçeğinin verdiği kaşıntı hissiyle ilgiliydi, bilemiyorum. Bir akşam yerde yılanlar gördüğünü söyledi, sonra da o yılanların hepsinin benim üzerimde dolaştıklarını! Adeta halüsinasyon görüyordu. Bu korku, akşamları özellikle de çok yorgun olduğu zamanlarda ortaya çıkıyordu. Bazen geceleri uyanıp yılanları hayal ediyordu. Bu aylar boyunca sürdü. O zamanlar ağabeyi kobra yılanlarına hayrandı. Kobralar Eric'in de ilgisini çekiyordu; dolayısıyla yılanlar hakkında çok şey biliyordu. Onun kahkahalarla gülmesine gayret ettim. Oyun hamurundan yılanlar yapıp yılan ailesi oluşturduk. Sonra da onları bıçakla keserek çok eğlendik ve kahkahalarla güldük. Oyuncak plastik yılanlardan korkuyor numarası yapıyorduk. Böylece Eric'in yılan korkusu yavaş yavaş yok oldu.

Aşağıdaki örnek de, kızımın örümcek korkusunu yenmesine yardımcı olmak amacıyla oynadığımız sembolik oyunu anlatıyor.

Sarah 4 yaşındayken örümcekten korkmaya başladı. Bu korkuyu yenmesine yardımcı olmak için kollarını ve yüzünü parmaklarımla gıdıklayıp şakacı bir sesle "Üzerinde örümcek dolaşıyor!" diyerek onunla oyun oynuyordum. Bu oyunu oynarken her zaman kahkahalarla gülüyordu. Sonra o bana aynısı yapmak istedi; böylece örümcek oyununu birbirimizin üzerinde sırayla oynamaya başladık. O parmaklarını örümcek gibi benim üzerimde dolandırdığında, ben de çok korkmuş numarası yapıyordum. Bu oyunu defalarca oynadıktan sonra örümcek gördüğünde, artık paniğe kapılmamaya başladı..

Oğlumun bazı hayvanlara karşı korkusu oluşmaya başladığında, aşağıdaki gücün çocukta olduğu oyunu oynamamız çok hoşuna gitmişti.

Nicky 3 yaşındayken, gerçek ya da hayali köpekbalığı, aslan, kaplan ve dinozor gibi insan yiyen tüm hayvanlardan korkmaya başlamıştı. Bu hayvanları içeren kitaplara bakmayı da reddediyordu. Bununla birlikte, beni evde kovalarken kaplan rolü yapmaya da bayılıyordu. Ben mahsustan korkup kaçarken içten kahkahalarla gülüyordu. Yakalamasına izin verdiğimde ise, büyük bir keyifle beni yiyormuş numarası yapıyordu.

Bu örnekte ise bir anne, iki oğlu ve onların arkadaşlarıyla oynadığı gücün çocukta olduğu bir oyunu anlatıyor.

Oğullarım 4 ila 8 yaş arasındayken, onlar ve arkadaşıyla sık sık "kötü cadı" adlı ev dışında oynanan bir oyun oynardık. Ben çocukların hepsini yakalayıp çorba kazanına koymak isteyen aç cadı rolü yapardım. Onları güvende oldukları evlerinden, sadece hazine bulmak için dışarı çıktıklarında yakalardım. Birini yakalamayı başardığımda, onu hayali kazanıma koyup diğerlerini kovalamaya devam ediyordum. Eğer diğerlerinden biri bana dokunabilirse, daha önce yakaladığım serbest kalabiliyordu. Ben bakmadığım sırada sürekli birbirlerini kurtardıkları için, ben de artık iyice bezmiş ve yorulmuş numarası yapıyordum. Oyunun sonunda, çocukların tümü serbest kalıyor, hazinenin hepsini topluyorlardı. Ben ise kazanımda hiç çocuk kalmadığı ve yiyecek bir şeyim de olmadığı için, yerde açlık ve çaresizlik içinde yuvarlanıyordum. Bu oyunu ne zaman oynasak kahkahalarla gülüyorlardı.

Sembolik ya da gücün çocukta olduğu oyunları çocuğunuzun korkularını tetikleyip bunlar üzerinde çalışmak amacıyla ilk kez oynamaya başladığınızda, yavaş ilerleyin ve çocuğunuzun tepkilerine hassasiyetle yaklaşın. Oyunu onların yönlendirmesine izin verin. Korku ve güven duygularının dengede olup olmadığına dair onlar sizi bilgilendirecektir.

Çocuklar, sezgisel olarak kendileri için tedavi niteliği taşıyan oyunlar bulur; bazen de korkularını yenmelerine yardımcı olacak yeni oyunlar icat ederler. Aşağıdaki örneklerde, kızımın bu amaçla yarattığı iki oyun anlatılıyor.

Sarah 6 yaşındayken "tehlike evi" adlı bir oyun uydurmuştu. Arka bahçemizdeki küçük oyun evinin tepesine çıkıp ortalıkta bağırarak, kurtarma hizmeti verdiğini duyurdu. Önce benim gölete düşmüş, yüzme bilmeyen küçük bir kız taklidi yapmamı istedi. Sonra koşup geldi ve bir sopa yardımıyla beni göletin dışına çekti. Daha sonra bir ağaca tırmanıp orada kaldım, aşağıya inemedim. O da bir halatla benim aşağıya inmeme yardımcı oldu. Ardından beni açılır kapanır bir sandalyeye oturtup, bu sandalyenin de yanmakta olan bir ev olduğunu söyledi. Hayali bir tramplen getirip güvenliğim için atlamamı istedi. En sonunda, etrafımın zehirli yılanlarla dolu olduğunu söyledi ve elindeki sopayla onlara vurarak beni kurtarmayı başardı.

Sarah 8 yaşındayken de, "karanlık oyunu" adında ilginç bir oyun daha yaratmıştı. Gece hava karardığında ışıkları söndürüyor; benim odada sessizce bir yere saklanmamı istiyor ve ben saklanırken de, nereye saklandığımı duymamak için birtakım sesler çıkarıyordu. Daha sonra odada kendince araştırma yapıp beni buluyordu. Beni bulduğunda, benim "Böö!" demem gerekiyordu. Tabii ki bu da onu çok güldürüyordu. Bu oyunu defalarca oynadıktan sonra, neden bu kadar çok sevdiğini sorduğumda şunu söyledi: "Karanlık korkumu yenmeme yardımcı oluyor."

Kızım, bu tür hayali senaryolar sayesinde bazı korkularının üzerine gitme fırsatı bulmuştu. İyileştirici etkisi olan bu senaryolara benim katılımımın da faydası olduğunu düşünüyorum. Dolayısıyla, eğer çocuklarınız sizin bu oyunlara katılmanızı isterlerse, zaman ve enerji ayırmak için çabalayın.

Çocuklar genellikle, 8 ile 12 yaş arasında yeni bir farkındalık düzeyine ulaşıp hayatın anlamı ve ölüm hakkında düşünür, bu kavramları ölçüp biçmeye başlarlar. Bu gelişim süreci sırasında ölüm korkusu oluşabilir. Erken çocukluk dönemindeki yersiz korkuların aksine, bu yaşlardaki korkuları çok daha gerçekçi olabilir.

Çocukların ölüm konulu oyunlara gülmeleri faydalı olabilir. Aşağıdaki örnek, ölümden korktuğunu söyleyen oğlumla oynadığım saçma bir oyunu anlatıyor.

Nicky 10 yaşındayken ölüm ve savaş kavramlarına takılmış, "E zaten bir gün öleceksem yaşamamın ne anlamı var ki?" ya da "Büyüdüğüm zaman benim de savaşta çarpışmam mı gerekecek?" diye sormaya başlamıştı. Sorularını yanıtlayıp onu elimden geldiğince rahatlatmaya çalışıyordum. Ancak bu konudaki takıntı ve endişesi azalmadı. Ağlamasına neden olan ölümle ilgili rüyalar görüyordu. Ağlama ihtiyacını destekleyerek, bu sıkıntılı süreçten geçmesine yardımcı olmak için eğlenceli yöntemler kullandım. Bir akşam uyku zamanı geldiğinde, ölüm sözcüğünü kastederek, "Hani senin korktuğun ö harfiyle başlayan kelime neydi?" dedim. "Önlük müydü? Yoksa örtü mü? Ya da ördek miydi?" Gülmeye başladı ve "ö" harfiyle başlayan sözcük ve nesneleri sıralamaya koyuldu. Her ikimiz de bu nesnelerden korkuyormuş numarası yaptık. Bu oyunu yatakta birkaç kez daha oynadıktan sonra ölüm takıntısı azaldı.

Aşağıdaki örnekte de görüldüğü gibi, kızım korkulu rüya gördüğünde de benzer bir yöntem uyguladım.

Sarah 8 yaşındayken kızakla yokuşta kaydığı bir günün akşamı, rüyasında kayalıklardan düştüğünü görüp uyanmıştı. Biraz ağlayıp sonra sakinleşti. Ancak yeniden uyumaktan korktuğunu söylüyordu. Ona "Korkunç bir olay bu. Öleceğini mi sandın?" diye sordum. Kızgın bir ifadeyle, "Bu sözcüğü kullanma sakın; çok korkunç" dedi. Bu nedenle sorumu, "ölüm" sözcüğünü kullanmadan, benzer bir ifadeyle "Tahtalıköye gideceğini mi sandın?" diye değiştirdim. İçten kahkahalar atarak gülmeye başladı. Bu oyunu oynadıktan birkaç dakika sonra yatağa uzandı ve hemen ardından da uykuya daldı.

Travmatik korkular

Çocukluk döneminde korkular kendiliğinden oluşabileceği gibi, bazı travmatik olaylar da korkulara neden olabilir. Sembolik oyunlar, çocukların aynen çocukluk dönemi korkularında olduğu gibi, travmatik korkularıyla baş etmelerinde de oldukça etkilidir. Bu tür sembolik oyunlardan biri de, canlandırmalar yapmaktır. Eğer çocuğunuz travma sonrası korku yaşıyorsa, yaşadığı travmatik olayı eğlenceli bir biçimde canlandırarak iyileşmesine yardımcı olabilir, böylece yaşadığı travmaya karşı hassasiyetini de azaltabilirsiniz.

Bir anne aşağıdaki örneği anlatmıştı.

Kızım 6 yaşındayken küçük bir kasabada yaşıyorduk. Her gün okuldan eve civardaki çocuklardan biriyle yürüyerek geliyordu. Birlikte eve yürüdüğü çocuk bir gün okula gitmemişti. Kızım tek başına eve doğru yürürken, birkaç genç arabalarına gelmesini işaret etmiş. O ise, beslenme çantasını sokağın ortasında düşürüp var gücüyle eve koşmuş. Bu olaydan sonra, bizimle birlikte olduğunda bile umumi yerlerden korkmaya başlamıştı. Ana caddede hem babasının hem de benim elimi tutup yürürken bile ağlayıp eve gitmek için yalvarıyordu. Onu rahatlatmak için gösterdiğimiz tüm çabalarımız bu korkuyu hafifletmediğinden bir psikologdan yardım istedik. Psikolog bizden kızımızın başına geleni anlatmamızı istedi; sonra da ona, gençlerin kendisini kaçıracağına dair korkusunu anlattırdı. Daha sonra ailenin tüm bireylerinin –eşim, ben, kızım ve iki büyük ağabeyi de dahil– her birimizin sırayla bu olayı canlandırmamızı önerdi. Canlandırma sırasında olayı abartıp keyif almamız için bizi teşvik etti. Ailece bu öneriyi uyguladık. Bir hafta boyunca, haftada bir ya da iki kez olayın canlandırmasını yapıyorduk. Bir sonraki randevumuza gittiğimizde, kızımın tüm korkularının tamamen geçtiğini ve o eski neşeli kızın geri döndüğünü söyledik! Bu noktadan sonra ve geri kalan okul hayatı boyunca, yanında bir yetişkin olmaksızın okuldan eve yürümeye devam etti ve bir daha da aynı korkuyu yaşamadı.

Danışanlarımın birinden alınan aşağıdaki örnekte ise, travmatik korku yaşayan başka birinden duydukları yüzünden korkmaya başlayan bir çocuğun hikâyesi anlatılıyor. Annesi, sembolik oyunlar ve gücün çocukta olduğu oyunlar oynayarak, onun bu korkusunu yenmesine yardımcı olmuş.

5 yaşındaki Victor, bir ailenin yetişkin oğullarının polis tarafından vurularak öldürüldüğünü duyduktan sonra polisten ve ölümden korkmaya başlamıştı. Durmaksızın "Ben ve kardeşim öldürülecek miyiz?" diye sorup duruyor, sık sık parmağını annesine doğrultarak "Bang bang" diyordu. Victor'a polis üniforması ve şapkası giydirip onunla polisiye oyunlar oynamalarını önerdim. Ayrıca oğlu annesini vuracakmış gibi parmağını ona doğrulttuğunda, annenin de korkmuş numarası yaparak yere düşeceği, gücün çocukta olduğu oyunlar oynama-

larını tavsiye ettim. Victor'un ancak bu oyunlar sayesinde, gülüp kahkaha atarak korkularının üstesinden gelebileceğini açıkladım.

Çocuklar önemsiz, ufak tefek olaylardan etkilenip travma yaşayabilirler; yaptıkları herhangi bir çalışmanın öğretmenleri tarafından düzeltilmesi gibi. Hassas yapılı çocuklar, bazen herhangi bir düzeltmeyi bile eleştiri olarak algılayıp hata yapmaktan korkabilirler. Aşağıda, başarısız olma kaygısı yaşayan bir çocukla oynadığım, sembolik ve gücün çocukta olduğu oyunları kapsayan örneği bulabilirsiniz.

6 yaşındaki Wendy, resim dersine gittiğinde öğretmeni ona çizim hatalarını göstermişti. Wendy o zamandan bu yana resim yapmaktan çekiniyor, yeni şeyler denemeye de korkuyordu. Yakın zamanda okumaya başlamıştı, ancak hata yapma korkusundan okumayı da reddediyordu; hayal kırıklığına uğramış, başka şeylerde de (örneğin, internet üzerinden uygulanan fonetik/ses bilim programında) hata yapınca iyice güvenini kaybetmişti. Annesi Wendy'yi bizdeki oyun seanslarına getirdi. Öncelikle annesiyle birlikte, yönlendirilmemiş çocuk merkezli oyunlar ve gücün çocukta olduğu oyunlar oynadıktan sonra, ona, annesine ve oyuncak aslancığa yeni bir oyun öğreteceğimi söyledim. Aslanın bu yeni oyunu oynarken zorlandığı, çoğu zaman da hatalar yaptığı konusunda önceden Wendy'yi uyardım. Ona farklı şekilleri olan sekiz adet oyun bloğu verdim; aslanın önüne de oyun blokları koydum. Wendy'ye ona verdiğim oyun bloklarıyla bir şey inşa etmesini söyleyip, aslanın da onu kopya edip edemeyeceğini göreceğimizi belirttim. Wendy oyun bloklarıyla basit bir bina inşa ettikten sonra, ben aslan rolü oynamaya başladım ve onun yaptığını kopyalamaya çalışırken bir yığın hata yaptım. Wendy aslana doğrusunu nasıl yapacağını gösteriyordu. Bu oyunu defalarca tekrarladık; Wendy de aslan her hata yaptığında düzeltmeye devam etti. Daha sonra, aslan hayal kırıklığına uğrayıp sinirlenerek öfke nöbeti geçiriyormuş gibi yapmaya başladım. Aslanın bu öfke nöbetleri sırasında Wendy kıkırdayarak gülüyordu. Sonra aslan rolünü o oynamak istedi; aslanın bir yığın hata yapması ve öfkeden çıldırmış olması çok hoşuna gitmişti. Üçümüz arasında sürekli rol değişimi yaptık. Bir noktada Wendy aslanı rahatlatarak, "Herkes hata ya-

pabilir" dedi. Bu oyunu yarım saat boyunca, o başka bir oyun oynamak isteyene kadar sürdürdük. Seanstan sonra Wendy, annesinden ona oyun sırasında kullandığımız oyuncak aslanın aynısından almasını istedi! Bir sonraki hafta annesine, "Ben bu aslanın tam tersiyim; hata yapmaktan korkmuyorum" demişti. Annesi, internetteki fonetik (sesbilim) programını kullanırken Wendy'nin davranışlarındaki değişikliği de fark etmişti. Hata yaptığında ve bilgisayar "yanlış" dediğinde, Wendy buna "Ne olmuş yani!" diyerek karşılık veriyordu. Birlikte uyguladığımız oyun seansından önce, her düzeltildiğinde morali bozuluyor ve ürküyordu. Birkaç hafta sonra, bir boyama kitabı yaptı ve bunu bastırmak istediğini büyük bir güvenle herkese duyurdu.

Bu çocuğun hata yapma kaygısını, eğlenceli bir oyun konusu yapıp işleyerek özgüven kazanmasına yardım etmiştik. Oyunda kullandığımız oyuncak aslancığın tam anlamıyla aynısını istemesi, bu tür oyunları evde de oynamaya devam etme arzusunu gösteriyordu.

Bu bölümü özetlersek; sonuçta çocukların korkuları, ya çocukluk dönemi korkularıdır ya da travmatik bir olayın ardından oluşan korkulardır. Her iki durumda da bu korkular, davranış sorunlarına yol açıp, bütün ailenin stres yaşamasına neden olabilir. Çocuklarınızın korkularıyla başa çıkmalarına, belli başlı bazı oyunlar oynamalarını sağlayarak yardımcı olabilirsiniz. Ancak bu korkular, normal ev veya okul hayatlarını sürdürmelerini etkiliyorsa ya da yaşanan travmatik olayın ardından bir ay geçmesine rağmen halen devam ediyorsa, profesyonel yardım arayışına girmenizi öneririm.

Çocukların fobi ve kaygılarıyla başa çıkmalarına yardımcı olacak eğlenceli aktiviteler

- Fobi/kaygılarıyla ilintili sahne ya da tema içeren sembolik oyunlar (örneğin, plastik yılanlar, sersemce yapılan hatalar gibi)
- Çocuğun korkularını içeren gücün çocukta olduğu oyunlar (örneğin, kaplan, canavar, cadı, polis gibi karakterlerin yer aldığı)
- Çocuğun korkularının abartıldığı ya da anlamsızlaştırıldığı anlamsız oyunlar (örneğin, ölüm korkusu yaşayan bir çocuk için "Ö" harfinden korkuyor numarası yapmak gibi)

Zorlu olaylara hazırlık

Çocuklar, okulun ilk günü, tıbbi uygulamalar, kardeş doğumu ya da yeni bir eve taşınmak gibi yaşamlarını zora sokan pek çok olay yaşarlar. Yaklaşan olayla ilgili kaygılarını bazen zorlayıcı davranışlar sergileyerek ortaya koyarlar. Aşırı ilgi isteyebilir, mızmızlaşıp son derece talepkâr olabilir, işbirliğine yanaşmak istemez, istenmeyen çirkin hareketlerde bulunur ya da saldırganlaşabilirler. Bazı çocuklar zorlayıcı bir olayla karşılaştıklarında bebek gibi de davranabilirler.

Çocuğunuzu zor bir olay için hazırlamanın en iyi yollarından biri, olayla ilgili sahne ya da temalarla sembolik oyun sunmaktır. Bu yaklaşım, travmalara (doğal afetler veya tıbbi prosedürler gibi) maruz kalan çocuklara yardımcı olmak için önceki bölümlerde anlatılana benzer, ayrıca çeşitli korkular ve fobilerle başa çıkmalarını da sağlar.

Aşağıdaki örnek, bir çocuğu okul servisine binmeye hazırlamak amacıyla oynanan sembolik oyunlardan birini anlatıyor.

5 yaşındaki Anne-Marie, Eylül ayında başlayacağı yeni okuluna giderken hayatında ilk kez okul servisine binmesi gerekeceğini biliyordu. Temmuz ayında bununla ilgili stres belirtileri göstermeye başladı, durmadan servis hakkında sorular soruyordu. Ebeveynleri, benim önerime uyarak büyük bir karton kutuyu bir kapı ve birkaç tane de pencere olacak şekilde kestiler, sonra da kutuyu (okul servisi gibi) sarıya boyadılar. Anne-Marie ve ebeveynleri, bütün yazı saatlerce bu karton okul servisiyle oynayarak ve servisle okula gidiyormuş gibi yaparak geçirdiler. Okulun ilk günü servis evlerinin önüne onu almaya geldiğinde, Anne-Marie büyük bir güvenle servise binmişti.

Bazen çocuklar yeni bir şeye hazırlanırken sembolik oyunlarını kendileri yaratırlar. Aşağıdaki örnek, oğlumun bulduğu yuvadaki ilk gün stresinden arınma yolunu anlatıyor.

Nicky 3 yaşındayken, yuvaya başlayacağı günden bir gün önce hayali bebekleriyle (ki bu bebekler hayal ürünü oyunlarında sıklıkla yer alıyordu) oynadığı bir okul oyunu icat etti. Onları okula götürüp, kendi bir lokantaya gidiyor, sonra da gidip bebekleri okuldan alıyormuş gibi yapıyordu. Daha sonra benim yanıma getirip, okulu sevip sevmediklerini sordu. Belli ki benim onları canlandırıp sorusuna yanıt vermemi bekliyordu; bu nedenle ben de bebeklerin ağzından okulda yaptıklarının tümünü anlattım Nicky'ye. Bu oyunu defalarca oynamak istedi. Daha sonra benim çocuk, onun ise baba olmasına karar verdi ve arabayla beni okula götürüyormuş gibi yapmaya başladı. Beni hayal ürünü arabasındaki hayali araba koltuğuna oturtup okula götürdü. Nicky, okula ilk gün hevesle ve güvenle gitti.

Canlandırma yapmak, çocukları tıbbi uygulamalara hazırlamak için de faydalı olabilir. Bir anne de bana aşağıdaki olayı anlatmıştı.

Caitlin 3 yaşındayken salondaki kanepeden düşüp başını tahta sehpaya vurmuştu. Dişi zarar görüp dudağı yaralanmış, oldukça kan akmıştı; bu da fazlasıyla ağlamasına neden olmuştu. Daha sonra, çarptığı dişin kökü çürüdüğü ve altındaki apse de büyüdüğü için dişinin çekilmesi gerektiği söylendi. Dişi lokal anesteziyle çekilirken, eşimle birlikte onun yanında olmak için gerekli ayarlamaları yaptık. Caitlin'i bu uygulamaya hazırlamak amacıyla onun küçük bebek evini alıp, "Haydi dişini çektirmek için diş doktoruna gitme oyunu oynayalım" dedim. Kendi de dahil her birimizi temsilen birer bebek seçti. Önce, onunki hariç herkesin rolünü ben oynadım. Diş doktorunun rolünü oynarken, yapılacak uygulamayı anlatıp kullanılan aletleri gösterdim. Çok komikti; kullanılan aletler küçük bebeklerin yanında kocaman kalıyordu! Daha sonra, diş etine iğne yapmakla başlayarak diş çekimini canlandırdık. Bu oyuna bayıldı ve defalarca oynamak istedi. İlk oynadığımızda gözlerini açmış, dikkatle izliyordu, ancak tekrar tekrar oynadıkça aktifleşip, daha etkin rol oynamaya başladı. Oyunu oynadıkça daha fazla gülmeye de başladı. Sonunda, diş doktoru rolünü oynamaya başladı. Oyun oynamak, dişinin çekilmesini beklerken yaşadığı kaygıyı yok edip bu deneyime hazırlanmasını sağlamıştı. Diş çekme günü geldiğinde Caitlin sakin, rahat ve işbirliğine açıktı. Ağlayıp, karşı gelmedi. Dişinin çekilmesiyle ilgili hiçbir travma yaşamadı. Bu kadar küçük bir çocuğun böylesine sakin olması diş doktorunu son derece etkilemişti.

Bazen çocuklar, tıbbi uygulamalar gibi onlara korku veren olaylara karşı duydukları kaygıyla başa çıkmak amacıyla kendilerine yaratıcı yollar bulurlar. Aşağıdaki örneği bana bir anne anlatmıştı.

Nancy 4 yaşındayken lenf bezlerinin alınması gerekti. Ameliyat öncesindeki klinik ziyaretimizden sonra Nancy anestezi konusunda kaygılanmaya başladı. Onu nasıl uyutacaklarını açıkladım ama pek yardımı olmadı. Halen huzursuzdu. Birkaç gün sonra, uyumadan önce yatakta resim çizip boyama yapıyorduk; birden sırtüstü yattı, burnunu ve ağzını eliyle kapattı; dramatik bir biçimde nefes alıp vererek uykuya dalmış numarası yapmaya başladı. Birkaç dakika sonra da çılgınca kahkahalar atmaya başladı! Bunu birkaç kez tekrarladıktan sonra, bu kez beni yatırıp eliyle ağzımı ve burnumu kapattı. Uykuya dalmış numarası yaptım; daha sonra ikimiz de delicesine kahkahalarla gülmeye başladık. Bu oyunu uyuyana kadar (gerçekten uyuyana kadar) oynadık; bir sonraki sabah kalktığımızda, Nancy aynı oyunu tekrar oynamaya başladı. Ameliyatına bir saat kalana kadar oyunu farklı formatlarda oynamaya devam etti. Hatta doktor ve hemşirelerin de onunla birlikte oynamalarını sağladı! Ameliyata girmeden önce rahat, mutlu ve son derece canlıydı; ameliyattan sonra da, herhangi bir duygusal sıkıntı yaşamadan çabucak iyileşti. Hatta doktor ve hemşireler Nancy'nin rahatlığını takdir ediyor ve onunla iletişim kurup ilgilenmenin kolaylığından bahsediyorlardı. Kızımı tedavi ettikleri diğer çocuklardan çok farklı bulmuşlardı.

Zamanı yaklaşan sınav, dans gösterisi, piyano resitali ya da tiyatro gösterisi gibi uygulamalar için kaygılanan çocuklara, saçma oyunların da faydası olabilir. Çocuğunuzu kasıtlı olarak hata yapmaya teşvik edebilirsiniz. Örneğin, sınav yaptığınızda bile bile yanlış yanıt vermesini, piyano çalarken yanlış notaya basmasını, dans ederken yanlış adım atmasını, ezberlediği satırı yanlış okumasını isteyebilirsiniz. Onu saçma, anlamsız davranmaya ve kahkahalarla gülmeye teşvik edin. Bu eylem, kaygısını azaltmaya yardımcı olur. "Kötü prova, iyi gösteri" ifadesinde gerçeklik payı vardır; sanatçı zaten hata yapmıştır, dolayısıyla da tekrar hata yapma olasılığı azalır. Oyun kahkaha yoluyla iyileşme mekanizması oluşturarak küçük sanatçı ya da sınava girecek öğrencinin gerginliğini azaltırken, olası hataların tümünü en başta yapmasına olanak tanır.

Yakın zamanda gerçekleşecek kardeş doğumu ya da yeni bir eve taşınma nedeniyle kaygı duyan çocuklara, yaşça geriye gittikleri oyunların da faydası olabilir. Bu çocuklar çoğu zaman ihtiyaçlarını, bebek temalı oyunlar oynayarak belirtirler. İşte oğlumdan bir örnek.

Nicky 4 yaşındayken yeni bir bebeğim olacağını öğrendi. Bir yığın soru soruyor ve bebek gibi davranmaktan büyük keyif alıyordu. Etrafta emekliyor ve konuşamıyor numarası yapıyordu. Ben de onun bezini değiştirip mama ile besliyormuş gibi yapıyordum. Yaşça geriye gittiği bu oyun, belki de isterse yine bebek gibi davranabileceği ve benim, kız kardeşi doğduktan sonra da onunla ilgileneceğim konusunda kendini rahatlatma yöntemiydi.

Danışanlarımdan birinin anlattığı aşağıdaki örnek, 6 yaşındaki bir çocuğun yaşça geriye gitme oyunu oynama ihtiyacını göz önüne seriyor.

Ailesi oğullarının da kendi odasının olacağı yeni bir eve taşınma planları yapmaya başladığında, 6 yaşındaki Richard kaygı belirtileri göstermeye başlamıştı. Büyümek istemediğini belirtip, evde sık sık bebek gibi konuşuyordu. Annesine, onunla bebek oyunları oynamasını ve oğluna oyun oynar gibi (kucağına almak, sallamak, beslemek gibi) bebek muamelesi yapmasını önerdim.

Bu örnekteki çocuğun bebek gibi davranma isteği, yakın zamanda gerçekleşecek değişim sırasında kendini güvende hissedebilmesi için daha fazla hazırlığa ihtiyacı olduğunu gösteriyordu.

Çocuklarınızla bu tür oyunlar oynayarak, onları hayatın getirdiği kaçınılmaz zorluklara duygusal olarak hazırlayabilirsiniz. Oyun ve kahkaha, çocukların yakın zamanda gerçekleşecek olaylarla ilgili kaygılarını azaltır, işbirliğine daha açık olmalarını sağlayıp onları birlikte yaşanması kolay bireyler haline getirir.

Çocukları zorlu olaylara hazırlamaya yardımcı olacak eğlenceli aktiviteler

- Yaklaşan olaylarla ilintili tema içeren sembolik oyunlar (okulla ilgili oyunlar, doktorculuk oynama)
- Çocuğu yaklaşan olayla ilgili hata yapmaya teşvik ettiğiniz anlamsız oyunlar (sınav ya da gösteri gibi)
- Çocuğun yaşça geriye gittiği oyunlar

10. bölüm

Ebeveyn öfkesi

Sizin öfkeniz de çocuğunuz için bir stres kaynağı olabilir. Ebeveynler zaman zaman çocuklarına karşı sabırsız davranabilir. Bazı anne babalar kontrolü kaybedip, sert konuşmak hatta vurmak gibi sonradan pişman olacakları şeyler de yapabilirler. Böyle bir durum gerçekleştiğinde çocuklar altüst olur, korkuya kapılır ve kendilerini sahipsiz hissederler. Çoğu zaman korktukları ve incindiklerinde ebeveynlerini sığınılacak yer olarak görür, rahatlığı anne babalarının kollarında ararlar. Ancak sıkıntıya düşmelerinin nedeni ebeveynleriyse, ne onların rahatını sağlayacak kimse olur, ne de kendilerini güvende hissedecekleri bir yer.

Ebeveyn öfkesi iki nedene dayanır. Bunlardan biri, şu an hayatınızdaki olayların neden olduğu öfkedir. İş hayatınızda, ilişkilerinizde, sağlık ya da parayla ilgili konularda yaşadığınız zorluklar nedeniyle stresli olabilirsiniz. Veya dinlenmeye, sosyal ve sportif aktivitelere katılmaya ya da çocuklarınızdan bir süre uzak kalmaya ihtiyacınız vardır.

Ebeveyn öfkesinin ikinci nedeni ise kendi çocukluk döneminizle ilgilidir. Çocuklarınızın davranışı, sizin çocukluğunuzda çözüme ulaştıramadığınız sorunları tetikleyebilir. Belki oğlunuzun ağlaması size, siz çocukken ağladığınızda babanızın öfkesini hatırlatıyordur. Belki de kızınızın talepkâr ve ısrarcı davranışı, kendi annenizin hiçbir zaman ihtiyacınız olan ilgiyi vermediği gerçeğini size hatırlatıyordur. Oğlunuz kız kardeşine vurduğunda, ağabeyinizin de sık sık sizi dövdüğünü hatırlamış olabilirsiniz. Kötü bir çocukluk dönemi geçirdiyseniz ya da ihtiyaçlarınız karşılanmadıysa, çoğu zaman öfkeniz tetiklenecektir; özellikle de çocukluk travmanızı terapi görüp çözümleme olanağı bulamadıysanız.

Çocukluk dönemine ait bu tür tetikleyiciler farkında olmaksızın ortaya çıkar; bu nedenle aslında bunların sizin çocukluğunuzla bağlantılı olduğunun farkına varamayabilirsiniz. Bu tür uyaranlar ortaya çıktığında, beyninizin sevecen ve olması gerektiği gibi tepki veren bölümü kilitlenir. Yeniden güçsüz bir çocukmuşsunuz gibi, öncelikle kendi varlığınızla ilgili kaygı duyarsınız. Beynin işleyişindeki bu değişim, çocuklarınıza karşı kırıcı tepki vermenize neden olup onlarla aranızdaki sevgi bağının kopmasına kadar varabilir.

Çocuklar aranızdaki bağın kopmasına çeşitli biçimlerde tepki gösterebilirler. Bazıları uygunsuz hareketlerde bulunabilir, son derece talepkâr, hatta saldırgan bile olabilirler. Bu durum kısa zaman içinde, karşılıklı öfke ve kırıcı duyguların birbirini kızıştırdığı bir tehlike çemberi haline dönüşebilir. Diğerleri ise, korkuyla geri çekilip sessizleşirler.

Neyse ki bu bağ sorunlarını tamir edebilirsiniz. Çocuğunuzun yaptığı herhangi bir şey nedeniyle öfkeye kapıldığınızda, kendinizi

bu duygudan kurtarıp tekrar sakinleşmenize ve huzura kavuşmanızı sağlayacak ne varsa yapın. Bir banyo molası alın ya da derin nefes alıp ona kadar sayın. Belki ağzınıza bir yastık kapatıp çığlık atabilir ya da güvendiğiniz bir arkadaşınızı çağırıp, onunla duygularınızı paylaşabilirsiniz. Çocuğunuz bir süre buna şaşırıp kalsa da, sizin hislerinize şahit olması oldukça önemlidir; böylece ona öfkelenmekten vazgeçersiniz.

Sakinleştiğinizde tekrar sevecen bir bağ oluşturmayı deneyin. Yaşına bağlı olarak, davranış biçiminizin onunla ilgisi olmadığını açıklamanızın yanı sıra özür dilemeniz de uygun olabilir. Eğer "Senden nefret ediyorum" ya da "Çok kötüsün" derse, "Neden böyle hissettiğini anlıyorum. Seni kırdığımı ve ürküttüğümü de biliyorum. Bağırmamalıydım" diye karşılık verip, ifadelerini kabullendiğinizi belirtin. Eğer ağlarsa, duygularından gözyaşları aracılığıyla arınma ihtiyacına destek olmaya çalışın.

Kopan bağınızı daha etkin biçimde tamir etmek için, çeşitli oyun formatlarını da deneyebilirsiniz. Sizin öfkeniz nedeniyle yaşadığı travmayı atlatmasına yardım etmenin en mükemmel yolu, gücün çocukta olduğu oyunlar oynamaktır. Aşağıda, yönlendirmesini benim yaptığım bir ebeveyn-çocuk seansından alıntı bir örnek bulunuyor.

3 yaşındaki Manuel, yuvadaki diğer çocuklara saldırgan davranışlarda bulunduğu için okuldan atılmıştı. Annesi Michelle, önceleri oğluna otoriter ve cezalandırıcı bir yaklaşım sergileyip, sık sık öfkelenip bağırıyormuş. Sonra terapi görmeye başlamış ve daha az otoriter bir disiplin uygulamaya çabalamış. Buna rağmen Manuel'de bastırılmış yoğun bir öfke vardı; annesi bunun daha önce uyguladığı yaklaşım sonucu oluştuğunu düşünüyordu. Oyuncakları Manuel'in seçimine bıraktığımız bir oyun seansı başlattık. Tahta oyun bloklarıyla oynamayı tercih etti. Yaklaşık bir dakika sonra, blokları öfkeyle annesine doğru fırlatmaya başladı. Bu da bizim gücün çocukta olduğu bir oyun oynamamız gerektiği belirtisiydi; bu nedenle eline bir yastık verip, annesine vurup yere devirmesini sağladım. Bunu yaparken, neşe içinde içten kahkahalar atıyordu. Michelle de dramatik bir biçimde yere düşerek, üstüne düşen rolü gayet güzel oynuyordu. Oyun seansımızın geri kalan zamanını, gücün çocukta olduğu bir yığın farklı oyunlar oynayarak geçirdik. Manuel annesinin yüzünü yastıkla kapattı; koltuğun arkasına hapsedip anahtarı da uzağa fırlatıyormuş gibi yaptı; plastikten oyuncak böcek, yılan ve timsahla onu korkuttu ve oyuncak doktor setini kullanıp annesine hayali tıbbi müdahalede bulundu. Biz de bu oyunu oynamasını destekledik ve yaklaşık 45 dakika kahkahayla gülmesini sağladık. Sonuna doğru oyun birdenbire değişip, daha yumuşak bir hal aldı ve Manuel'in sevecen yanı ortaya çıkmaya başladı. Önce annesi hasta diye tıbbi müdahalede bulunuyor gibi yaparken, daha sonra sevecen bir yaklaşım içinde annesiyle ilgilenmeye başladı. Michelle'e, evde de gücün çocukta olduğu oyunlar oynamalarını önerdim. Birkaç hafta sonra anne, Manuel'in davranışlarının tamamen değiştiğini ve diğer çocuklara karşı da artık saldırgan olmadığını bildirdi.

Daha büyük çocuklarla ise, gücün çocukta olduğu masa oyunları oynayabilir; çocuğunuzun kazanmasına izin verir, sonra da kaybettiğiniz için buruklukla dert yanabilirsiniz. Bu aktivite, daha önceki öfke patlamalarınıza mükemmel bir tezat oluşturup, sembolik de olsa çocuğunuzun sizin üzerinizde hâkimiyet kurmasına yardımcı olacaktır.

Oyuncak bebekler ya da pelüş hayvancıklarla oynanan sembolik oyunlar, özellikle küçük çocuklarda çok işe yarar. Oyuncakları kullanarak çocuğunuzla aranızdaki öfke sahnesini yeniden canlandırabilirsiniz. Örneğin, çocuk ayıcığın annesinin (ya da babasının) öfkelenip çocuk ayıcığın üzülüp korkmasına neden olduğu bir sahneyi canlandırın. Anne ayıcığın o an, hiç de iyi bir anne olmadığını anlatın. Bu sembolik oyun çocuğunuzun olan biteni anlamlandırmasını sağlayacaktır. Belki oyunda etkin bir biçimde yer almak da isteyebilir. Olur da isterse, onu çocuk ayıcığın rolünü oynamaya, anne ayıcığa kızmamasını söylemeye teşvik edin. Ayrıca rolleri de değiştirebilir, ebeveyn rolünü onun oynamasına izin verebilirsiniz.

Çocuğunuzun öfkenizle başa çıkmasına yardımcı olmak amacıyla, onunla anlamsız oyunlar da oynayabilirsiniz. Örneğin, duyguları saçma ve anlamsızca abartıp, eğlenceli bir biçimde karşılıklı canlandırabilirsiniz. Aşağıdaki oyunu bana bir anne anlatmıştı.

> 5 yaşındaki Katie ve ben birbirimize kızdığımızda, öfke enerjimizi fiziksel olarak kedi köpek kavgası yapar gibi ellerimiz, kollarımız ve çıkarttığımız seslerle boşaltıyor, kendimizi ifade ediyoruz. Sözcükler gerçekten yetersiz kaldığında ve Katie'nin öfkesini ifade etmek istediğini anladığımda, öfkeli bir kedi gibi tıslaması için onu teşvik ediyor, kendi ellerimi de kedi patisi gibi kullanıyorum. Katie bu hareketi kendisinin de aynısını yapabileceğine dair bir sinyal olarak görüyor; böylece kahkahayla gülmeye başlayana kadar, bir iki dakika her ikimiz de birbirimize tıslıyor ve "patilerimizle" hafifçe birbirimize vuruyoruz. Daha sonra bizi kızdıran olay ve bir sonraki sefer yapmamız gerekenler hakkında konuşuyoruz.

Daha büyük çocuklar için de olayı sizinle birlikte canlandırmanın faydası olabilir. Yaşananı saçma ve komik hale getirmek için rol değişimi yapabilirsiniz. Çocuğunuzun sizi, sizin de çocuğunuzu canlandıracağınız bir ortam oluşturun. Yaşanan olayı fazlasıyla abartın. Bu anlamsız oyun sırasında atacağınız kahkahalar, her ikinizin de gerginlikten kurtulmasına ve ilişkinizdeki kopukluğun düzelmesine yardımcı olacaktır. Ayrıca, çocuğunuzun sizi nasıl taklit ettiğini görerek, olayı daha iyi kavrayıp farklı bir bakış açısı da edinmiş olursunuz.

Kopan bağın onarılmasına, fiziksel temasla gerçekleşen aktiviteler de yardımcı olur. Çocuğunuz sizin ona sarılmanızı ya da yanına sokulmanızı reddediyorsa, eğlenerek oynadığınız oyunlara dokunma eylemini de katabilirsiniz. Aşağıdaki öneriler işe yarayabilir; alkışlanarak oynanan oyunlar, doktorculuk oyunu, at gibi sırta binme oyunu ya da kaçmanızı engellemek için kollarıyla sizi sıkı sıkı tuttuğu, gücün çocukta olduğu oyunlar gibi.

İşbirliğine dayanan oyunlar da çocuğunuza, rakibi değil müttefiki olduğunuzu hatırlattığı için faydalıdır. Birlikte şarkı söylemek ya da herhangi bir müzik aleti çalmak gibi işbirliğiyle gerçekleşen diğer aktiviteler de işe yarar.

Çocuklarınız büyürken aranızdaki bağın koptuğu ve onarıldığı pek çok an deneyimleyeceksiniz; onarma anları ilişkinizi büyük olasılıkla daha da güçlendirecektir. Bununla birlikte, öfkeniz nedeniyle zedelenen ilişkinizi onaramadıysanız ya da bağlantınızın kopuk olduğu zamanlar iyi olduğunuz anlara nazaran daha fazlaysa, kendiniz için de terapi arayışına girmenizi öneririm. Eğer kendi çocukluğunuza geri dönüp çocukluk travmalarınızı iyileştirmek için adım atabilirseniz, hem çocuklarınıza karşı sabrınızın arttığını hem de ilişkinizi oyun oynayarak düzeltebildiğinizi fark edeceksiniz.

Çocukların sizin öfkenizden kaynaklanan olumsuzluktan kurtulup iyileşmelerine yardımcı olacak eğlenceli aktiviteler

- Gücün çocukta olduğu oyunlar
- Aranızdaki kavgayı oyuncak bebekler ve pelüş hayvancıklar aracılığıyla yeniden canlandıracağınız sembolik oyunlar
- Saçmalık ve abartının yer alacağı anlamsız oyunlar ya da aranızdaki kavgayı rol değişimi yaparak yeniden canlandırmak
- Fiziksel temas içeren aktiviteler
- İşbirliğine dayanan oyun ve aktiviteler

Ek A

Bağlanmayı güçlendiren dokuz farklı oyuna ait özet çizelgeler

Yönlendirilmemiş çocuk merkezli oyunlar kılavuzu

- Oyuncak ve oyun malzemeleri (yapı malzemeleri, bebekler, bebek evi, kuklalar, kil ya da oyun hamuru, sanatla ilgili malzemeler, küçük insan figürleri, hayvanlar, araba ve kamyon benzeri taşıtlar) edinin.
- Çocuğunuzun yanına –mümkünse yere– oturup sadece onunla ilgilenin. Telefonunuzu kapatın ya da sesini kısın. Kimsenin sizi rahatsız etmesine izin vermeyin.
- Yönlendirici olmayın. Oyunu onun yönlendirmesine izin verin.
- Sizin de oyuna katılmanızı isterse katılın.
- Oynadığı oyunla ilgili yorum yapabilirsiniz, ama analiz etmekten ve öğretmekten kaçının.
- Hoşgörülü olun ama sınırları da belirleyin (örneğin, "Oyuncaklarını pencereye fırlatmana izin veremem").
- Çocuğunuzla en az haftada bir ya da birkaç kez oyun seansı düzenleyin.

Belli bir konu ya da tema içeren sembolik oyunlar kılavuzu (travmayla ilgili)

Çocuğun başlattığı oyunlar

- Çocuğunuzun oynadığı oyunun konusu yaşadığı travmaya benziyorsa, sembolik oyun oynamak için bu fırsatı kaçırmayın; ilginizi ona yönlendirin.

Yetişkinin başlattığı oyunlar

- Her ikinizin de sakin ve dinlenmiş olduğu bir zamanı belirleyin. Çocuğunuzun sizinle birlikteyken kendini güvende ve huzurlu hissettiğine emin olun.
- Yaşadığı travmayla ilgili obje ya da unsurları içeren oyun ya da aktiviteyle ilgilenmesini sağlayın (örneğin, oyuncak arabalar, ambulans, itfaiye arabası, doktor seti, oyuncak ayıcık ailesi gibi).
- Çocuğunuzu hayali oyunlar oynamaya, konuşmaya ve kahkaha atmaya teşvik edin.
- Çocuğunuzu dikkatle gözlemleyin. Bu oyunları oynamaya hevesliyse, oynamaya devam edin. İlgisini kaybettiyse ya da sıkıldıysa, oynamayı bırakın ya da oyunda bazı değişiklikler yapın.

Çocuğun davranışına göre geliştirilen oyunlar kılavuzu

Çocuğun davranışına göre geliştirilen oyunlar

- Çocuğunuz bir eylem başlatana kadar bekleyin (örneğin, herhangi bir objeyi yere fırlatmak, burnunu karıştırmak gibi).
- Bu eylemle ilgili komik sesler çıkarın ya da hareketler yapın (örneğin, çocuğunuz burnunu her karıştırdığında dilinizi çıkartmak gibi).
- Çocuğunuz aynı eylemi tekrarladığında siz de yaptığınız hareketi tekrarlayın.
- Onu kahkahayla gülmeye teşvik edin.
- (Daha ileri safhada): Bu tarz yaklaşımları daha da çeşitlendirin (örneğin, çocuğunuzun bedeninizin farklı yerlerine vurarak sizi harekete geçirdiği, onu sırtınızda taşıdığınız atçılık oyunu gibi).

Çocuğun davranışına göre geliştirilen oyun benzeri aktiviteler

- Çocuğunuzun çıkardığı sesleri, yaptığı hareketleri eğlenceli bir biçimde taklit edin.
- Aynı sesleri çıkarıp aynı hareketleri yaptığında onu taklit etmeye devam edin.
- Daha büyük çocuklara ise çoğumuzun bildiği hayali oyunlar oynamayı teklif edin.

Saçma oyunlar kılavuzu

Çocuğun başlattığı oyunlar

- Çocuğunuz bilinçli olarak "yanlış" bir şey yaptığında (örneğin, çoraplarını eline giymek gibi) buna benzer başka şeyler de yapması için onu teşvik edin ve siz de eğlenceye katılın.
- Kahkaha atmasını teşvik edin.

Yetişkinin başlattığı oyunlar

- (Disiplinle ilgili anlaşmazlıklar için): Davranışı ya da anlaşmazlık konusunu abartın ki olay anlamsızlaşsın ya da saçma sapan bir oyun icat edin.
- (Korku ve endişeler için): Her ikinizin de herhangi bir şeyden korkmuş numarası yapacağınız bir oyun oynamayı teklif edin (örneğin, yılandan korkan bir çocukla "Sıııssss" sesi çıkartarak oyun oynamak gibi).
- Kahkaha atmasını teşvik edin.
- Çocuğunuzun alay edilmiş ya da komik duruma düşürülmüş hissetmediğine emin olun.

Ayrılık oyunları kılavuzu

- Çocuğunuzla ce-ee, saklambaç ya da kovalamaca oynayarak kısa ayrılık süreçleri oluşturun.
- Birbirinizi saklandığınız yerde bulduktan sonra, tekrar görsel ve/veya fiziksel temas kurun.
- Kahkaha atmasını teşvik edin.
- Saklandığınızda endişeleniyorsa hemen ortaya çıkın.

Gücün çocukta olduğu oyunlar kılavuzu

- Güçsüz, korkmuş, beceriksiz ya da sarsak numarası yapın.
- Çocuğunuzun sizi "düşürmesine", korkutmasına, yakalamasına, bekletmesine ya da herhangi bir oyunda yenmesine izin verin (ya da tüm bunları oyuncak bebeğine yapmasını sağlayın).
- Kahkaha atması için teşvik edin.

- Oyun sırasında gerekli güvenlik sınırlarını belirleyin ve çocuğunuzun bu oyunların, oynanma amacını anlamayacak diğer insanlarla oynamaması gerektiğini anlamasını sağlayın.

Çocuğun yaşça geriye gittiği oyunlar kılavuzu

Çocuğun başlattığı oyunlar

- Çocuğunuz bebek ya da yaşından küçük bir çocuk gibi davrandığında
- Ona eğlenceli bir biçimde bebek muamelesi yapın. Bebek oyunları oynayın ya da küçük bir bebekle ilgileniyor gibi onunla ilgilenin (örneğin, mama yedirmek, kucaklamak, sallamak, ninni söylemek gibi).

Yetişkinin başlattığı oyunlar

- Çocuğunuzla bebek oyunu oynamaya başlayın (örneğin, "fış fış kayıkçı" gibi bebek şarkıları ya da davranışına göre geliştirilen oyunlar gibi).
- Küçük bir bebekle ilgileniyor gibi onunla ilgilenin (örneğin, mama yedirmek, kucaklamak, sallamak, ninni söylemek gibi).

Fiziksel temas gerektiren oyunlar kılavuzu

- Çocuğunuzu sık sık kucaklayıp ona sarılın.
- Onu fiziksel temas gerektiren eğlenceli oyunlar oynamaya teşvik edin (örneğin, sırtta taşımak, birlikte dans etmek gibi).
- Spor etkinlikleri, oyun ve diğer aktiviteler işbirliğiyle oynamanın yollarını bulmaya çalışın.
- Çocuğunuzun size sarılmasını oyun haline getirin (örneğin, birbirinize yapışmışsınız ve ayrılamıyormuşsunuz gibi yapın).
- Kendisine dokunulmasını istemiyorsa çocuğunuzun sınırlarına saygı duyun, ancak onunla eğlenceli bir biçimde fiziksel temas kurmanın da yollarını arayın (örneğin, alkışlama oyunu ya da oyuncakları kazağının kollarına saklama gibi).

İşbirliğiyle oynanan oyun ve aktiviteler kılavuzu

- Çocuğunuzun işbirliğine dayanan etkinliklere yönelmesini sağlayın (şarkı söylemek, yemek pişirmek, el sanatları gibi).
- İşbirliğine dayanan oyunlar oynayın (örneğin, birlikte oyun bloklarıyla kale yapmak, ortaklaşa hikâye yaratmak gibi).
- Birlikte oynanan masa oyunları bulmaya çalışın ya da var olanları bu biçimde değiştirerek oynayın.
- Bilinen spor etkinliklerini rekabet gerektirmeyecek biçimde değiştirin (örneğin, işbirliğiyle oynanan tenis gibi).
- Kazanmak ya da kaybetmekten ziyade eğlenmeye ve ortak amacınıza ulaşmaya çalışın.

Ek B

Bağlanma oyunlarıyla ilgili yapılan araştırmalar

Bağlanma oyunlarına genel bir bakış

Bağlanma terimini, ilk kez İngiliz psikolog ve psikanalist John Bowlby çocuğun annesiyle bağını belirtmek için kullanmıştır. Bowlby, anne-çocuk arasındaki sosyal etkileşimin güvenli bağlanma için önemini kanıtlamıştır (Bowlby, 1988). Günümüzde psikologlar, bağlanma terimini anne baba ya da çocuğun bakımıyla ilgilenen ve ona duygusal anlamda yakın olan bireylerle bağını ifade etmek için de kullanırlar.

Bebeklerde ve küçük çocuklarda bağlanma davranışını araştıran Mary Ainsworth, doğumdan sonraki ilk yıl içinde anne-bebek etkileşiminin niteliği ile bebeğin 1 yaşında gösterdiği bağlanma davranışı arasında net bir ilişki olduğunu kanıtlamıştır. Mary Ainsworth anneler ve bebekleriyle ev ortamında, bebekler 1 yaşına geldiğinde de laboratuvar ortamında araştırmalar yapmıştır. Buna göre, yaşamlarının ilk yılında anneleri tarafından ihtiyaçlarına uygun cevap verilen bebekler, 1 yaşına geldiklerinde güvenli bağlanırlar. İhtiyaçlarına uygun cevap verilmeyen bebeklerde ise güvenli bağlanma gerçekleşmez (Ainsworth *ve* ark., 1971).

Bir çocuğun sevecen ve duyarlı olan ebeveynine güvenli bağlanması, gelişimi açısından son derece önemlidir. Bowlby'nin araştırma ve klinik çalışmalarından elde ettiği sonuçlara göre, bir çocuğun hayatının erken döneminde annesinden uzun süre ayrı kalması ve ihtiyaçlarının annesi tarafından karşılanmaması, normal bağlanma sürecini bozduğu gibi hayatının sonraki dönemlerinde de olumsuz sonuçlara yol açar (Bowlby, 1982).

Çocuklarla ilgili yapılan ve bebeklikten yetişkinliğe kadar süren uzun soluklu bir çalışma da Bowlby'nin gözlemlerini doğrulamaktadır. Anneleriyle güvenli bağlanamayan bebeklerde ileri yaşlarda davranış ve kaygı bozuklukları görülür. Güvenli bağlanan bebekler ise daha az kaygılı ve daha güvenli bireyler olurlar. İleri yaşlarında daha fazla arkadaş edinip öğretmenleri tarafından da daha yetenekli olarak değerlendirilirler (Sroufe ve ark., 2005).

İyileştirici nitelikteki oyunlarla ilgili araştırma

Oyunun iyileştirici etkisi, yıllardır terapistler tarafından kabul edilmektedir. Belirli oyun terapileri bağlanma bozukluğu, travma sonrası stres, korku, kaygı, saldırgan davranış, dikkat eksikliği, hiperaktivite bozukluğu ve otizm gibi duygusal, davranışsal ya da nörolojik sorunları olan çocuklar için oldukça faydalıdır (Reddy ve ark., 2005). Oyun temelli yaklaşımlar da, bir çocuğa uygulanacak –ameliyata hazırlamak gibi– tıbbi müdahaleler açısından çok önemlidir (Li&Lopez, 2008).

Anne babaların çocukla birlikte oyun terapisine katılması, terapinin başarısını artırır. Yapılan bir araştırma, zihinsel sağlık sorunları açısından risk altında olan okul öncesi dönemdeki çocuklarda ebeveynleri ve öğretmenleriyle birlikte uygulanan sekiz haftalık oyun terapisinin, sorunlu davranışları gözle görülür biçimde azalttığını ortaya koymaktadır (Draper ve ark., 2009). Bir araştırma da travma yaşayan çocukların oyun terapisine anne babalarıyla katılmalarının terapinin başarı şansını arttırdığını göstermektedir (Reddy ve ark., 2005).

Kahkahalarla gülmenin faydalarıyla ilgili araştırma

Araştırmalar, kahkaha atarak gülmenin her yaştaki insan için fizyolojik ve psikolojik bakımdan faydalı olduğunu göstermektedir. Kahkahalarla gülmek bağışıklık sistemini güçlendirir, acı toleransını artırır, stres ve kaygı duygusunu azaltarak bireyin, korku ya da travma yaşatan olayların ardından iyileşmesini sağlar (Bennet & Lengacher, 2006a, 2006b, 2008, 2009 ve ark., 2009); (Wilkins & Eisenbraun, 2009).

Araştırmalar hastanede yatan çocukların –palyaço gibi– gülmesine neden olan aktivitelerin iyileşmeye yardımcı olduğunu, aynı zamanda acı ve kaygıyı da azalttığını göstermektedir (Fernandes & Arriaga, 2010).

Kahkaha atarak gülmek, tedavi edici etkisinin yanı sıra çocuğun mizah duygusunu teşvik eder; sosyal becerilerinin, popülaritesinin ve uyum yeteneğinin gelişmesine katkıda bulunur (Semrud-Klikeman & Glass, 2010).

Yönlendirilmemiş çocuk merkezli oyunlarla ilgili araştırma

Yönlendirilmemiş çocuk merkezli oyunlar Virginia Axline'nın oyun terapisi modeli temeline dayanır, ki bunun altyapısını da Carl Rogers'ın birey merkezli terapisi oluşturur (Axline,1969; Rogers, 1951). Axline, çocukların farklı malzemelerle özgürce oynamalarına izin verirsek ve bir yetişkin çocuğa ilgi gösterip empati kurar ve onu kabul ettiğini gösterirse; çocuğun bu durumu engellenen duygularını açığa çıkarmak ve iç çelişkilerini azaltmak için değerlendireceği varsayımında bulunmuştur (Axline,1969). Axline, çocukların hayal gücünü ve yaratıcılıklarını ortaya çıkarmayı destekleyen materyaller (tahta oyun blokları, bebekler, bebek evi, kuklalar, kum, kil, sanatsal aktivitelerde kullanılan malzemeler, küçük insan figürleri, hayvancıklar ve taşıtlar) önerir. Çocuklar genellikle yönlendirilmemiş oyun terapisi seansları sırasında, istedikleri oyuncakları seçip yaşadıkları travmayı temsil eden sahneler canlandırırlar.

Bu konuda özel eğitimli uzmanlar, yönlendirilmemiş çocuk merkezli oyun terapisini okul ortamında duygusal ya da davranış sorunu olan ve okula uyum zorluğu çeken çocuklarda başarıyla uygulamaktadırlar. 4 ila 9 yaş arasındaki çocuklarla gözlem altında gerçekleştirilen çalışmalar, olumlu sonuçlar vermektedir. Uzmanlar tarafından bir sömestr boyunca her hafta uygulanan çocuk merkezli oyun seanslarının ardından, çocuklardaki saldırganlık ve öğrenme güçlüğünün azaldığı, sosyal yetilerininse arttığı gözlemlenmiştir (Johnson ve ark., 2005).

Yönlendirilmemiş çocuk merkezli oyunlar aile içi şiddete maruz kalan çocuklarda da başarılı sonuçlar vermiştir (Kot & Tyndall-Lind, 2005). Ayrıca bu tür oyunlar, Oklahoma'daki bombadan etkilenen çocuklar için de uygulanmış; sadece bir ila üç seanslık çalışma, bazı çocukların tamamen iyileşmesini sağlamıştır (Webb, 2001).

Bazı terapistler, ebeveynlerin kendi çocuklarıyla yönlendirilmemiş çocuk merkezli oyun oynamalarını kolaylaştırmak için eğitildiği bir yaklaşım geliştirip, bunu *filial terapi* olarak adlandırmıştır. Araştırmalar, ebeveynler ve çocukları arasında oynanan bu tür oyunların çocukların yaşadığı travmalar sonucunda oluşan duygular üzerine yoğunlaşmanın yanı sıra, davranış biçimi ve ilişkilerle ilgili sıkıntılarının çözümüne de katkı sağladığını gösteriyor (Rye, 2008; VanFleet ve ark., 2005).

Belli bir konu ya da tema içeren sembolik oyunlarla ilgili araştırma

Belli konu ya da tema içeren sembolik oyunlarda, önceki bölümde söz edilen yönlendirilmemiş oyunlara nazaran daha fazla yönlendirme vardır. Burada terapist, çocuğun sorunlarını ya da geçmişte yaşadığı travmaları –kaza, hastanede tedavi, taciz ya da doğal afet gibi– simgeleyen oyuncak ya da aktiviteler ortaya koyar. Bu tür oyunlar iki farklı teorik gerekçeye dayanır; biri davranış psikolojisi, diğeri de psikanalitik teori.

Davranış modeline göre, çocukların travmadan arınmaları için yaşadıkları travmayı güvenli bir ortamda hatırlamaları gerekir. Travmatik hatıralarımızı, beynimizde olumlu etki bırakan ya da herhangi bir etki bırakmayan hatıralarımızı sakladığımız yerde değil, limbik sistemde depolarız (Debiec & LeDoux,2006; Tronel & Alberini, 2007). Limbik sistemde bulunan ve travmaya neden olan bu hatıralar, "savaş ya da kaç" tepkisini uyaran yapıyla doğrudan alakalıdır. Geçmişte bu mekanizma sayesinde insanların yaşamlarını, hayati tehlike oluşturan olaylardan hızla uzaklaşarak sürdürdükleri görülür.

Bununla birlikte, travma oluşturan hatıraların etkisi zamanla azalmayabilir ve asıl travma nedenini hatırlatan herhangi bir unsur karşısında vücudun alarm sistemini uyarmayı sürdürebilirler. Uzmanlar travma sonrasında oluşan panik ve korku belirtilerinin bir ay ya da daha fazla sürmesini travma sonrası stres bozukluğu olarak adlandırırlar.

İnsanları onları korkutan unsurlara maruz bırakan terapilere, travma uyaranlarına tekrar tekrar maruz kalma sırasında duyarsızlaşma oluştuğundan maruz bırakma terapisi adı verilir. (Jacob & Pelham, 2005). Bu konuyla ilgili oyun terapileri, çocukların travmalarından arınmalarını sağlayabilir. (Gaensbauer & Siegel, 1995). Örneğin hastanede tedavi gören çocuklar, onları korkutan bu deneyimlerinden doktor seti, oyuncak bebek, bebek yatağı gibi materyallerle defalarca oynayarak arınabilirler. Bu tür terapilerin etkili olabilmesi için çocukların, kendilerini güvende hissetmeleri ve yaşadıkları travmanın tekrarlanmayacağını bilmeleri gerekir.

Psikanalitik model ise, sembolik oyun terapisinin etkinliğiyle ilgili farklı teorik bir gerekçe ileri sürer. Travma odaklı psikanalitik oyun terapistleri, sembolik oyunların arındırma özelliğini vurgulamak yerine duygusal anlatımın önemi üzerinde dururlar (*catharsis*/duygusal arınma olarak da adlandırılır, Astramovich, 1999). Örneğin, bir çocuğun terapistine oyuncak şırıngayla iğne yapması, hastanede hissettiği çaresizlik duygusunun yarattığı öfkeyi ifade ediyor olabilir. Terapistin bunu ortaya çıkararak çocuğun duygularını kabullenmesi, iyileşmeyi sağlayan en önemli unsur olarak nitelendirilir.

Sembolik oyunların etkinliği her iki teorik mantıkta da geçerlidir. Çocuklar, oyun sırasında yaşadıkları travmayı anımsatan unsurlarla yüzleşerek travmadan arınabilecekleri gibi, onlarla empati kuran birine duygularını ifade etme olanağı bulduklarında da travmalarından etkin ve kalıcı olarak arınabilirler. Bu teoriyle ilgili gerçekleştirilen incelemeler, travma yaşamış çocuklarda travma sonrası oynanan oyunların tek başına iyileştirici nitelik taşımadığını kanıtlar. Çocuklar bazen travma yaşatan olayı, zorla da olsa oyun aracılığıyla canlandırsalar bile, sadece bu uygulamanın yararı dokunmayabilir (Terr, 1983).

Terapistler, çocukların sembolik oyunlar aracılığıyla belli konulardaki hassasiyetlerini azaltıp duygularını ifade ederek iyileşmelerini sağlayacak çeşitli yaklaşımlar geliştirmişlerdir.

ABD'de çocuklarla oynanan sembolik oyunlar serbest bırakma teorisi olarak adlandırılıyordu (Levy, 1938). Terapist, çocuğun hayatında travma yaratan olayla doğrudan ilişkili oyuncakları ortaya çıkartır ya da oyunun temasını bu doğrultuda kurgulardı. Daha sonraki benzeri yaklaşımlar, yapılandırılmış oyun terapisi olarak adlandırıldı (Hambridge, 1982). Günümüzde benzer amaca hizmet eden yaklaşımlar için, travma odaklı bilişsel davranış teorisi ve travma sonrası oyun terapisi terimleri kullanılmaktadır (Reddy ve ark., 2005).

Violet Oaklander, çocuklar için sembolik oyuncakların yanı sıra temsili hikâyelerin, sanat eserlerinin ve kilden heykelciklerin kullanıldığı, kapsamlı bir Gestalt terapisi geliştirdi. Bu tür oyunlarla ya da sanatsal aktiviteler çocukların duygularını yansıtacağını ileri sürdü. Amacı, davranış biçimi ve duygusal sorunlarının altında yatan hislerinin farkına varıp bunları ifade etmelerine yardımcı olmaktı (Oaklander, 1988,2007).

Bu yaklaşımların etkinliğiyle ilgili hazırlanan dokümanların çoğu, özellikle kontrol altında gerçekleştirilmiş çalışmalardan ziyade yaşanılan gerçek olaylardan oluşturulmuştur. Terapistler, cinsel istismar, doğal afet, ebeveyn boşanması ya da kaybı, terör, savaş, kaza, hastane tedavisi ve ameliyat gibi travmatik tecrübeler yaşamış çocuklarla yaptıkları çalışmalarda sembolik oyun örneklerini başarıyla uygulamışlardır (Gaensbauer & Siegel, 1995; Oaklander, 2003; Saunders ve ark. 2003; Shelby & Felix, 2005 Terr, 1992).

Çocuklar bebeklik dönemlerinde yaşadıkları travmaları bile ilerde oyun aracılığıyla yeniden canlandırabilirler. Örneğin, 22 aylık bir kız çocuğu, oyuncak bir araba yardımıyla 9 aylıkken yaşadığı bir trafik kazasını yeniden canlandırmıştır. Annesi, onunla kaza hakkında hiç konuşmadığı halde kızının olayı bu kadar net tanımlamasına şaşıp kalmıştır (Gaensbauer,1995). Başka bir terapist de, 35 aylık bir kız çocuğunun bebekken uğradığı cinsel istismarı oyuncak bebekle oynarken kendiliğinden yeniden canlandırmaya başladığını belirtmiştir (Terr, 1988). Çocukların kendi travmatik doğumlarını hatırladıklarına, hatta bunu sonraları yeniden canlandırdıklarına dair kanıtlar bulunmaktadır (Emerson,1989).

Terapistler ayrıca, nedeni bilinmeyen korkuları da sembolik oyunlar aracılığıyla yenmeye çalışmışlardır. Örneğin, ıkınma korkusu nedeniyle kabızlık çeken çocukların tedavisinde, –dışkıyı temsilen– kil kullanımının başarılı sonuç vermesi bunu kanıtlamaktadır (Feldman ve ark.,1993).

Yönlendirmeli –çocuğun kendini güçlü hissetmesine yardımcı olan hikâyeler anlatılan– hayali oyunlar özellikle ciddi hastalığı olan çocuklarda etkilidir. Hasta çocuklarla oynanan yönlendirmeli hayali oyunlar, yukarıda belirtilen sembolik oyunların aksine travmatik öğeler –hastalık, doktor ya da hastane temalı– içermez; dolayısıyla maruz bırakma terapisi –sistematik duyarsızlaştırma– olarak nitelendirilemez. Hedef; çocuğun ilgisini acı ve stres yüklü duygulardan uzaklaştırmaktır. Yönlendirmeli hayali oyunlar uygulayan terapistler, macera, sürpriz ve büyülü unsurlar içeren hikâyelerin çocuklar için son derece yararlı olduğunu düşünürler (Johnson & Kreimer, 2005).

Çocuğun davranışına göre geliştirilen oyunlarla ilgili araştırma

Erken dönemlerde çocuğun davranışına göre geliştirilerek oynanan oyunlar ile sonraki dönem oluşan güvenli bağlanma arasında önemli bir ilişki vardır. Ağlama ve haykırışlarına annesi tarafından anında ilgi gören 4 aylık bebekler, gelişimlerinin sonraki döneminde hemen ilgi görmeyenlere göre daha güvenli bağlanma oluşturabilirler (Bieglow ve ark., 2010). Çocuklar tacize uğradıklarında ya da ihmal edildiklerinde ihtiyaçları doğrultusunda geliştirilip oynanacak basit oyunlar, güven ve kontrol algılarını geri kazanmalarına yardımcı olabilir (Gunsberg,1989).

Taklit yapılarak oynanan oyunlar da, çocuğun ihtiyacı temelinde geliştirilir. Bebek, ebeveynlerden biri bebek sesi taklidi yaptığında kendisinin yansıtıldığını ve ebeveyni tarafından değer verildiğini hissettiği için aralarındaki bağlanmayı algılar ve duygusal olarak kendini iyi hisseder (Siegel & Hartzell,2003). Bebeklik döneminde yüz ifadesi, ses ve çeşitli hareketlerin karşılıklı olarak taklit edilmesinin, bebeğin "şimdi ve burada" algısının ötesine geçebilme yetisi geliştirmesi adına önemli rol oynadığı düşünülmektedir (Rochat, 2007).

Ayrıca eğlenerek oynanan taklit oyunları, empati ve başka insanların sözsüz ifadelerini anlamlandırma algısını da geliştirebilir (Meltzoff, 2002). Nörologlar tarafından keşfedilen ve beyinde öğrenme işlevini sağlayan ayna nöronlar, çocukların başkalarının çıkardığı sesler, hareketler ya da yüz ifadeleri aracılığıyla aynı duyguları hissetmelerine yardımcı olmaktadır. Bu mekanizma, çocuğun çevresiyle uyum yetisi ve empati algısı geliştirmesi esnasında önemli rol oynayabilir (Gallese, 2007).

Bebekler ve küçük çocuklarla oynanan eğlenceli taklit oyunları aşağıdaki sıralama doğrultusunda gelişir: (1) Çocuk bir şeyi ses, yüz ifadesi ya da hareketleriyle anlatır; (2) Ebeveyn çocuğun çıkardığı sesleri, yüz ifadesini ve hareketlerini taklit eder; (3) Çocuğun ayna nöronları, onun özde hissettiği duyguyu uyarıp pekiştirir; (4) Çocuk bu benzerliği algılar; önemsendiğini, anlaşıldığını ve ebeveyniyle arasındaki duygusal bağı hisseder; böylece (5) diğer insanların yaptığı bu hareketleri, işaretleri doğru olarak anlamlandırmayı öğrenir.

Çocuğun davranış biçimi ve ihtiyacı doğrultusunda geliştirilen taklit oyunları otistik çocuklar için de son derece faydalıdır. Bu çocuklar, sosyal olarak başkalarıyla bağlantı kurmakta, diğer insanların niyet ve duygularını anlamakta ve sembolik oyunlar oynamakta sorun yaşarlar. Ancak, objeleri kullanmakta oldukça iyidirler. Nedeni hâlâ bilinmemekle birlikte bir teoriye göre, otizm ayna nöron sisteminin işlevini yerine getirmemesinden kaynaklanır (William, 2008). Araştırmalar, taklit yapmanın otistik çocukların sosyal duyarlılık kazanmasına yardımcı olabildiğini göstermektedir (Field ve ark., 2001; Heimann ve ark., 2006; Sanefuji & Ohgami, 2011).

Otistik çocuklara uygulanan *Son-Rise* terapi programı, çocuk merkezli oyunlar ile yetişkinin otistik çocuk sesi ve hareketlerini eğlenceli bir biçimde taklit etmesinden oluşan bir yaklaşımdır. Bu yaklaşım, ebeveyn-çocuk bağlanmasının gelişiminde ve pek çok çocuğun otistik davranışlarının azalmasındaki etkinliğini kanıtlamıştır (Kaufman,1994). Stanley Greenspan'ın otistik çocuklar için geliştirdiği *Floortime* (yerde oyun) sistemi, otizme oyun temelli bir yaklaşım oluşturmak amacıyla, çocuk merkezli oyunlar ve çocuğun davranış biçimi doğrultusunda geliştirilen oyunları içerir (Greenspan & Wieder, 1997,2006).

Saçma oyunlarla ilgili araştırma

Çoğu terapist, çocuklarla çalışırken saçma oyunlar (güldürmek amacıyla yapılan abartılı hareketler, yanlışlıklar ve saçmalıklar) uygular (Goodheart, 1994; Cohen,2001; Shelby & Felix, 2005). Örneğin, travma sonrası fobi geliştiren çocuklara yardımcı olmak amacıyla uygulanan bir yaklaşımda çocuk, korktuğu şeyleri tek tek küçük kâğıtlara yazar ya da resmini çizer ve sıralama yapar. Daha sonra terapist, çocuğun korkularını sıraladığı bu listeye, ayak başparmağı, oyuncak bebekler ya da patates kızartması gibi komik ve anlamsız eklemeler yapar. Tüm bu anlamsızlıklardan korkmuş gibi yaparak birlikte kahkahalarla gülerler (Shelby & Felix, 2005). 5 yaşında kanser dolayısıyla hastanede tedavi gören bir çocukla yapılan gözlemde, oyun oynamanın çocuğun tedavi süreci sırasındaki kaygılarının azalmasına yardımcı olduğu görülmektedir (Frankenfield,1996).

Ayrılık oyunlarıyla ilgili araştırma

"Ce-e" (*peek-a-boo*) oyununun ilginç bir hikâyesi var. Eski İngilizcede bu kelimelerin asıl anlamı "canlı (*alive*) ya da ölü (*dead*)". Bebeğinizle, "ce-e" (*peek-a-boo*) oynadığınızda, aslında ona "Ben ölü müyüm, canlı mı?" diye sormuş oluyorsunuz (Maurer, 1967). Bu oyun, ayrılık ve kayıp gibi derin duygulara dokunur. Çocuk psikanalisti Selma Fraiberg, "ce-e" oyununun psikolojik önemini ilk kabul edenlerden biridir. Karşısındakinin yok olup geri gelmesi eyleminin devamlı uygulanması sayesinde bebeğin, ayrılık kaygısını yenebileceğini ileri sürmüştür (Fraiberg, 1959).

İlginç olan, "ce-e" oyununa sadece aile ortamında yetişen bebeklerin tepki göstermesidir. Yetimhanede büyüyen bebekler ise bu tür oyunlara hiçbir şekilde tepki vermez. Hiç kimseyle bağlanamadıkları için ayrılık korkusu yaşamazlar (Provence & Lipton, 1962).

"Ce-e" ve saklambaç gibi ayrılık oyunları, özellikle hayatlarında iz bırakan bir ayrılık ya da ebeveyn kaybı yaşamış çocuklar için faydalıdır. Çocuklar, bu tür ayrılık oyunlarını böyle bir travma yaşadıktan sonra çoğu zaman kendileri başlatırlar. Uygulanan örnek bir çalışmada, annesi intihara teşebbüs eden 2 yaşındaki kız çocuğu, terapistiyle aylar boyunca saklambaç oynar. Oyun aracılığıyla terk edilme korkusuna hükmeder ve her seferinde terapistin onu bulmasıyla da rahatlar.

Gücün çocukta olduğu oyunlarla ilgili araştırma

Gücün çocukta olduğu hareketli oyunlar (yastık savaşı ya da gürültülü eğlenceli oyunlar gibi), araştırmacıların alt alta üst üste oynanan oyunlar diye adlandırdıkları oyunlardandır. Araştırmalara göre, alt alta üst üste oynanan oyunlar oynama fırsatı bulamayan yavru fareler büyüdüklerinde, sosyalleşmeyle ilgili pek çok sorun yaşarlar (Brown, 2009). İnsanlarda çocukların arkadaşlarıyla oynadıkları alt alta üst üste oynanan oyunlar gülücük ve kahkaha kaynağı olarak nitelendirilirken, gerçek saldırganlık denince öfkeyle köpürme, bazen de gözyaşları akla geliyor. (Pellegrini & Perlmutter, 1988). Davranış bozukluğu olan çocukların gerçek ve yapmacık kavga arasındaki ayrımı yapabilmelerine ve fazla enerjilerini atabilmelerine yardımcı olmak amacıyla, her gün alt alta üst üste oynanan oyunlar oynatılması öneriliyor (Pellegrini & Perlmutter, 1988). Başka bir grup araştırmacı da, alt alta üst üste oynanan oyunların DEHB (dikkat eksikliği ve hiperaktivite bozukluğu) belirtileri bulunan çocukların tedavilerinde de kullanılabileceğini belirtiyor (Panksepp, 2007).

Lawrence Cohen'nin çocuklarla uyguladığı iyileştirici çalışma, gücün çocukta olduğu hareketli oyunlara ait sayısız örnek içeriyor (Cohen 2001, DeBenedet & Cohen, 2010). Cohen, bu tür oyunların, kız ve erkek çocuklara farklı biçimlerde yardımcı olduğunu ileri sürüyor. Erkek çocukları çoğu zaman güçlü, hırslı, mücadeleci ve atılgan olmak gibi kültürel beklentileri karşılamakla uğraşırken; kızlara edilgen olmaları ve yardıma muhtaç tavır sergilemeleri gerektiği gibi kültürel mesajlar verilir. Gücün çocukta olduğu hareketli oyunlar, erkek çocuklarının saldırı ve mücadele kavramlarını sevgi dolu samimi bir ortamda bir yetişkinle birlikte keşfetmelerine yardımcı olabilir. Ayrıca kız çocuklarını da, kültürel olarak kabul gören 'zayıf kadın' klişesini yok ederek güçlü kılabilir (Cohen, 2001).

Diğer terapistler, çocuğu güçlü kılma teknikleri arasında yer alan gücün çocukta olduğu oyunlardan daha az hareketli olanları tercih etmiş, daha çok çocukların öfke ve korkuları üzerinde çalışmalarına yardımcı olmuşlardır. Bu terapistlerden biri, kötü muamele görmüş 4 yaşındaki kız çocuğu büyük bir kutuda saklanıp aslan gibi kükrediğinde, korkmuş numarası yapmıştı (Gunsberg, 1989). Başka bir terapist de, 7 yaşındaki çekingen bir erkek çocuğu okulda akranları tarafından zorbalığa uğradığında, iki büyük zille aşırı yüksek sesler çıkartıp yapay olarak dehşet saçan bir ortam yaratarak, müzikal terapi seansı uygulamıştı (Blend, 2009). Gücün çocukta olduğu oyunlarda, oyuncak bebek ve hayvancıklar kullanılmıştır. Yıllar boyunca cinsel ve fiziksel istismara uğramış on yaşındaki kız çocuğuna uygulanan bir terapi seansında terapist, küçük kızın kendini daha iyi hissetmesi için, oyuncak timsahının terapistin kukla köpekbalığını ısırmasını teşvik etmiş; ısırılan köpekbalığının inleye inleye ölmesi çocuğun çok hoşuna gitmişti. (Oaklander, 2003). Başarıyla sonuçlanan bu terapi seansları sırasında çocuklar, aynı eylemi defalarca tekrarlayıp içten kahkahalar atmıştı.

Çocuğun yaşça geriye gittiği oyunlarla ilgili araştırma

Çocuk psikoloğu Bruno Bettelheim, annesi yeniden hamile kalan 4 yaşındaki kız çocuğunun yaşça geriye gitme hikâyesini anlatıyor. Küçük kız altını ıslatmaya, emeklemeye başlayıp biberonla beslenmek istiyor. Yaşça geriye gittiği bu davranış biçimi birkaç ay sürüyor; daha sonra ise daha sevecen bir yaklaşımla bebeğiyle oynadığı, daha olgun bir davranış biçimi sergilediği görünüyor. Bettelheim, küçük kızın yaşça geriye gittiği oyunların yeni doğacak bebeği, oyuncak bebekle oynadığı oyunun ise annesinin rolünü algılamasına yardımcı olduğunu öne sürüyor. Her iki rolü de oynayarak kendini, kardeşinin yakında gerçekleşecek olan doğumuna hazırladığını belirtiyor (Bettelheim, 1987).

Theraplay/Oyun Terapisi adlı terapi yaklaşımında, sıkça çocuğun yaşça geriye gittiği oyunlar kullanılır (Booth & Jernberg, 2010). Bu yaklaşımın temeli ebeveynlerin çocuklarıyla bağlarını geliştirmeleri ve eğlenceli etkileşim içinde bulunup uyum, empati, duyarlılık kavramlarını örneklemelerini sağlayan oyunlar oynayarak, onların duygusal sıkıntılarından arınıp iyileşmelerine yardım etmektir. Bu terapi, dil kullanma ve mantık yürütme gibi üst beyin fonksiyonlarından çok ,sözlü ifade öncesi, sosyal-duygusal beyine hitap etmektedir.

Theraplay/Oyun Terapisi seansları, şarkılı çocuk oyunları, kucağına alıp biberonla besleme, salıncakta ya da battaniyede sallama, ayak parmaklarını yer gibi yapma ve tenine losyon sürme gibi basit hareketler içerir. Ayrıca bebekler ve küçük çocuklarla oynanabilecek, çocuğun davranış biçimi doğrultusunda gelişen ve gücün çocukta olduğu basit oyunları da kapsar. Örneğin çocuk her seferinde ebeveyninin burnuna dokunduğunda (çocuğun davranış biçimi doğrultusunda gelişen oyunlar), ebeveyn tiz bir ses çıkarabilir ya da çocukla birlikte yerde otururken üçe kadar sayıp, çocuğu onu itip yere düşürmesi için teşvik edebilir (gücün çocukta olduğu oyunlar).

Yapılan araştırmalar, bu terapinin bağlanma bozukluğu olan (istismara uğramış, ihmal edilmiş ve ayrılık yaşamış) ve saldırgan, hiperaktif, çekingen, kaygılı ya da bunalımlı davranış sergileyen çocuklarda oldukça etkin sonuçlar verdiğini gösteriyor (Booth & Jernberg, 2010).

Beden teması gerektiren oyunlarla ilgili araştırma (dokunmanın önemi)

Yapılan çalışmaların çoğu, dokunmanın fiziksel ve psikolojik faydalarını kanıtlamaktadır. İlginç bir deneyde; psikoloji laboratuvarında uygulanan kısa zamanlı stres içeren bir olay sırasında anneleri tarafından dokunulup fiziksel temas kurulan bebeklerin, anneleri dokunmayanlara nazaran stres seviyelerinin daha az olduğu görülüyor (Tronick, 1995). Başka bir çalışma da, Andrew Kasırgası'ndan kurtulduktan sonra masaj tedavisi uygulanan okul çağındaki çocukların, gözlem altındaki diğer çocuklara nazaran daha az kaygı duyup bunalım yaşamalarının yanı sıra, psikolojik olarak da daha az sıkıntı çektiklerini belirtiyor. (Field ve ark., 1996). Diğer çalışmalar ise, dokunmanın dil ve sosyal gelişime katkısını (Casler, 1965), beyindeki sinapslerin (iki sinir hücresinin birbiriyle bağlantı kurduğu yer) gelişimine desteğini (Hart, 2008), ve çocuğun bedensel büyümesini arttırdığını kanıtlıyor (Weiss, 1990). Dokunma daha büyük çocuklara da faydalı olabiliyor. Örneğin, masaj tedavisinin ergenlikteki saldırgan davranışları azalttığı görülüyor (Diego ve ark., 2002).

Yukarıda belirtilenlerin yanı sıra çocuğun iletişimde olduğu insanlara dokunmasını sağlamak ve teşvik etmek, güvenli bağlanma oluşturabilmesi adına vazgeçilmez bir unsurdur (Duhn, 2010). (Geçmişte yaşadıkları ihmal ya da istismar nedeniyle) insanlarla iletişime geçmeyi reddeden çocuklar, dokunma eylemi terapist ya da ebeveynleri tarafından eğlenceli bir oyuna katıldığı takdirde buna karşı çıkmayacaklardır. Bu tür oyunlar, çocuğun güven duygusunu geri kazandırırken bağlanma algısını da güçlendirecektir (Booth & Jernberg, 2010).

Araştırmacılar, dokunma ortamının oluşturulması ve desteklenmesi sonucu etkilenen sinir sistemi mekanizmalarını anlamaya başladılar. Özellikle dokunma eylemini de içeren olumlu sosyal etkileşim, oksitosin hormonunun üretimini uyarıyor. Bu da, büyüme ve iyileşmeyi tetiklerken, tansiyon ve kortizol seviyelerini de düşürüyor (Uvnas-Moberg & Peterson, 2005).

İşbirliğiyle oynanan oyun ve aktivitelerle ilgili araştırma

Beynin belli bir bölümü (orbitofrontal korteks) rekabet değil, işbirliği gerektiren oyunlar oynarken harekete geçer (Decety ve ark., 2004). Bu bölüm, sosyal tatmin sağlayan aktivitelerin yanı sıra karar verme mekanizması ve saldırgan davranışların kontrol altına alınması gibi dürtü kontrolünün de gerçekleştiği yer olma özelliği taşıyor.

İşbirliğiyle oynanan oyunlar, çocukların davranış biçimini olumlu yönde etkileyebiliyor. Araştırmacılar, grup halinde işbirliğiyle oynanan hareketli oyunların 3 ila 5 yaş arası saldırgan davranış sergileyen çocuklara faydalı olduğunu keşfediyor; bu oyunlar sayesinde arkadaşlarına karşı saldırganlıklarının azalıp işbirlikçi yaklaşımlarının arttığını görüyorlar (Bay-Hinitz & Wilson, 2005). Başka bir çalışmada, işbirliği ve paylaşımı artırmak amacıyla kurgulanan oyunların, DEHB (dikkat eksikliği ve hiperaktivite bozukluğu) belirtileri gösteren çocukların daha keyifli ve neşeli olmalarına, diğer çocuklara karşı daha saygılı davranmaya başlamalarına neden olurken saldırganlık ve kaygılarında da azalmaya yardımcı olduğunu gösteriyor (Garaig-ordobil & Echebarria, 1995).

Ek B'ye ait kaynakça

Ainsworth, M. D., Bell, S. M. ve **Stayton, D. J.,** "Individual differences in strange-situation behavior of one-year-olds. In H.R. Schaffer" (Ed.), *The Origins of Human Social Relations*, Londra & New York: Academic Press.

Astramovich, R. L., "Play therapy theories: a comparison of three approaches. Paper presented at the National Conference of the Association for Counselor Education and Supervision", New Orleans, Louisiana, Ekim 27-31, (1999).

Axline, V. M., *Play Therapy (Revised Edition)*, New York, NY: Ballantine Books, 1969.

Bay-Hinitz, A. K. ve **Wilson, G. R.,** "A cooperative games intervention for aggressive preschool children", L. A. Reddy, T. M. Files-Hall,& C. E. Schaefer (der.), *Empirically Based Play Interventions for Children* (pp. 169-190), Washington, DC: American Psychological Association, 2005.

Bennett, M. P. ve **Lengacher, C.,** "Humor and laughter may influence health. I. History and background", *Evidence-Based Complementary and Alternative Medicine,* 3(1), 61-63, 2006a.

"Humor and laughter may influence health: II. Complementary therapies and humor in a clinical population", *Evidence-Based Complementary and Alternative Medicine,* 3(2),187-190. (2006b).

"Humor and laughter may influence health: III. Laughter and health outcomes", *Evidence-Based Complementary and Alternative Medicine,* 5(1), 37-40 (2008).

"Humor and laughter may influence health Iv: Humor and immune function", *Evidence-Based Complementary and Alternative Medicine,* 6(2), 159-164, 2009.

Bettelheim, B., *A Good Enough Parent: A Book on Child-Rearing,* New York, NY: Alfred A. Knopf, Inc., 1987.

Bigelow, A. E., MacLean, K., Proctor, J., Myatt, T., Gillis, R. ve **Power, M.,** "Maternal sensitivity throughout infancy: continuity and relation to attachment security", *Infant Behavior and Development*, 33(1), 50-60, 2010.

Blend, J., "I got rhythm: music making with children and adolescents", *The International Gestalt Journal*, 32 (2), 2009.

Booth, P. B. ve **Jernberg, A. M.,** *Theraplay: Helping Parents and Children Build Better Relationships Through Attachment-Based Play*, San Francisco, CA: Josey-Bass, 2010.

Bowlby, J., *Attachment and Loss. Vol. 1: Attachment* (revised edition), New York, NY: Basic Books, 1982.

A Secure Base: Parent-Child Attachment and Healthy Human Development, New York, NY: Basic Books, 1988.

Brown, S., *Play: How it Shapes the Brain, Opens the Imagination and Invigorates the Soul*, New York, NY: Avery, 2009.

Casler, L., "The study of the effects of extra tactile stimulation on the development of institutionalized infants", *Genetic Psychology Monographs*, 71, 137-175, 1965.

Cohen, L. J., *Playful Parenting*, New York, NY: Ballantine Publishing Group, 2001.

DeBenedet, A. T. ve **Cohen, L. J.,** *The Art of Roughhousing: Good Old-Fashioned Horseplay and Why Every Kid Needs It*, Philadelphia, PA: Quirk Books, 2010.

Debiec, J. ve **LeDoux, J. E.,** "Noradrenergic signaling in the amygdala contributes to the reconsolidation of fear memory: Treatment implications for PTSD", *Annals of the New York Academy of Science*, 1071, 521-524, 2006.

Decety, J., Jackson, P. L., Sommerville, J. A., Chaminade, T. ve **Meltzoff, A. N.,** "The neural bases of cooperation and competition: an fMRI investigation", *NeuroImage* 23, 744-751, 2004.

Diego, M., Field, T., Hernandez-Rief, M., Shaw, J. A., Rothe, E. M., Castellanos, D. ve **Mesner, L.,** "Aggressive adolescents benefit from massage therapy", *Adolescence*, 37, 597-607, 2002.

Draper, K., Siegel, C., White, J., Solis, C. M. ve **Mishna, F.,** "Preschoolers, parents, and teachers (PPT): a preventive intervention with an at risk population", *International Journal of Group Psychotherapy*, 59(2), 221-242, 2009.

Duhn, L., "The importance of touch in the development of attachment", *Advanced Neonatal Care*, 10(6), 294-300, 2010.

Emerson, W. R., "Psychotherapy with infants and children", *Pre- and Perinatal Psychology Journal,* 3(3), 190-217, 1989.

Feldman, P. C., Villanueva, S., Lanne, V. ve **Devroede, G., "**Use of play with clay to treat children with intractable encopresis", *Journal of Pediatrics*, 122(3), 483-488, 1993.

Fernandes, S. C. ve **Arriaga, P.,** "The effects of clown intervention on worries and emotional responses in children undergoing surgery", *Journal of Health Psychology*, 15(3), 405-415, 2010.

Field, T., Seligman, S., Scafidi, F. ve **Schanberg, S.,** "Alleviating posttraumatic stress in children following Hurricane Andrew", *Journal of Applied Developmental Psychology*, 17, 37-50, 1996.

Field, T., Field, T., Sanders, C. ve **Nadel, J., "**Children with autism display more social behaviors after repeated imitation sessions", *Autism*, 5, 317-323, 2001.

Fraiberg, S. H., *The Magic Years: Understanding and Handling the Problems of Early Childhood,* New York, NY: Charles Scribner's Sons, Inc., 1959.

Frankenfield, P. K., "The power of humor and play as nursing interventions for a child with cancer: a case report", *Journal of Pediatric Oncology Nursing*, 13(1), 15-20, 1996.

Gaensbauer, R. J., "Trauma in the preverbal period", *Psychoanalytic Study of the Child*, 50, 122-149, 1995.

Gaensbauer, R. J. ve **Siegel, C. H.,** "Therapeutic approaches to post-traumatic stress disorder in infants and toddlers", *Infant Mental Health Journal*, 16(4), 292-305, 1995.

Gallese, V., "Embodied simulation: from mirror neuron systems to interpersonal relations", *Novartis Foundation Symposium*, 278, 3-12, 2007.

Garaigordobil, M. ve **Echebarria, A.,** "Assessment of a peer-helping program on children's development", *Journal of Research in Childhood Education*, 10, 63-70. 1995.

Goodheart, A., *Laughter Therapy*, Santa Barbara, CA: Less Stress Press, 1994.

Greenspan, S. I. ve **Wieder, S.,** "Developmental patterns and outcomes in infants and children with disorders in relating and communicating: A chart review of 200 cases of children with autistic spectrum disorders", *Journal of Developmental and Learning Disorders*, 1, 87-141, 1997.

Engaging Autism: Using the Floor-time Approach to Help Children Relate, Communicate, and Think, Cambridge, MA: Da Capo Press, 2006.

Gunsberg, A., "Empowering young abused and neglected children through contingency play", *Childhood Education*, Fall, 8-10, 1989.

Hambridge, G., "Structured play therapy", G. Landreth (der.), *Play Therapy: Dynamics of the Process of Counseling With Children*, (s. 105-119), Springfield, IL: Charles C. Thomas, 1982.

Hart, S., *Brain, Attachment, Personality: An introduction to Neuroaffective Development*. Londra: Karnac Books, 2008.

Heimann, M., Laberg, K.E. ve **Nordøen, B.,** "Imitative interaction increases social interest and elicited imitation in non-verbal children with autism", *Infant and Child Development*, 15, 297-309, 2006.

Jacob, R. G. ve **Pelham, W. E.,** "Behavior Therapy", B. J. Sabock ve V. A. Sabock (der.), *Comprehensive Textbook of Psychiatry* (8th ed., pp.2498-2548), Philadelphia, PA: Lippincott, Williams and Wilkins, 2005.

Johnson, M. R. ve **Kreimer, J. L.,** "Guided fantasy play for chronically ill children: a critical review", L. A. Reddy, T. M. Files-Hall ve C. E. Schaefer (der.), *Empirically Based Play Interventions for Children* (s. 105-122). Washington, DC: American Psychological Association, 2005.

Johnson, D. B., Pedro-Carroll, J. L. ve **Demanchick, S. P.,** "The primary mental health Project", L. A. Reddy, T. M. Files-Hall ve C. E. Schaefer (der.), *Empirically Based Play Interventions for Children* (s. 13-30). Washington, DC: American Psychological Association, 2005.

Kaufman, B. N., *Son Rise: The Miracle Continues*, Tiburon, CA: H. J. Kramer, Inc., 1994.

Kot, S. ve **Tyndall-Lind, A.** "Intensive play therapy with child witnesses of domestic violence", L. A. Reddy, T. M. Files-Hall ve C. E. Schaefer (der.), *Empirically Based Play Interventions for Children* (s. 31-49), Washington, DC: American Psychological Association, 2005.

Levy, D., "Release therapy in young children", *Psychiatry*, 1, 387-389, 1938.

Li, H. C. ve **Lopez, V.,** "Effectiveness and appropriateness of therapeutic play intervention in preparing children for surgery: a randomized controlled trial study", *Journal for Specialists in Pediatric Nursing*, 13(2), 63-73, 2008.

Maurer, A., "The game of peek-a-boo", *Diseases of the Nervous System*, 28(2), 118-121, 1967.

Meltzoff, A. N., "Imitation as a mechanism of social cognition: origins of empathy, theory of mind, and the representation of action", U. Goswami (der.), *Handbook of Childhood Cognitive Development* (s. 6-25). Oxford: Blackwell Publishers, 2002.

Oaklander, V., Gestalt Play Therapy, C. E. Schaefer (der.), *Foundations of Play Therapy* (s. 143-155), Hoboken, NJ: John Wiley & Sons, Inc., 2003.

Windows to Our Children: A Gestalt Therapy Approach to Children and Adolescents, Gouldsboro, ME: The Gestalt Journal Press, 1988.

Hidden Treasure: A Map to the Child's Inner Self, Londra: Karnac Books, 2007.

Ostler, T., "Potential space" in therapy: helping a toddler come to terms with her mother's death, *Zero to Three*, 31(6), 10-14, 2011.

Panksepp, J., "Can play diminish ADHD and facilitate the construction of the social brain?", *Journal of the Canadian Academy of Child and Adolescent Psychiatry*, 16(2), 57-66, 2007.

Pellegrini A. D. ve **Perlmutter, J. C.,** "The diagnostic and therapeutic roles of children's rough-and-tumble play", *Journal of Child Health Care*, 16(3), 162-168, 1988.

Provence, S. ve **Lipton, R. C.,** *Infants in Institutions*, New York, NY: International Universities Press, 1962.

Reddy, L. A., Files-Hall, T. M. ve **Schaefer, C.E.,** *Empirically Based Play Interventions for Children*, Washington, DC: American Psychological Association, 2005.

Rochat, P., "Intentional action arises from early reciprocal exchanges", *Acta Psychologica*, 124(1), 8-25, 2007.

Rogers, C. R., *Client-Centered Therapy: Its Current Practice, Implications, and Theory*, Boston, MA: Houghton Mifflin, 1951.

Rye, N., "Filial therapy for enhancing relationships in families", *The Journal of Family Health Care*, 18(5), 179-181, 2008.

Sanefuji, W. ve **Ohgami, H., "**Imitative behaviors facilitate communicative gaze in children with autism", *Infant Mental Health Journal*, 32(1), 134-142, 2011.

Saunders, B.E ., Berliner, L. ve **Hanson, R. F.,** (der.) *Child Physical and Sexual Abuse: Guidelines for Treatment,* Charleston, SC: National Crime victims Research and Treatment Center, 2003.

Semrud-Klikeman, M. ve **Glass, K.,** "The relation of humor and child development: social, adaptive, and emotional aspects" *Journal of Child Neurology*, 25(10), 1248-1260, 2010.

Shelby, J. S. ve **Felix, E. D.,** "Posttraumatic play therapy: the need for an integrated model of directive and nondirective approaches", L. A. Reddy, T. M. Files-Hall ve C. E. Schaefer (der.), *Empirically Based Play Interventions for Children* (s. 79-103). Washington, DC: American Psychological Association, 2005.

Siegel, D. J. ve **Hartzell, M.,** *Parenting from the Inside Out*, New York, NY: Jeremy P. Tarcher/Putnam, 2003.

Sroufe, L. A., Egeland, B., Carlson, E. A. ve **Collins, W. A.,** *The Development of the Person: The Minnesota Study of Risk and Adaptation from Birth to Adulthood*, New York, NY: Guilford Press, 2005.

Terr, L., "Play therapy and psychic trauma: a preliminary report", C. E. Schaefer ve K. J. O'Connor (der.), *Handbook of Play Therapy*, Hobo-ken, NJ: John Wiley & Sons, 1983.

"What happens to early memories of trauma? A study of

twenty children under age five at the time of documented traumatic events", *Journal of the American Academy of Child and Adolescent Psychiatry*, 27, 96-104, 1988.

Too Scared to Cry: Psychic Trauma in Childhood, New York, NY: Basic Books, 1992.

Tronel, S. ve **Alberini, C. M.,** "Persistent disruption of a traumatic memory by postretrieval inactivation of glucocorticoid receptors in the amygdala", *Biological Psychiatry*, 62(1), 33-39, 2007.

Tronick, E.Z. "Touch in mother-infant interaction", T. Field (der.), *Touch in Early Development*, Mahwah, NJ: Erlbaum, 1995.

Uvnäs-Moberg, K. ve **Petersson, M.,** "Oxytocin, a mediator of anti-stress, well-being, social interaction, growth and healing", *Zeitschrift* für *Psychosomatische Medizin und Psychotherapie*, 51(1), 57-80, 2005.

VanFleet, R., Scott, D. ve **Smith, S. K.,** "Filial therapy: a critical review", L. A. Reddy, T. M. Files-Hall, ve C.E. Schaefer (der.), *Empirically Based Play Interventions for Children* (s. 241-264). Washington, DC: American Psychological Association, 2005.

Webb, P., "Play therapy with traumatized children", G. Landreth (der.), *Innovations in Play Therapy: Issues, Processes, and Special Populations* (s. 289-302). Philadelphia, PA: Brunner-Routledge, 2001.

Weiss, S. J., "Parental touching: correlates of a child's body concept and body sentiment", K. E. Barnard ve T. B. Brazelton (der.), *Touch: The Foundation of Experience*, Madison, CT: International Universities Press, 1990.

Wilkins, J. ve **Eisenbrown, A. J.,** "Humor theories and the physiological benefits of laughter", *Holistic Nursing Practice*, 23(6), 349-354, (2009).

Williams, J. H., "Self-other relations in social development and autism: multiple roles for mirror neurons and other brain bases", *Autism Research*, 2, 73-90, 2008.

Ek okumalar

Aldort, Naomi, *Çocuğunuzla Birlikte Büyümek*, Doğan Kitap, 2010.

Armstrong, Thomas, *In Their Own Way: Discovering and Encouraging Your Child's Multiple Intelligences.* New York, NY: Jeremy P. Tarcher/Putnam, 2000.

Aron, Elaine, *The Highly Sensitive Child: Helping Our Children Thrive When the World Overwhelms Them,* New York, NY:Broadway Books, 2002.

Breeding, John, *The Wildest Colts Make the Best Horses: Defending the Development of Spirited Young People,* Birleşik Krallık: Chipmunkapublishing, 2007.

Cohen, Lawrence, *Playful Parenting,* New York, NY: Ballantine Books, (2001).

DeBenedet, Anthony ve **Lawrence Cohen,** *The Art of Roughhousing: Good Old-Fashioned Horseplay and Why Every Kid Needs it,* Philadelphia, PA: Quirk Books, 2010.

Faber, Adele ve **Elaine Mazlish,** *Konuş ki Dinlesin Dinle ki Konuşsun,* Doğan Kitap, 2014.

Gordon, Thomas, *Parent Effectiveness Training: The Proven Program for Raising Responsible Children,*New York, NY: Three Rivers Press, 2000.

Holt, John, *How Children Learn*, New York, NY: Da Capo Press, 1995.

Kohn, Alfie, *Unconditional Parenting: Moving From Rewards and Punishments to Love and Reason*. New York, NY: Atria Books, 2005.

Leo, Pam *Connection Parenting: Parenting Through Connection İnstead of Coercion, Through Love İnstead of Fear,* Deadwood, OR: Wyatt-MacKenzie Publishing, 2007.

Luvmour, Sambhava ve **Josette Luvmour,** *Everyone Wins: Cooperative Games and Activities*, Gabriola Island, B.C., Kanada: New Society Publishers, 2007.

Miles, Karen, *Psychology Today: The Power of Loving Discipline*, Indianapolis, IN: Alpha Books, 2006.

O'Mara, Peggy, *Natural Family Living: The Mothering Magazine Guide to Parenting*, New York, NY: Pocket Books 2000.

Orlick, Terry, *Cooperative Games and Sports: Joyful Alternatives for Everyone,* Champaign, IL: Human Kinetics, 2006.

Rosenberg, Marshall, *Raising Children Compassionately: Parenting the Nonviolent Communication Way.* Encinitas, CA: Puddle Dancer Press, 2005.

Samalin, Nancy ve **Martha M. Jablow,** *Loving Your Child is not Enough: Positive Discipline That Works*, New York. NY: Penguin, 1998.

Siegel, Daniel J. ve **Mary Hartzell,** *Parenting from the Inside Out*, New York, NY: Jeremy P. Tarcher/Putnam, 2003.

Solter, Aletha, *Çocuğunuza Kulak Verin*, Doğan Kitap, 2012.

Bilinçli Bebek Doğan Kitap, 2010.

Tears and Tantrums: What to Do When Babies and Children Cry. Goleta, CA: Shining Star Press, 1998.

Raising Drug-Free Kids: 100 Tips for Parents, New York, NY: Da Capo Press, 2006.

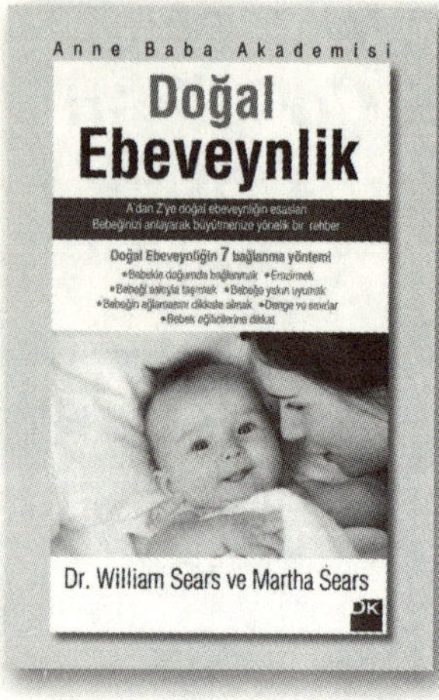

Anne Baba Akademisi
Doğal Ebeveynlik
A'dan Z'ye doğal ebeveynliğin esasları
Bebeğinizi anlayarak büyütmenize yönelik bir rehber
Doğal Ebeveynliğin 7 bağlanma yöntemi
Dr. William Sears ve Martha Sears

Anne Baba Akademisi
Daha Sade Bir Hayat
Daha sakin, daha mutlu ve daha özgüvenli çocuklar yetiştirmek için "daha sade"nin olağanüstü gücünden faydalanalım!.
Kim John Payne ve Lisa M. Ross

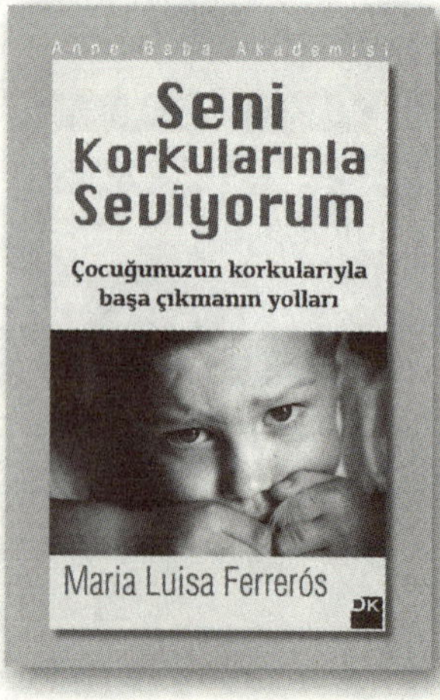

Anne Baba Akademisi
Seni Korkularınla Seviyorum
Çocuğunuzun korkularıyla başa çıkmanın yolları
Maria Luisa Ferrerós

ANNE BABA AKADEMİSİ
Çocuğunuza Kulak Verin
2 ila 8 yaş arasındaki çocuğunuzun sorunlarına kalıcı ve yaratıcı çözümler
Aletha J. Solter

Anne Baba Akademisi
Önce Çocuklar
Boşanma sürecini çocuklar için kolaylaştıran ebeveynlik uygulamaları
JoAnne Pedro-Carroll
DK

Anne Baba Akademisi
Doğru Yiyecek Sağlıklı Çocuk
Beslenme ile çocuk hastalıkları arasındaki ilişki
Kelly Dorfman
DK

Anne Baba Akademisi
Ey Travma Bizden Uzak Dur!
Travma varsa direnç de vardır...
Peter A. Levine - Maggie Kline
DK

Anne Baba Akademisi
FACEBOOK Çağında Çocuk Büyütmek
James P. Steyer
DK

ANNE BABA AKADEMİSİ
Konuş ki Dinlesin
Dinle ki Konuşsun
Çocuğunuzla Doğru İletişim
Kurmanın Yolları
&
!
Adele Faber
Elaine Mazlish
DK

Anne Baba Akademisi
Kardeş Rekabeti
Mutlu bir aile hayatı için çocukların bir arada
yaşamasını kolaylaştıran yöntemler
Adele Faber - Elaine Mazlish
DK

Anne Baba Akademisi
İçedönük Çocuklar
Dışadönük bir dünyada içedönük yetenekleri
keşfetme rehberi
Marti Olsen Laney
DK

Anne Baba Akademisi
Sınırlarını Aşan
Çocuklar
Otizm, Asperger Sendromu, dikkat eksikliği hiperaktivite
bozukluğu olan çocuklar için etkili sonuçlar...
Anat Baniel
DK

Anne Baba Akademisi
Çocuğum Neden Uyumuyor?
Çocuğunuzu uyku eğitimi olmadan da uyutabilirsiniz!
Sarah Ockwell-Smith

ANNE BABA AKADEMİSİ
Oyun Oynama Sanatı
Anne babalar için oyun becerileri
Aletha J. Solter

Anne Baba Akademisi
İnatlaşmadan Ebeveynlik
Anne baba olmak bazen fırtınalı bir denizde yol almaya benzer. Mutlu çocuklar yetiştirmenin yolu sakin bir kaptan olmaktan geçer.
Susan Stiffelman
DK

ANNE BABA AKADEMİSİ
Uyku Rutini
Elizabeth Pantley
Bebeğinizin uyumasına yardımcı olmanın yolları
DK

ANNE BABA AKADEMİSİ
Ağlamalar ve Öfke Nöbetleri
Çocuklar neden ağlar? Onlara nasıl destek olabiliriz?
Aletha J. Solter
DK